C. G. Jung

Die Psychologie des Kundalini-Yoga

Die sieben Chakren

7 Sahasrāra
6 Ājñā
5 Vishuddha
4 Anāhata
3 Manipūra
2 Svādhishthanā
1 Mūlādharā

C. G. Jung

Die Psychologie des Kundalini-Yoga

Nach Aufzeichnungen des Seminars von 1932

Herausgegeben von Sonu Shamdasani

EDITION C. G. JUNG

Originalausgabe:
The Psychology of Kundalini Yoga
Notes of the Seminar Given in 1932 by C.G. Jung.
Edited by Sonu Shamdasani

Übersetzung (ausgenommen: 4. Seminarsitzung; Anhang 1, 2 und 4)
von Waltraut Körner

Die Seminarsitzungen 1–3 sowie Anhang 3 folgen dem von Mary Foote auf Englisch herausgegebenen Typoskript «The Kundalini Yoga», die 4. Seminarsitzung sowie Anhang 2 wurden dem 1932 von Linda Fierz und Toni Wolff auf Deutsch herausgegebenen Typoskript «Tantra Yoga», Anhang 1 dem 1931 von Olga von Koenig-Fachsenfeld herausgegebenen Typoskript «Deutsches Seminar» entnommen. Alle drei Typoskripte waren für den Privatgebrauch der Seminarteilnehmer bestimmt. Anhang 4 entstammt: Arthur Avalon (Sir John Woodroffe), *Die Schlangenkraft*. Mit freundlicher Genehmigung des O. W. Barth Verlags, München.

FSC www.fsc.org MIX Papier | Fördert gute Waldnutzung FSC® C083411

Die Verlagsgruppe Patmos ist sich ihrer Verantwortung gegenüber unserer Umwelt bewusst. Wir folgen dem Prinzip der Nachhaltigkeit und streben den Einklang von wirtschaftlicher Entwicklung, sozialer Sicherheit und Erhaltung unserer natürlichen Lebensgrundlagen an. Näheres zur Nachhaltigkeitsstrategie der Verlagsgruppe Patmos auf unserer Website www.verlagsgruppe-patmos.de/nachhaltig-gut-leben

5. Auflage 2024

Verlagsgruppe Patmos in der Schwabenverlag AG, Ostfildern
www.verlagsgruppe-patmos.de
Neuausgabe des 1998 im Walter Verlag, Zürich/Düsseldorf, erschienenen gleichnamigen Titels

Umschlaggestaltung: Finken & Bumiller, Stuttgart
Gestaltung, Satz und Repro: Schwabenverlag AG, Ostfildern
Druck: CPI books GmbH, Leck
Hergestellt in Deutschland
ISBN 978-3-8436-1187-9

EDITION C. G. JUNG im Patmos Verlag

INHALT

VORWORT ZUR DEUTSCHEN AUSGABE

Die vorliegende Ausgabe von C. G. Jungs Seminar über die Psychologie des Kundalini-Yoga folgt der von Sonu Shamdasani herausgegebenen amerikanischen Ausgabe von 1996. Seine Einführung, seine Fußnoten und im Anhang beigefügten Texte betten Jungs Seminar in den Kontext der vorangegangenen Vorlesungen des Indologen Wilhelm Hauer ein und erleichtern insbesondere den Einstieg in die erste Seminarsitzung.

Die in englischer Sprache gehaltenen Seminarsitzungen C. G. Jungs vom 12., 19. und 26. Oktober 1932 sowie die ebenfalls auf englisch abgehaltene Seminarsitzung von Wilhelm Hauer vom 8. Oktober (Anhang 3) basieren auf dem von Mary Foote herausgegebenen Typoskript *The Kundalini-Yoga*[1] und wurden für die deutsche Ausgabe übersetzt, während die auf deutsch gehaltene Seminarsitzung Jungs vom 2. November wie auch seine Kommentare in Hauers deutschen Vorlesungen (Anhang 2) dem von Linda Fierz und Toni Wolff auf deutsch herausgegebenen Typoskript *Tantra Yoga* entnommen wurden. In der amerikanischen Ausgabe finden sich wortgetreue Übersetzungen dieser beiden Texte. Dasselbe gilt für Anhang 1 («Indische Parallelen»), der ursprünglich in dem von Olga von Koenig-Fachsenfeld 1931 herausgegebenen *Bericht über das deutsche Seminar* veröffentlicht worden war.

Die Transkription der Sanskritbegriffe erfolgte in einer vereinfachten Umschrift[2] – mit Ausnahme der Verse aus dem Sat-Chakra-Nirūpana (Anhang 4), wo die Schreibweise der deutschen Ausgabe von John Woodroffes Übersetzung beibehalten wurde.

1 Für detaillierte Angaben zu diesem und den nachfolgend zitierten Typoskripten siehe das Vorwort zur amerikanischen Ausgabe.

2 Die wichtigsten Vereinfachungen sind: ch für c; n für ṇ, m bzw. n für ṃ, ri für ṛ sowie sh für ś und ṣ. Der Querstrich über einem Vokal bedeutet, daß dieser lang ausgesprochen wird. In einigen bekannten Begriffen wurde auch das Längenzeichen weggelassen (z. B. Kundalini statt Kundalinī). Siehe auch *Lexikon der östlichen Weisheitslehren*, verfaßt und herausgegeben von I. Fischer-Schreiber, F.-K. Ehrhard, K. Friedrichs und M. S. Diener. Bern: Scherz O. W. Barth 1986, S. IX.

Der Verlag dankt Herrn Ulrich Hörni für seine Unterstützung durch vielfältige Informationen und der Erbengemeinschaft C. G. Jung für die Erlaubnis, Originalzitate aus unveröffentlichten Manuskripten und Briefen verwenden zu dürfen.

VORWORT DES HERAUSGEBERS DER AMERIKANISCHEN AUSGABE

Vom dritten bis zum achten Oktober 1932 hielt der Indologe Wilhelm Hauer im Psychologischen Club in Zürich sechs fortlaufende Vorlesungen in englischer und deutscher Sprache mit dem Titel «Der Yoga, im besonderen die Bedeutung der Chakras». Im Anschluß daran widmete Jung vier Vorlesungen einer psychologischen Deutung des Kundalini-Yoga.

Hauers englische Vorlesungen, Jungs englische Vorlesungen vom 12., 19. und 26. Oktober sowie seine deutsche Vorlesung vom 2. November (von Cary F. Baynes ins Englische übersetzt) wurden von Mary Foote[3] aus stenographischen Notizen ihrer Sekretärin Emily Köppel zusammengetragen und in vervielfältigter Form unter dem Titel *The Kundalini-Yoga: Notes on the Lecture Given by Prof. Dr. J. W. Hauer with Psychological Commentary by Dr. C. G. Jung* (Zürich 1933) in einem beschränkten Kreis verbreitet. In ihrem Vorwort zu diesem Typoskript bemerkt M. Foote, daß der Text von Hauer und Jung korrigiert wurde.

Eine deutsche Fassung, die von Linda Fierz und Toni Wolff unter dem Namen *Bericht über das Seminar von Prof. Dr. J. W. Hauer, 3.–8. Oktober 1932 im Psychologischen Club Zürich* (Zürich 1933) herausgegeben wurde und auf dem Buchrücken den Titel *Tantra Yoga* trug, unterschied sich inhaltlich von der englischen Ausgabe. Zusätzlich zur deutschen Übersetzung von Jungs englischen Vorlesungen enthielt sie den Text von Hauers deutschen Vorlesungen, einen Bericht über Toni Wolffs Vortrag «Tantrische Symbolik bei Goethe», den sie am 19. März 1932 im Psychologischen Club gehalten hatte[4], und einen Bericht über Jungs Vortrag «Westliche Parallelen zu den Tantrischen Symbolen» vom 7. Oktober 1932. Jungs Vorlesungen wurden in gekürzter Form ohne Anmerkungen in *Spring:*

3 Für weitere Informationen über Mary Foote s. E. Foote, «Who was Mary Foote», in: *Spring: An Annual of Archetypal Psychology and Jungian Thought* (1974), S. 256–68.

4 Ihr Vortrag, der Deutungen von Goethes Werken durch die Symbolik des Kundalini-Yoga enthält, wurde als Ganzes in: *Studien zu C. G. Jungs Psychologie*, Zürich: Daimon 1981, S. 285–318 veröffentlicht.

Journal of Archetypal Psychology and Jungian Thought 1975 und 1976 veröffentlicht.

Die vorliegende [amerikanische] ungekürzte Fassung basiert auf dem Text von MARY FOOTES erster Ausgabe. HAUERS Vorlesungen wurden nicht wiedergegeben, mit Ausnahme seines abschließenden englischen Vortrages, bei dem Jung anwesend war und der eine Brücke zu seinen Vorlesungen bildete. Dieser englische Vortrag macht die Beziehung zwischen HAUERS und Jungs Behandlung des Themas deutlich. Wo in Jungs Vorlesungen Bezug auf HAUERS Darstellung genommen wird, wurde der spezielle Kontext in einer Fußnote beigefügt.

Außerdem sind vor kurzem Jungs Kommentare zu HAUERS deutschen Vorlesungen in der Ausgabe von FIERZ und WOLFF sowie die Zusammenfassung seiner 1930 gehaltenen Vorlesung «Indische Parallelen», die in OLGA VON KOENIG-FACHSENFELDS Ausgabe *Bericht über das deutsche Seminar von C. G. Jung, 6.–11. Oktober 1930 in Küsnacht-Zürich* (Stuttgart 1931) enthalten ist, von Katherina Rowold beziehungsweise Michael Münchow übersetzt worden und schließen – zusammen mit Sir JOHN WOODROFFES Übersetzung des *Sat-Chakra-Nirūpana* – den tantrischen Text ein, der Gegenstand von HAUERS und Jungs Kommentaren ist. Dieser wurde der 15. Auflage von WOODROFFES *The Serpent Power* (Madras 1992) entnommen, aus der auch die Illustrationen der Chakren stammen (die Zitate beziehen sich auf diese Auflage, falls nicht anders angezeigt). Aus Platzgründen wurden seine weitläufigen erklärenden Notizen nicht wiedergegeben.

Bei der Herausgabe des Transkripts sind stillschweigende Änderungen auf geringfügige Abweichungen der Zeichensetzung, Schreibweise und Grammatik beschränkt worden. Die *Spring-Ausgabe war in dieser Hinsicht hilfreich. Mit wenigen Ausnahmen wurde die Orthographie der Sanskritbegriffe der Ausgabe von* FOOTE übernommen. Die Schreibweise dieser Begriffe im *Sat-Chakra-Nirūpana* und anderen Texten ist in der ursprünglichen Form beibehalten worden.

SONU SHAMDASANI

DANKSAGUNG

Ich möchte Herrn Ulrich Hörni und Herrn Peter Jung für ihre tausendfache Mithilfe bei der Vorbereitung dieses Seminars danken, besonders ersterem für viele hilfreiche Vorschläge und für seine Kommentare zum Manuskript; Herrn Franz Jung danke ich, daß er es mir ermöglicht hat, mich in der Bibliothek seines Vaters umzusehen, und daß er für mich gewisse Punkte ausfindig gemacht hat. Ebenso gilt mein Dank C. A. Meier und Tadeus Reichstein für die Mitteilung ihrer Erinnerungen an die damaligen Vorgänge und Paul Bishop, daß er Tadeus Reichstein aufgespürt hat; Beat Glaus für seine Mithilfe bei der Sichtung von Jungs Korrespondenz; Eric Donner, Michael Münchow und Katherina Rowold für die Übersetzungen; Natalie Baron für ihre Hilfe bei der Abschrift; Anthony Stadlen für die Beschaffung einer Kopie eines Briefes von John Layard; Ernst Falzeder und André Haynal, daß sie mich zu einem Vortrag an der psychiatrischen Abteilung der Universität Genf eingeladen haben und es mir dadurch ermöglichten, in der Schweiz zu forschen; David Holt für die Kopien von Jungs deutschsprachigen Seminaren und Vorlesungen an der Eidgenössischen Technischen Hochschule; William McGuire für seine Kommentare zum Manuskript und der verstorbenen Mary Foote für ihre unschätzbar wertvolle Arbeit bei der Abschrift und Herausgabe von Jungs englischen Seminaren. Schließlich möchte ich auch der Erbengemeinschaft C. G. Jung für ihre Erlaubnis danken, daß ich Jungs unveröffentlichte Manuskripte und seinen Briefwechsel mit Wilhelm Hauer und Surendranath Dasgupta lesen und daraus zitieren durfte.

Sonu Shamdasani

SEMINARTEILNEHMER

In der folgenden Liste sind die Personen verzeichnet, deren Namen in der originalen vervielfältigten Mitschrift auftauchen, sowie weitere, deren Teilnahme bekannt ist. In der Mitschrift sind nur die Nachnamen angegeben. Hier werden nun die vollen Namen und, soweit bekannt, das Herkunftsland genannt. Die tatsächliche Teilnehmerzahl war weit höher (siehe S. 38). Biographische Einzelheiten über viele dieser Personen wurden kürzlich von Paul Bishop zusammengetragen.[5]

Allemann, Herr Fritz (Schweiz)
Bailward, Frau
Baumann, Herr Hans (Schweiz)
Barker, Dr. Culver (Großbritannien)
Baynes, Frau Cary F. (USA)
Bertine, Dr. Eleanor (USA)
Crowley, Frau Alice Lewisohn (USA)
Dell, Herr Stanley W. (USA)
Diebold, Frau
Fierz, Frau Linda (Schweiz)
Foote, Frau Mary (USA)
Hannah, Frau Barbara (Großbritannien)
Kranefeld, Dr. Wolfgang (Deutschland)
Mehlich, Frau Rose
Meier, Dr. C. A. (Schweiz)
Reichstein, Dr. Tadeus (Schweiz)
Sawyer, Frau Carol Fisher (USA/Schweiz)
Shaw, Dr. Helen (Großbritannien/Australien)
Sigg, Frau Martha Böddinghaus (Schweiz)

5 Siehe Paul Bishop, «The Members of Jung's Seminar on Zarathustra», in: *Spring: A Journal of Archetype and Culture* 56 (1994), S. 92–112.

Spiegelberg, Dr. Friedrich (Deutschland)
Spiegelberg, Frau (Deutschland)
Thiele, Frau
Trüb, Dr. Hans (Schweiz)
Wolff, Frau Antonia (Schweiz)

ABKÜRZUNGSVERZEICHNIS

Analytische Psychologie = *Analytische Psychologie: Nach Aufzeichnungen des Seminars 1925*; herausgegeben von William McGuire, Solothurn, Düsseldorf: Walter, 1995 (Die Originalausgabe: *Analytical Psychology. Notes on the Seminar Given in 1925 by C. G. Jung.* Edited by William McGuire. Princeton [Bollingen Series XCIX] and London, 1989).

Briefe I – III = C. G. Jung: *Briefe* in 3 Bänden, herausgegeben von Aniela Jaffé in Zusammenarbeit mit Gerhard Adler. Olten: Walter 1972–1973.

ETG = *Erinnerungen, Träume, Gedanken von C. G. Jung*, aufgezeichnet und herausgegeben von Aniela Jaffé. Olten: Walter 1971.

ETH = Jung-Manuskripte, Wissenschaftshistorische Sammlungen, Eidgenössische Technische Hochschule, Zürich.

GW = C. G. Jung: *Gesammelte Werke* in 20 Bänden, herausgegeben von Lilly Jung-Merker, Elisabeth Rüf und Leonie Zander. Olten: Walter 1971 ff.

HS = Wilhelm Hauer: «Yoga, Especially the Meaning of the Cakras«, in Mary Foote, ed., *The Kundalini Yoga. Notes on the Lecture Given by Prof. Dr. W. Hauer with Psychological Commentary by Dr. C. G. Jung.* Zürich 1932.

Visions Seminar = C. G. Jung: *Interpretation of Visions. Notes of the Seminar in Analytical Psychology, Autumn 1930 – Winter 1934*, herausgegeben von Mary Foote. 11 Bände. Zürich.

Modern Psychology 3 and 4 = *Modern Psychology. The Process of Individuation.* Band 3, *Eastern Texts. Notes on the Lectures Given at the Eidgenössische Technische Hochschule Zürich, by Prof. Dr. C. G. Jung, October 1938 – March 1940*, und Band 4, *Exercitia Spiritualia of St. Ignatius of Loyola.* 2. Ausgabe, Zürich 1959.

Tantra Yoga = *Bericht über das Seminar von Prof. Dr. J. W. Hauer, 3.–8. Oktober 1932 im Psychologischen Club Zürich.* Herausgegeben von Linda Fierz und Toni Wolff. Zürich 1933.

EINFÜHRUNG: JUNGS REISE NACH DEM OSTEN

Von Sonu Shamdasani

26. Januar 1930. In ganz Indien gaben Versammlungen ein Gelöbnis ab, das so begann:

> «Wir glauben, daß das indische Volk wie jedes andere das unabdingbare Recht besitzt, frei zu sein, die Früchte seiner Arbeit zu genießen und alles für den Lebensunterhalt Nötige zu haben, damit es sich uneingeschränkt entwickeln könne. Wir glauben ferner, daß dieses Volk, wenn eine Regierung es seiner Rechte beraubt und es unterjocht, ein weiteres Recht hat, diese Regierungsform zu ändern oder abzuschaffen. Die britische Regierung in Indien hat das indische Volk nicht nur seiner Freiheit beraubt, sondern sich selbst durch die Ausbeutung der Massen erniedrigt und Indien wirtschaftlich, politisch, kulturell und geistig zugrunde gerichtet. Wir glauben daher, daß Indien die Verbindung mit Großbritannien lösen und Purna Svarai oder völlige Unabhängigkeit erlangen muß.»[6]

Der zivile Ungehorsam wurde ausgerufen, Gandhi begann seinen Salzmarsch und Nehru wurde gefangengenommen.

*

München, 30. Mai 1930. Einen Nachhall dieser dramatischen Ereignisse hören wir in Jungs Nachruf an der Gedächtnisfeier für seinen verstorbenen Freund, den Sinologen Richard Wilhelm:

> «Blicken wir nach Osten: Dort erfüllt sich ein übermächtiges Schicksal. [...] Wir haben den Osten politisch überwunden. Wissen Sie, was geschah, als Rom den Nahen Osten politisch unterworfen hatte? Der Geist des Ostens zog in Rom ein. Mithras wurde der römische Militärgott. [...] Wäre es nicht denkbar, daß heutzutage Ähnliches geschieht und wir ebenso blind wären wie die gebildeten Römer, die sich über den Aberglauben der Christen wunderten? [...] Ich weiß, daß unser Unbewußtes voll östlicher Symbolik steckt. Der Geist des Ostens ist wirklich ante

6 Jawaharlal Nehru, *Indiens Weg zur Freiheit*, Zürich 1948, S. 613.

portas. [...] Ich betrachte zum Beispiel die Tatsache, daß Wilhelm und der Indologe Hauer zum Referat über Yoga beim diesjährigen Deutschen Psychotherapeutenkongreß gebeten worden sind, als ein überaus bedeutsames Zeichen der Zeit.[7] Man bedenke, was es heißt, wenn der praktische Arzt, der ganz unmittelbar mit dem leidenden und darum empfänglichen Menschen zu tun hat, Fühlung mit östlichen Heilsystemen nimmt.»[8]

Dieser großartige Vergleich erfaßt das, was Jung als epochale politische und kulturelle Bedeutung der Auswirkung des östlichen Denkens auf die westliche Psychologie betrachtete, und gibt den Rahmen ab für seine Auseinandersetzung mit dem Kundalini-Yoga.

In den sechziger Jahren wurde er zum Guru der New-Age-Bewegung, und die Indienreisenden sahen in ihm einen Vorfahren. Ein Grund dafür war sein Engagement für die Forschung, die Verbreitung und die moderne psychologische Erklärung des östlichen Gedankengutes. Sein Interesse an diesem Thema sowie die Aneignung seiner Gedanken durch die Gegenkultur führte aber auch dazu, daß viele ihre Auffassung, seine Psychologie sei mystischer Obskurantismus, bestätigt sahen.

YOGA UND DIE NEUE PSYCHOLOGIE

Zur gleichen Zeit, als die Tiefenpsychologie aufkam, wurden auch Yogatexte übersetzt und verbreitet.[9] Beide waren damals exotische Neuentdeckungen. Frisch angereiste Gurus und Yogins wetteiferten mit Psychotherapeuten um

7 Hauer sprach über «Der Yoga im Lichte der Psychotherapie», in: *Bericht über den V. Allgemeinen Ärztlichen Kongreß für Psychotherapie in Baden-Baden, 26.–29. April 1930*, herausgegeben von E. Kretschmer und W. Cimbal. Leipzig 1930.

8 «Zum Gedächtnis Richard Wilhelms», *GW* 15, § 90. An anderer Stelle meint Jung, der gewaltsame koloniale Imperialismus habe den Westen mit der Notwendigkeit beschenkt, das östliche Denken zu verstehen: «Die europäische Invasion im Osten war eine Gewalttat großen Stiles. Sie hat uns – noblesse oblige – die Verpflichtung hinterlassen, den Geist des Ostens zu begreifen.» (Aus: Kommentar zu «Das Geheimnis der Goldenen Blüte», *Ges. Werke* Bd. 13, § 84)

9 Einen Überblick über die Einführung von Yoga in den Westen vermittelt Georg Feuerstein, «East comes West: An Historical Perspective», in: Feuerstein, *Sacred Paths*, Burdett, N. Y. 1991. Zur Einführung des östlichen Denkens allgemein siehe *Eastern Spirituality in America: Selected Writings*, herausgegeben von Robert Elwood, New York 1987. Eine Modellfall-Studie bringt Peter Bishop, *Dreams of Power: Tibetan Buddhism, the Western Imagination and Depth Psychology*, London 1992.

eine ähnliche Klientel, die anderen Rat suchte, als die westliche Philosophie, Religion und Medizin zur Verfügung stellten. Daher kam der Vergleich zwischen beiden nicht unerwartet (nicht zuletzt von seiten der potentiellen Kunden). Zwar gab es schon reichlich vergleichende Literatur über das östliche und das westliche Gedankengut[10], doch führte das Aufkommen der Tiefenpsychologie einen neuen und vielversprechenden Vergleichsmaßstab ein. Die Tiefenpsychologien versuchten nämlich, sich von den nutzlosen Beschränkungen des westlichen Denkens zu befreien, um Landkarten der inneren Erfahrung zu entwickeln, die sich auf die Wandlungsmöglichkeiten durch die therapeutischen Methoden stützten. Eine ähnliche Angleichung von «Theorie» und «Praxis» schien sich in den Yogatexten zu zeigen, die sich zudem unabhängig von den Verbindlichkeiten des westlichen Denkens entwickelt hatten. Auch die initiatorische Struktur der psychotherapeutischen Institutionen brachte deren soziale Organisation in die Nähe des Yoga. Hierdurch eröffnete sich die Möglichkeit einer neuen Form der vergleichenden Psychologie.

Schon 1912 bot Jung in seinem Werk *Wandlungen und Symbole der Libido* psychologische Deutungen von Abschnitten aus den *Upanishaden* und dem *Rigveda.*[11] Dadurch ergaben sich Vergleichsmöglichkeiten zwischen der Praxis der Psychoanalyse und der des Yoga. Der vermutlich erste explizite Vergleich wurde aber von F. I. Winter in *The Yoga System and Psychoanalysis*[12] gemacht, in dem dieser die Psychoanalysen von Freud und Jung mit Patañjalis *Yoga-Sūtras* verglich. Schon bevor Jung selbst dieses Thema aufgriff, wurden seine Arbeiten mit dem Yoga verglichen – und die «neuen Bahnen der Psychologie», die er seit seinem Rücktritt von der Leitung der Internationalen Psychoanalytischen Gesellschaft zu eröffnen suchte, ver-

10 Siehe besonders Raymond Schwabs umfangreiche Untersuchung *La Renaissance Orientale* Paris 1950.

11 Gopi Krishna kritisierte später Jungs Deutung eines vedischen Hymnus, der das Feuermachen durch das Reiben von Holzstücken betrifft, was für Jung ein «unzweideutiges Koitussymbol» war (*Wandlungen und Symbole der Libido*, Leipzig/Wien 1912, stark erweitert und revidiert als *GW* 5: *Symbole der Wandlung* erschienen) und stellte fest, daß «die verwendeten Begriffe klar auf das durch die Kundalini erzeugte Feuer hinweisen». *Kundalini for the New Age: Selected Writings of Gopi Krishna*, herausgegeben von Gene Kieffer, N. Y. 1988, S. 67).

12 F. I. Winter, «The Yoga System and Psychoanalysis», *Quest* 10 (1918-196), S. 182-95, 315-335. Jung hatte fortlaufende Ausgaben dieses Journals von 1910 bis 1924 und von 1929 bis 1930 in seiner Bibliothek.

sprachen höchst fruchtbare Verbindungen zwischen der östlichen und der westlichen Sichtweise zu werden.

Ein Bericht über Jungs Begegnung mit dem östlichen Denken wäre unvollständig ohne die Erwähnung von HERMANN GRAF KEYSERLING und seiner Schule der Weisheit in Darmstadt, die Jung das akademische Umfeld für seine Forschungen bereitstellte. KEYSERLING behandelte den Yoga in seinem *Reisetagebuch eines Philosophen*, einem damals hochgeschätzten Werk. Er behauptete, daß die neue Psychologie in Wirklichkeit eine Wiederentdeckung dessen war, was schon die alten Inder wußten: «[...] dennoch ist die indische Weisheit als Ganzes die tiefste, die es gibt. [...] Je weiter wir kommen, desto mehr nähern sich unsere Anschauungen den indischen. Schritt für Schritt bestätigt die psychologische Forschung die in noch so unzulängliche Theorien eingefaßten Behauptungen der altindischen Seelenkunde.»[13] Das Charakteristische an KEYSERLINGS Sichtweise ist, daß er Yoga als ein psychologisches System betrachtete, das jedem westlichen überlegen war: «Die Methode des Trainings, das zu einer Erweiterung und Vertiefung des Bewußtseins führt, haben von allen die Inder am meisten ausgebildet. [...] Yoga [...] erscheint unter den Wegen zur Selbstvervollkommnung des obersten Ranges gewiß.»[14] Einige seiner Charakterisierungen des Unterschiedes zwischen Ost und West ähneln denen von Jung, etwa die folgende: «Dem Inder gilt das Psychische als das Primäre, ihm ist es ein Wirklicheres als das Physische.»[15]

In Darmstadt traf Jung in den frühen zwanziger Jahren auch den Sinologen RICHARD WILHELM. Ihre gemeinsame Arbeit im Jahr 1928 über den alchemistischen chinesischen Text *Das Geheimnis der Goldenen Blüte* gab Jung die Mittel an die Hand, einen psychologischen Vergleich von östlichem und westlichem Denken zu versuchen.[16] Jung (der sich in Sanskrit nicht aus-

13 HERMANN GRAF KEYSERLING, *Das Reisetagebuch eines Philosophen*, 2 Bände, Darmstadt: Otto Reichl Verlag 1919, S. 270. Über KEYSERLINGS Begegnung mit Indien siehe A. M. BOUISSON-MAAS, *Hermann Keyserling et l'Inde*, Paris 1978.

14 KEYSERLING, Reisetagebuch, S. 118 f.

15 Ebenda, S. 89; s. a. JUNG: «Der Osten basiert auf psychischer Realität, das heißt auf der Psyche als hauptsächlicher und einziger Existenzbedingung.» («Psychologischer Kommentar zu: Das Tibetische Buch der Großen Befreiung», *GW* 11, § 770. JUNG schrieb den Kommentar 1939; er wurde erstmals 1954 veröffentlicht.) Solche Charakterisierungen folgen einer langen Reihe von orientalistischen Spekulationen, die das indische Denken als traumgleich (HEGEL) oder als von der Vorstellungskraft beherrscht (SCHLEGEL) bezeichnen. Siehe ROLAND INDEN, *Imagining India*, London 1990, S. 93–97.

16 JUNG *GW* 13, 1.

kannte) pflegte in der Folge eine ähnliche Zusammenarbeit mit Persönlichkeiten wie HEINRICH ZIMMER, WALTER EVANS-WENTZ, DAISETZ SUZUKI und in unserem Falle mit WILHELM HAUER, die zu Jungs Zeit die führenden Kommentatoren des östlichen Gedankenguts waren.[17]

Der Vergleich zwischen Yoga und Psychoanalyse wurde weiter vertieft von KEYSERLINGS Kollegen OSKAR SCHMITZ in seinem Werk *Psychoanalyse und Yoga*[18], das dieser KEYSERLING widmete. SCHMITZ betonte, daß von allen psychoanalytischen Schulen die Jungsche Richtung dem Yoga am nächsten kam, näher als die von FREUD oder ADLER: «Mit dem Jungschen System ergibt sich erstmals die Möglichkeit, daß die Psychoanalyse zur höheren Entwicklung des Menschen beitragen kann. [...] Sie ist keine Yoga-Methode und will es auch gar nicht sein, aber möglicherweise ist das Jungsche System eine solche.»[19] Jungs Reaktion auf die Untersuchung von SCHMITZ war doppeldeutig:

> «Insofern ich die [...] psychoanalytische und [...] psychosynthetische Methode ebenfalls als ein Mittel der Selbstvervollkommnung betrachte, erscheint mir ihr Vergleich mit der Yogamethode durchaus einleuchtend. Es scheint mir aber, als müsse man Nachdruck darauf legen, daß es sich bloß um eine Analogie handelt, da heutzutage allzuviele Europäer geneigt sind, östliche Ideen und Methoden unbesehen in unsere abendländische Mentalität zu übersetzen. Dies geschieht meines Erachtens weder zu unserm Vorteil noch zum Vorteil jener Ideen. Denn was aus dem östlichen Geist hervorgegangen ist, gründet sich auf die eigenartige Geschichte jener Mentalität, die von der unsrigen gründlichst verschieden ist.»[20]

17 Diese Zeit der Gelehrsamkeit wird jetzt zunehmend neu bewertet. Siehe HEINRICH ZIMMER, *Der Weg zum Selbst*, Zürich 1944, und *A Zen Life: D. T. Suzuku Remembered*, herausgegeben von Masao Abe. New York 1986. Der Ausdruck gegenseitiger Bewunderung zwischen Jung und seinen Kollegen war häufig. Als er den Kommentar zum *Tibetanischen Buch der Großen Befreiung* erhielt, schrieb EVANS-WENTZ an JUNG, daß es ihm eine große Ehre sei, einen Beitrag von der «hervorragendsten Autorität im Westen auf dem Gebiet der Geisteswissenschaften» in seinem Buch zu haben. (EVANS-WENTZ an JUNG, 13. Juli 1939, in *ETH*)

18 OSKAR SCHMITZ, *Psychoanalyse und Yoga*, Darmstadt 1923.

19 Ebenda, S. 65.

20 JUNG an SCHMITZ am 26. Mai 1923. (Briefwechsel zwischen C. G. Jung und Oskar Schmitz 1921–1931, in *ETH*).

TANTRISMUS UND KUNDALINI-YOGA

Die Allgegenwart von Yogakursen neben Aerobic, Schlankheitstraining, Massage und anderen Sekten des modernen Körperkultes in Sport- und Fitneßzentren läßt leicht vergessen, daß Yoga eine alte geistige Disziplin ist.

Yoga hat teil an zwei Vorstellungen, die der indischen Philosophie und Religion gemeinsam sind: Reinkarnation und die Suche nach Erlösung vom Kreislauf von Geburt, Tod und Wiedergeburt. MIRCEA ELIADE stellte fest, daß für Yoga und die Philosophie des Sāmkhya, mit der Yoga verbunden ist, im Gegensatz zu anderen indischen Lehren «die Welt real (nicht eine Illusion wie zum Beispiel für den *Vedānta*) ist. Doch wenn die Welt existiert und dauert, dann wegen der ‹Unwissenheit› des Geistes.»[21] Was den Yoga kennzeichnet, ist seine praktische Ausrichtung. SURENDRANATH DASGUPTA bemerkte: «Die Yoga-Philosophie hat wesentlich eine praktische Färbung und ihr Zweck besteht hauptsächlich darin, die Mittel zur Erlangung von Erlösung, Einheit und Befreiung von *Purusha* zu zeigen.»[22] Über den Yoga gibt es viele verschiedene Definitionen und Abhandlungen. ELIADE erklärt: «Etymologisch kommt er von der Wurzel *yui* ‹zusammenbinden›, ‹fest zusammenhalten›, ‹anschirren›, ‹ins Joch spannen›. [...] Das Wort Yoga bezeichnet allgemein jede Askesetechnik, jede Methode der Meditation.»[23] Für FEUERSTEIN ist Yoga «eine spezifisch indische Tradition, die aus einer Reihe von verschiedenartig kodifizierten und/oder systematisierten Vorstellungen, Haltungen, Methoden und Techniken besteht, die in erster Linie eine Wandlung im Übenden (*Yogin*) hervorrufen sollten und von einem Lehrer an einen oder mehrere Schüler in einem mehr oder weniger formalen Rahmen weitergege-

21 MIRCEA ELIADE, *Yoga. Unsterblichkeit und Freiheit,* Zürich 1960, S. 17.

22 SURENDRANATH DASGUPTA, *Yoga as Philosophy and Religion,* London 1924, S. 124. Zur Übersetzung von *Purusha,* oft als «Selbst» bezeichnet, siehe Vorlesung 2, nn. 11 und 12. JUNG traf DASGUPTA 1938 in Kalkutta (JUNG an DASGUPTA, 2. Februar 1939, *ETH*). Im folgenden Jahr lud JUNG DASGUPTA zu einem Vortrag nach Zürich ein: «Wir wären Ihnen zu großem Dank verpflichtet, wenn Sie uns am Samstag Abend im Psychologischen Club etwas über die Beziehung zwischen Geist und Körper vortragen könnten. Als Thema für die Vorlesung am Polytechnikum würde ich die Psychologie oder Philosophie des Yoga (speziell die *Yoga-Sūtras* des PATAÑJALI) vorschlagen.» (JUNG an DASGUPTA, 17. April 1939, *ETH.*) DASGUPTA las im Mai im Psychologischen Club.

23 ELIADE, Yoga, S. 12.

ben wurden.»[24] Die frühesten Spuren von Yoga sind bis ins dritte Jahrtausend vor Christus zurückverfolgt worden.[25] Es gibt mehrere Hauptrichtungen des Yoga: Rāja-Yoga, Hatha-Yoga, Jnāna-Yoga, Bhakti-Yoga, Karma-Yoga, Mantra-Yoga, Laya-Yoga und Kundalini-Yoga. Um letzteren zu beschreiben, ist es nützlich, verschiedene allgemeine Grundzüge der tantrischen Bewegung zu beleuchten.

Der Tantrismus war eine religiöse und philosophische Bewegung, die vom vierten Jahrhundert an populär wurde und die indische Philosophie, Mystik, Ethik, Kunst und Literatur beeinflußte. AGEHANANDA BHARATI schreibt: «Was den Tantrismus von anderen hinduistischen und buddhistischen Lehren unterscheidet, ist seine systematische, nachdrückliche Betonung der Identität der absoluten [*Paramārtha*] und der phänomenalen [*Vyāvahāra*] Welt, nachdem sie durch die Erfahrung von [*Sādhana*] gefiltert wurde.»[26] Der Tantrismus war antiasketisch und antispekulativ und stellte eine nichtkonforme Gegenbewegung zum Hauptstrom des Hinduismus dar. Er verwarf das herrschende Kastensystem und verkörperte eine Umwertung der Werte. Im Tantrismus wurde der Körper verherrlicht, der als Mikrokosmos des Universums betrachtet wurde. Im Gegensatz zur männlichen Prägung des traditionellen Hinduismus erhielt, wie ELIADE feststellt, im Tantrismus «zum erstenmal in der spirituellen Geschichte des arischen Indien die Große Göttin einen Vorrang. [...] Andererseits bedeutet es aber eine Art religiöse Wiederentdeckung des Geheimnisses der Frau, denn [...] jede Frau wird eine Inkarnation der Shakti.»[27] Die andersartige Auffassung des Tantrismus spiegelte sich in seiner Praxis, die oftmals Elemente abseits der überlieferten religiösen Rituale verwendete. Dazu ZIMMER: «Selbstverständlich unterstreicht der Tantrismus die Heiligkeit aller Dinge. Daher liefern die ‹Fünf verbotenen Dinge› [...] in gewissen tantrischen Riten das Thema für sakramentale Komödien: Wein, Fleisch, Fisch, gedörrtes Korn und der Ge-

24 FEUERSTEIN, *The Yoga-Sutra of Patañjali: An Exercise in the Methodology of Textual Analysis*, London 1979, S. 1.

25 VIVIAN WORTHINGTON, *A History of Yoga*, London 1989, S. 11.

26 AGEHANANDA BHARATI, *Die Tantra-Tradition*, Freiburg/Breisgau: Aurum 1977, S. 20. NARENDRA NATH BHATTACHARYYA bemerkte: «Obwohl Tantra sich auf der früheren Stufe der vedischen Philosophie der Illusion entgegenstellte und die Wirklichkeit der Welt einräumte [...] wurde es durch später eingefügte Elemente auf die Linie des Vedānta gebracht.» (*History of the Tantric Religion. A Historical, Ritualistic and Philosophical Study*, New Delhi 1982, S. 14)

27 ELIADE, *Yoga*, S. 211. Zur Neubewertung der Rolle der Frau im Tantrismus siehe MIRANDA SHAW, *Erleuchtung durch Ekstase. Frauen im tantrischen Buddhismus.* Krüger 1997.

schlechtsverkehr.»[28] In den sogenannten «rechtshändigen» Schulen werden diese Dinge in den Ritualen symbolisch verwendet, während sie in den «linkshändigen» Schulen buchstäblich gebraucht werden.

Hinsichtlich der zeitgenössischen Vorstellungen vom Tantrismus stellte JACOB NEEDLEMAN passenderweise fest, daß «in dem Moment, in dem man das Wort ‹Tantrismus› hört, dem westlichen Geist verschiedene wilde und unheimliche Assoziationen entspringen, die sich zu einem Mischmasch von psychospiritueller Science Fiction und sexueller Akrobatik summieren, die selbst den phantasievollsten Pornographen unserer Tage beschämen und die Heldentaten unserer verwegensten erotischen Krieger in den Schatten stellen würden».[29] Das Zusammentreffen der New-Age-Bewegung mit der sexuellen Revolution der sechziger Jahre führte im Westen zu einem wachsenden Interesse für den Tantrismus, das von zahlreichen praktischen Handbüchern begleitet wurde und sich auf seine ritualisierten sexuellen Praktiken konzentrierte – dabei wurde oft angemerkt, daß im Tantrismus solche Praktiken nicht auf die Befreiung der Sexualität an sich abzielen, sondern auf die Befreiung vom Zyklus der Wiedergeburt.

Jung spezifizierte sein psychologisches Verständnis des Tantra-Yoga folgendermaßen:

> «Die indische Philosophie ist nämlich der Auffassung, daß es bestimmte Zustände des Nicht-Ich gebe, die unsere persönliche Psychologie beeinflussen, jedoch unabhängig von ihr bestehen. Ziel der menschlichen Entwicklung sei es, eine Annäherung und Beziehung zwischen dem spezifischen Wesen des Nicht-Ich und dem bewußten Ego herzustellen. Der Tantra-Yoga gibt nun eine Darstellung der Zustände und Entwicklungsstufen dieses Unpersönlichen, wie sie sich auf seinem Weg zum Lichte eines höheren überpersönlichen Bewußtseins ergeben.»[30]

In einer Zeit, da die Psychologie durch die Vorherrschaft des Behaviorismus, durch die positivistische experimentelle Erkenntnistheorie und den wach-

28 HEINRICH ZIMMER, *Philosophie und Religion Indiens,* Zürich 1961, S. 508.

29 JACOB NEEDLEMAN, «Tibet in America», in Needleman, *The New Religions,* London 1972, S. 177.

30 Zusammenfassung von JUNGS Vorlesung «Indische Parallelen» vom 7. Oktober 1931 in: *Bericht über das Deutsche Seminar von Dr. C. G. Jung 5.–10. Oktober 1931 in Küsnacht-Zürich,* zusammengestellt von Olga von Koenig-Fachsenfeld, Stuttgart 1932, S. 66f. Über die Beziehung dieser Vorlesung zur Vorlesung mit demselben Titel im Anhang dieses Bandes siehe Einführung S. 143ff.

senden Einfluß der Psychoanalyse gekennzeichnet war und Entwicklungsphasen kaum mit etwas anderem in Zusammenhang gebracht werden konnten – was dann zum A und O beim Studium der menschlichen Persönlichkeit, dem Kind nämlich, wurde –, schenkte der Kundalini-Yoga Jung ein Modell der Entwicklungsstufen des höheren Bewußtseins, etwas, das der westlichen Psychologie fast gänzlich fehlte.

Der Körper besteht im Kundalini-Yoga aus einer Reihe von Chakren: *Mūlādhāra, Svādhishthāna, Manipūra, Anāhata, Vishuddha, Ājñā* und *Sahasrāra.* Diese befinden sich an verschiedenen Stellen des Körpers und sind durch Kanäle (*Nādīs*) verbunden, deren wichtigste *Idā, Pingalā* und *Sushumnā* sind. Die meisten Kommentatoren sind sich darin einig, daß die Chakren und die *Nādīs* keine physiologischen Abbildungen des Körpers im modernen westlichen Sinne sein sollen, sondern den feinstofflichen oder mystischen Leib repräsentieren. GEORG FEUERSTEIN beschreibt sie als «vergeistigte Version der Struktur des feinstofflichen Körpers, die die Vorstellungskraft und Kontemplation des Yogin leiten sollen».[31]

Jungs Vorlesungen befassen sich grundsätzlich damit, eine moderne psychologische Deutung der Chakren zu ermöglichen. Gemäß NARENDRA NATH BHATTACHARYYA sind die Chakren am besten zu verstehen, wenn man sich vorstellt, daß ihre verschiedenen Komponenten durch einen Vorgang geschichtlicher Ablagerungen gebildet werden:

> «Von einem historischen Standpunkt aus gesehen, läge es nahe, daß die *Padmas* oder *Chakren* ursprünglich als Begriffe der menschlichen Anatomie zum Zwecke des physiologischen Studiums verstanden wurden. [...] Auf einer späteren Stufe wurden – der tantrischen Vorstellung entsprechend, daß der menschliche Körper der Mikrokosmos des Universums ist – weltliche Objekte wie Sonne, Mond, Berge, Flüsse usw. mit diesen *Chakren* verbunden. Jedes *Chakra* war wiederum als Darstellung grobstofflicher und feinstofflicher Elemente gedacht [...] ganz der tantrischen Vorstellung gemäß, daß die Gottheiten im menschlichen Körper wohnen und daß der Übende die Gottheit in seinem Körper fühlen sollte. Die *Chakren* wurden allmählich als Sitz der männlichen und weiblichen Prinzipien betrachtet und durch die männlichen und weiblichen Organe symbolisiert. [...] Die Gottheiten, die über die *Chakren* herrschen, waren ursprünglich tantrische Göttinnen. [...] Die Theorie, daß die Buchstaben des Alphabets die verschiedenen *Tattvas* symbolisieren, wurde ebenfalls übertragen, und auf diese Weise stoßen wir auf das

31 FEUERSTEIN, *Yoga: The Technology of Ecstasy.* Wellingborough 1990, S. 258.

Wirken eines sorgfältig durchdachten und komplizierten Prozesses, den die *Chakren* mit ihren gewandelten Eigenschaften darstellen sollen.»[32]

Die Kundalini wird als eine um die Wirbelsäule gerollte Schlange dargestellt, die schlafend im *Mūlādhāra,* dem untersten Chakra liegt. FEUERSTEIN definiert die Kundalini als «mikrokosmische Erscheinung der Urenergie oder Shakti. Sie ist die Universelle Kraft, verbunden mit dem begrenzten Körper-Geist.»[33] Das Ziel ist es, Kundalini durch rituelle Praktiken zu erwecken und ihren Aufstieg dem *Sushumnā Nādī* entlang durch das Chakren-System zu ermöglichen. Wenn sie das oberste Chakra erreicht, findet die beseligende Vereinigung von Shiva und Shakti statt. Dies führt zu einer weitreichenden Wandlung der Persönlichkeit.[34]

JUNGS BEGEGNUNG MIT YOGA

In *Erinnerungen, Träume, Gedanken* erzählt Jung, daß er während seiner «Auseinandersetzung mit dem Unbewußten» zu Beginn des Ersten Weltkriegs «oft so aufgewühlt» war, daß er «die Emotionen durch Yogaübungen ausschalten mußte. Da es aber mein Ziel war, zu erfahren, was in mir vorging, machte ich sie nur solange, bis ich mir Ruhe geschaffen hatte und die Arbeit mit dem Unbewußten wieder aufnehmen konnte.»[35]

32 BHATTACHARYYA, *History of the Tantric Religion,* S. 324–325.

33 FEUERSTEIN, *Yoga,* S. 264.

34 Ein faszinierender Bericht aus erster Hand über das Erwachen der Kundalini, begleitet von einem erhellenden psychologischen Kommentar, findet sich bei GOPI KRISHNA, *Kundalini. The Evolutionary Energy in Man,* mit einem Kommentar von JAMES HILLMAN. London 1970; dieses Buch ist 1977 im O. W. Barth Verlag (Weilheim/Obb.) unter dem Titel *Kundalini, Erweckung der geistigen Kraft im Menschen* erschienen (ohne Kommentar von HILLMAN). Einen umfassenden Leitfaden zur Praxis des Kundalini-Yoga bietet SWAMI SATYANANDA SARASWATI, *Kundalini-Tantra,* Bihar 1993.

35 JUNG, *ETG,* S. 180. Es ist nicht bekannt, welche speziellen Übungen JUNG machte. FOWLER MCCORMICK sprach jedoch in Erinnerung an eine analytische Sitzung mit JUNG im Jahr 1937 von einem Vorgehen, das JUNG ihm empfohlen hatte und das dem *Shavāsana-Āsana* des Hatha-Yoga ähnelte: «Dr. Jung sagte, daß es in Zeiten von großem Streß eine sehr nützliche Übung gäbe, nämlich sich flach auf eine Couch oder ein Bett zu legen, ganz ruhig dazuliegen und ruhig zu atmen mit der Vorstellung, daß der Wind der Störung über einen hinweg bläst.» (FOWLER MCCORMICK Interview, Jung Oral History Archive, Countway Library of Medicine, Harvard Medical School, S. 17)

In HAUERS letzter englischer Vorlesung (Anhang 3) berichtet Jung, wie sein Interesse an der Kundalini durch die Begegnung mit einer Europäerin geweckt wurde, die im Osten aufgewachsen war und ihm Träume und Phantasien erzählte, die er nicht verstehen konnte, bis er auf JOHN WOODROFFES Werk[36] stieß, das aus Übersetzungen des *Sat-Chakra-Nirūpana* und des *Pādukā-Pañchaka* mit ausführlichen Kommentaren dazu besteht.[37]

Das Bekanntwerden der tantrischen Texte im Westen geht in erster Linie auf WOODROFFES Übersetzungen und Kommentare zurück.[38] Er stellte fest: «Die ganze Welt (ich spreche natürlich von denen, die sich für solche Themen interessieren) redet von der Kundalini-Shakti.»[39] Das ist zu einem nicht geringen Teil auf seine einfühlsame Behandlung eines Gegenstandes zurückzuführen, der bis dahin mit Spott bedacht worden war. Seine Absicht beschreibt er folgendermaßen: «Wir, die wir Fremde sind, müssen uns in die Haut der Hindus hineinversetzen und müssen ihre Lehren und Rituale durch ihre Augen und nicht durch unsere betrachten.»[40]

36 ARTHUR AVALON (Pseudonym für Sir JOHN WOODROFFE), *The Serpent Power*, Madras 1918, deutsch: *Die Schlangenkraft*, Weilheim/Obb.: O. W. Barth 1971. Das Exemplar in JUNGS Bibliothek gehört zur ersten Auflage und enthält viele Randnotizen. WOODROFFE wurde 1865 in England geboren. Er studierte in Oxford Rechtswissenschaften und wurde Rechtsanwalt. Er diente an höchsten juristischen Stellen der englischen Krone in Kalkutta und war Mitglied und Professor für Rechtswissenschaft an der Tagore-Universität von Kalkutta. Von 1904 bis 1922 gehörte er der indischen Regierung an und war Richter am höchsten Gerichtshof in Kalkutta. 1915 wurde er geadelt und kehrte als Dozent für indisches Recht nach Oxford zurück, wo er von 1923 bis 1930 lehrte. Er starb 1936. (Aus: *Who was Who, 1929-1940*, London 1941, S. 1485.) Es gibt kein Anzeichen dafür, daß er direkten Kontakt zu JUNG hatte.

37 Das Sat-Chakra-Nirūpana (Beschreibung der sechs Zentren) war das 6. Kapitel von PŪRNĀNANDA-SVĀMIS Shrītattvachintāmani, das 1577 verfaßt wurde.

38 HEINRICH ZIMMER berichtet: «Die Schätze der Hindu-Überlieferung wurden mir durch das gewaltige Lebenswerk von Arthur Avalon erschlossen, dem klassischen Autor auf dem Gebiet der Indologie, der in seiner Art unerreicht ist. Durch viele Veröffentlichungen hat er zum ersten Mal den umfassenden und komplexen Schatz des späten Hinduismus zugänglich gemacht: die Tantras, eine Epoche so großartig und reich wie die Veden, die Epen, Purānas usw. – die letzte Kristallisierung indischer Weisheit, ein unentbehrliches Glied in einer langen Kette, das den Schlüssel zu unzähligen Problemen in der Geschichte von Hinduismus und Buddhismus, von Mythologie und Symbolik liefert.» (Aus «Some Biographical Remarks about Henry R. Zimmer», in *Artistic Form and Yoga in the Sacred Images of India*, Princeton 1984, S. 254; in der ursprünglichen deutschen Fassung *Kunstform und Yoga*, Berlin 1926, sind keine biographischen Angaben über HEINRICH ZIMMER vorhanden.)

39 Ebenda, S. 639.

40 JOHN WOODROFFE, *Shakti und Shakta. Lehre und Ritual der Tantra-Shastras*, Weilheim Obb.: O. W. Barth 1962, S. X. JUNG hatte ein Exemplar von 1929 mit dem Titel *Shakti und Shākta: Essays and Addresses on the Shākta Tantrashāstra* in seiner Bibliothek.

Nach Jung legt die Symbolik des Kundalini-Yoga es nahe, daß die bizarre Symptomatik, die seine Patienten manchmal zeigten, in Wirklichkeit durch das Erwachen der Kundalini bedingt war. Er bewies, daß die Kenntnis solcher Symbolik es ermöglicht, vieles, das sonst als belangloses Nebenprodukt eines Krankheitsverlaufs angesehen wird, als sinnvollen symbolischen Prozeß zu verstehen, und die oftmals eigentümliche körperliche Lokalisation der Symptome zu erklären.[41] Bei der herrschenden biochemischen Sichtweise der sogenannten Geisteskrankheiten und dem Aufkommen einer endlosen Reihe von «Wunderdrogen» wie Prozac erscheint Jungs Beharren auf der psychisch bedingten symbolischen Bedeutung solcher Zustände zeitgemäßer denn je. Wie R. D. LAING im Hinblick darauf feststellte, «war es Jung, der dieses Gebiet erschloß, aber wenige sind ihm gefolgt».[42]

Jungs spezifische Veröffentlichungen über die indische Religion bestehen aus zwei Aufsätzen, «Yoga und der Westen» (1936) und «Zur Psychologie östlicher Meditation» (1943) sowie einem Vorwort zu HEINRICH ZIMMERS 1944 erschienenen Werk *Der Weg zum Selbst,* das Jung herausgegeben hat.[43] Seine umfassendsten Arbeiten zu diesen Themen finden sich in seinen Seminaren – beginnend mit den Seminaren «Western Parallels» (Deutsches Seminar) 1930 (siehe Anhang 1) und 1931 und den Kundalini-Seminaren 1932 und endend mit seinen Kommentaren zu PATAÑJALIS *Yoga-Sūtras,* dem *Amitāyur-Dhyāna-Sūtra* und dem *Shrichakrasambhara* 1938-1939 an der Eidgenössischen Technischen Hochschule in Zürich.[44] Der Aufmachung

41 Bezüglich des Kundalini-Yoga zur Frage der Lokalisation des Bewußtseins siehe C. A. MEIER, *Bewußtsein. Lehrbuch der Komplexen Psychologie C. G. Jungs,* Bd. III, Kap. IV «Lokalisation des Bewußtseins», Olten: Walter 1971.

42 R. D. LAING, *The Politics of Experience and the Birds of Paradise,* London 1985, S. 137. JUNGS Ansicht, daß sogenannte pathologische Zustände in Wirklichkeit nicht erkannte Erfahrungen des Erwachens der Kundalini sind, wird von LEE SANNELLA, *The Kundalini Experience: Psychosis or Transcendence?,* Lower Lake, Calif. 1992, bestätigt und weiterentwickelt.

43 JUNG, *GW* 11. Außerdem wurde ein Interview mit JUNG von SHIN'ICHI HISAMATSU im Jahr 1958 unter dem Titel «Gespräch mit einem Zen-Meister» in: *C. G. Jung im Gespräch. Interviews, Reden, Begegnungen,* Zürich 1986 (herausgegeben von Robert Hinshaw und Lela Fischli) veröffentlicht.

44 *Modern Psychology* 3. 1933 gab JUNG in Berlin eine Reihe von Seminaren zum Thema der Traumdeutung, in denen der Gegensatz zwischen dem östlichen und dem westlichen Denken eine gewisse Rolle spielte; dort wurde auch von ZIMMER ein Vortrag über die Psychologie des Yoga gehalten (siehe das Typoskript: *Bericht über das Berliner Seminar von Dr. C. G. Jung vom 26. Juni bis 1. Juli 1933,* Berlin 1933). Außerdem befaßten sich die Eranos-Tagungen von 1933 bis 1937, an denen JUNG größere Studien über die Archetypen, den Individuationsprozeß

nach müssen Jungs Ausführungen in diesem Seminar als provisorisch, als Bestandteil seiner laufenden Beschäftigung mit dem Thema, betrachtet werden.

1937 wurde er von der britischen Regierung zur Teilnahme an den Feierlichkeiten des 25jährigen Bestehens der Universität Kalkutta im folgenden Jahr eingeladen. Jung ergriff die Gelegenheit, um Indien drei Monate lang zu bereisen, und erhielt in dieser Zeit die Ehrendoktortitel der Universitäten von Allahabad, Benares und Kalkutta.[45] Nach seiner Rückkehr beschrieb er seine Eindrücke in zwei Aufsätzen: «Die träumende Welt Indiens» und «Was Indien uns lehren kann».[46] FOWLER MCCORMICK, der Jung auf seiner Reise begleitete, erinnert sich an ein Erlebnis von Jung, das tantrische Untertöne hatte:

> «Wenn wir durch die Tempel von Kali gingen, die es in großer Anzahl in fast jeder Hindu-Stadt gab, sahen wir Zeugnisse von Tieropfern: die Plätze waren klebrig und schmutzig – getrocknetes Blut am Boden und massenhaft Überreste von roten Betelnüssen, so daß die Farbe Rot mit Destruktivität assoziiert wurde. Zur selben Zeit hatte Jung in Kalkutta eine Traumserie, in der die Farbe Rot betont war. Nicht lange danach erkrankte er an Dysenterie, und ich mußte ihn in das englische Hospital von Kalkutta bringen. [...] Der Eindruck von der Destruktivität der Kali bildete längerfristig die emotionale Grundlage für seine Überzeugung, daß das Böse nichts Negatives, sondern etwas Positives ist. [...] Diese Erfahrung in Indien hatte meiner Ansicht nach in späteren Jahren einen großen Einfluß auf Jung.»[47]

und Alchemie vortrug, mit der Gegensätzlichkeit von östlichem und westlichem Denken: *Yoga und Meditation im Osten und im Westen* (Eranos-Jahrbuch 1933); *Ostwestliche Symbolik und Seelenführung* (Eranos-Jahrbuch 1934); *Westöstliche Seelenführung (Eranos-Jahrbuch 1935); Gestaltung der Erlösungsidee in Ost und West* (Eranos-Jahrbuch 1936 und 1937); die Jahrbücher wurden von Olga Fröbe-Kapteyn im Rhein-Verlag Zürich 1934 ff. herausgegeben. Die Gegensätze zwischen Ost und West spielten auch in den folgenden Jahren eine wichtige Rolle. Vor kurzem entdeckte Aufzeichnungen des deutschen Wortlauts von JUNGS Seminaren an der Eidgenössischen Technischen Hochschule sind in Prüfung.

45 Der stellvertretende Archivar der Hindu-Universität von Benares schrieb am 28. März 1967 an HENRI ELLENBERGER, daß Prof. C. G. JUNG am 20. Dezember 1937 von dieser Universität der Titel eines D. Litt. (Doctor of Letters) Honoris Causa verliehen worden sei. Der Archivar der Universität von Kalkutta schrieb am 10. Mai 1967 an ELLENBERGER, daß Dr. C. G. JUNG an einer speziellen Versammlung am 7. Januar 1938 in absentia durch diese Universität der Ehrendoktortitel der Rechtskunde zuerkannt wurde. Wegen Unpäßlichkeit sei Dr. JUNG nicht an dieser Versammlung zugegen gewesen. (Ellenberger-Archiv, Hôpital Sainte-Anne, Paris.)

46 JUNG, *GW* 10. Ein weiterer Bericht über JUNGS Aufenthalt in Indien findet sich in *ETG*, S. 277–288. JUNG gab häufig Anekdoten seiner Erlebnisse in Indien in seinen Seminaren und Briefen zum besten. Auch korrespondierte er mit vielen Menschen, denen er dort begegnet war.

47 Interview mit FOWLER MCCORMICK, Jung Oral History Archive, Countway Library of Medicine, Harvard Medical School, Boston, S. 25–26.

In «Yoga und der Westen» schränkt Jung diesen Bericht ein:

> «Von der Bedeutung des Yoga für Indien will ich schweigen, denn ich kann mir über eine Sache, die ich aus eigener Erfahrung nicht kenne, kein Urteil anmaßen. Was er aber für den Westen bedeutet, darüber kann ich einiges sagen. Die Wegelosigkeit bei uns grenzt an seelische Anarchie. Infolgedessen bedeutet jede religiöse oder philosophische Praktik eine *psychologische Disziplinierung*, also eine *Methode seelischer Hygiene.*»[48]

Im Gegensatz zu DASGUPTA interessierte sich Jung also nicht für den Yoga als «Philosophie und Religion», sondern als Psychologie. Daher war auch seine Definition des Yoga eine psychologische: «Yoga war ursprünglich ein natürlicher Introversionsvorgang. [...] Solche Introversionen führen zu eigentümlichen, persönlichkeitsverändernden Innenvorgängen. Im Laufe der Jahrtausende sind diese Introversionen allmählich als Methoden organisiert worden, und zwar in der allerverschiedensten Art und Weise.»[49] Wichtig waren für Jung nicht in erster Linie die kanonischen und organisierten Methoden des Yoga, sondern die, wie er vermutete, natürlichen Introversionsprozesse, die ihnen ursprünglich zugrunde lagen. Dieser Blickwinkel rechtfertigte die Freiheiten, die er sich bei den Methoden im hier wiedergegebenen Seminar nahm. Jung hielt die inneren Prozesse, die durch Yoga bewirkt werden, für universell und die angewandten speziellen Methoden, um sie zu erlangen, für kulturspezifisch.[50] Für ihn war Yoga eine reiche Fundgrube von symbolischen Darstellungen innerer Erfahrungen und be-

48 JUNG, «Yoga und der Westen», *GW* 11, § 866. Nach seiner Indienreise äußerte sich JUNG in dieser Hinsicht allerdings weniger vorsichtig: «Tantra-Yoga hat in Indien einen ziemlich schlechten Ruf; er wird kritisiert, weil er mit dem Körper und speziell mit der Sexualität verbunden ist.» (*Modern Psychology* 3, S. 42) und weiter: «Yoga wird im heutigen Indien hauptsächlich als Geschäft betrieben, und wehe, wenn er nach Europa kommt». (Ebenda, S. 69)

49 JUNG, «Yoga und der Westen», § 873.

50 Beim Lesen von GOPI KRISHNAS Erfahrungen bemerkte der Jungsche Analytiker JOHN LAYARD, daß dessen Schilderung des Erwachens der Kundalini «dem nahe kommt, was ich meine ‹Schein-Erlebnisse› genannt habe, mit ähnlichen Geräuschen und Empfindungen, die wirklich erschreckend, aber auch mit hochmystischen Erfahrungen vermischt waren, natürlich auch mit psychosexuellen, so daß ich mich frage, ob mit mir etwas in dieser Art geschehen sein könnte – das teuflische Produkt einer beinahe göttlichen Erfahrung. Wir im Westen haben so wenig echte Religiosität, daß wir den Faden verloren haben und gute Dinge so sehr mit schlechten vermengen, daß wir die Reinheit des göttlichen Schmutzes verloren haben!» (JOHN LAYARD an ANTHONY STADLEN, 17. Oktober 1968; im Besitz von ANTHONY STADLEN.)

sonders des Individuationsprozesses, und er stellte fest, daß sich wichtige Parallelen mit dem Yoga ergaben, «speziell mit dem Kundalini-Yoga und der Symbolik des Tantra-Yoga, des Lamaismus und des taoistischen Yoga in China. Diese Yogaformen mit ihrer reichen Symbolik liefern mir die wertvollsten Vergleichsmaterialien für die Deutung des kollektiven Unbewußten.»[51] Es war Jungs Ziel, eine kulturübergreifende vergleichende Psychologie der inneren Erfahrung zu entwickeln. Daher lag ihm an der Unterscheidung seiner Sichtweise vom angestammten östlichen Verständnis, wie es sich in den missionarischen Bemühungen der Ramakrishna-Bewegung und bei Verfechtern wie Romain Rolland[52] zeigte. Er grenzte sich ab von der Art, wie der Westen sich die östlichen Lehren aneignete, zum Beispiel die Theosophen, wie auch von Hauers historisch-existentieller Sicht und von der spirituellen Aufwertung des östlichen Denkens durch die Schule der Weisheit Keyserlings; im Gegensatz zu ihnen wollte er die Besonderheit des psychologischen Standpunktes demonstrieren.

In all seinen Schriften über das östliche Denken befürwortete er dessen Studium, warnte aber davor, daß westliche Menschen es praktizierten: «Es gibt viele verschiedene Arten von Yoga, und Europäer werden oft davon hypnotisiert, aber er ist im wesentlichen östlich, kein Europäer hat die nötige Geduld, und er ist nicht richtig für ihn. [...] Je mehr wir Yoga studieren, desto mehr realisieren wir, wie weit entfernt er von uns ist; ein Europäer kann ihn nur imitieren, und was er damit erreicht, ist von keiner wirklichen Bedeutung für ihn.»[53] Für Jung bestand die Gefahr in scheinbarer Verrücktheit: «Der Europäer, der Yoga praktiziert, weiß nicht, was er tut. Er hat auf ihn eine schlechte Auswirkung, früher oder später bekommt er Angst, und manchmal bringt er ihn an den Rand des Wahnsinns.»[54] Daraus folgerte er, der Westen werde «im Laufe der Jahrhunderte seinen eigenen Yoga hervorbringen, und zwar auf der durch das Christentum geschaffenen Basis».[55]

Mit dem Aufblühen von Yoga und Meditationspraktiken im Westen stießen solche Äußerungen auf viel Kritik. Solche Warnungen finden sich jedoch häufig bei Zeitgenossen Jungs, östlichen wie westlichen, die über Yoga schrieben. So meinte Dasgupta:

51 Jung, «Yoga und der Westen», § 875.
52 Romain Rolland, *Prophets of the New India,* London 1930.
53 Jung, *Modern Psychology* 3, 17.
54 Ebenda, S. 71.
55 Jung, «Yoga und der Westen», § 876.

«Wenn jemand methodisch eine Richtung verfolgen will, die ihn schließlich zu dem Ziel führen soll, das Yoga meint, so muß er ihm sein ganzes Leben unter der strengen Anleitung eines fortgeschrittenen Lehrers widmen. Die vorliegende Arbeit darf auf keinen Fall als praktischer Leitfaden zu diesem Ziel verstanden werden. [...] Die philosophischen, psychologischen, kosmologischen, ethischen und religiösen Lehren ... sind an und für sich höchst interessant und haben definitiv einen gesicherten Platz in der Geschichte der Entwicklung des menschlichen Denkens.»[56]

Ähnlich schrieb auch ELIADE:

«Wohlverstanden, es fällt uns nicht ein, nun etwa die Gelehrten in Europa zur Ausübung des Yoga aufzufordern (die übrigens nicht so leicht ist, wie gewisse Amateure glauben machen) oder den verschiedenen abendländischen Schulen die Anwendung yogischer Methoden oder die Übernahme der Yoga-Lehre zu empfehlen. Viel fruchtbarer erscheint uns etwas anderes, nämlich ein sehr aufmerksames Studium der Resultate, welche durch diese Methoden der Erforschung der Psyche erzielt wurden.»[57]

KEYSERLING stand der Übernahme von Yogapraktiken im Westen ebenso kritisch gegenüber:

«Es ist sehr bezeichnend, daß die indischen Atemübungen, welche der Swāmi Vivekānanda durch seine Vorträge in Amerika populär gemacht hatte, keinem einzigen Amerikaner zu einem höheren Zustande verholfen, aber desto zahlreichere in Kranken- und Irrenhäuser gebracht haben sollen. [...] Aber selbst von den harmlosesten unter ihnen ist nicht erwiesen, ob sie Europäerorganismen angemessen sind.»[58]

56 DASGUPTA, *Yoga as Philosophy and Religion,* VII.

57 ELIADE, *Yoga. Unsterblichkeit und Freiheit,* S. 5

58 KEYSERLING, *Reisetagebuch eines Philosophen,* S. 281. SWĀMI VIVEKĀNANDAS Ansprache an der Weltkonferenz aller Religionen (World's Congress of Religions) in Chicago 1893 hatte eine große Wirkung und trug mit seinen daran anschließenden Vorträgen viel dazu bei, das Interesse am indischen Denken zu fördern. Seine Vorlesungen wurde unter dem Titel *«Yoga Philosophy: Lectures Delivered in New York, Winter of 1895–96 by the Swāmi Vivekānanda on Rāja Yoga, or Conquering the Internal Nature,* (5. Ausgabe, New York 1899 veröffentlicht) (deutsch: *Rāja-Yoga; mit den Yoga-Aphorismen des Patañjali,* Zürich: Rascher 1941). Siehe auch EUGENE TAYLOR, «Swāmi Vivekānanda and William James», *Prabuddha Bharata* 91 (1896) S. 374–385. JUNG hatte Ausgaben verschiedener Werke von VIVEKĀNANDA in seiner Bibliothek.

Jungs Schlußfolgerung, daß etwas dem Yoga Ähnliches auf der Grundlage des Christentums auftauchen würde, kam KEYSERLINGS Sicht der christlichen Basis der westlichen Psychologie nahe:

> «Nun sind uns Abendländern die indischen Vorstellungskreise fremd; die meisten sind unfähig – gerade die Theosophen beweisen dies –, ein inneres Verhältnis zu ihnen zu gewinnen. Ferner sind wir alle physiologisch [sic] Christen, ob unser Bewußtsein dies anerkennt oder nicht. So hat jede Lehre, die in christlichem Geist fortbaut, mehr Aussicht, unser Innerstes zu ergreifen, als eine noch so tiefsinnige von fremdem Stamm.»[59]

JAKOB WILHELM HAUER[60]

JAKOB WILHELM HAUER wurde 1881, sechs Jahre nach Jung, in Baden-Württemberg in der Nähe von Stuttgart geboren. Nach einer Lehre im väterlichen Gipsergeschäft trat er in das Seminar der Basler Evangelischen Missionsgesellschaft ein, wo er Theologie studierte. Nach dieser Ausbildung wurde er 1907 von der Basler Mission nach Indien geschickt. Wie RICHARD WILHELM war HAUER mehr von der Spiritualität beeindruckt, die er dort antraf, als von der, die er mitbrachte. Später erinnerte er sich:

> «Fünfjährige Erfahrung in Indien hat meine religiösen Ansichten in von mir ganz unerwarteter Weise vertieft. Ich ging als ein Missionar im gewöhnlichen Sinne des Wortes hin, kam aber als ein Missionar in einem ganz andren Sinne zurück. Ich lernte, daß wir nur das Recht haben, das was in uns ist, zu bezeugen, aber keineswegs das, von andren Leuten zu erwarten, daß sie sich zu unsrem Standpunkt bekehren, und noch viel weniger, sie gar selbst bekehren zu wollen.»[61]

59 Ebenda, S. 163.

60 Die Angaben über HAUER sind seinen eigenen Werken und der umfassenden Biographie von MARGARETE DIERKS, *Jakob Wilhelm Hauer 1881-1962*, Heidelberg 1986, entnommen worden. Ihr Buch enthält eine vollständige Bibliographie von HAUERS Schriften.

61 *The World's Religions against War: The Proceedings of the Preliminary Conference Held at Geneva, September 1928, to Make Arrangements for a Universal Religious Peace Conference*, New York 1928. Deutsche Ausgabe: *Die Weltreligionen gegen den Krieg. Verhandlungen der einleitenden Konferenz zu Genf im September 1928, zum Zwecke der Vorbereitung einer religiösen Weltfriedenskonferenz*, Marburg/Lahn: Druckerei Bauer 1929.

Während seines Pastorats unternahm HAUER auch Studien in vergleichender Religion. Dazu gehörte ein kurzer Aufenthalt an der Universität Oxford. 1921 brach er diesen ab und nahm eine Stelle als Dozent in Tübingen an. 1927 wurde er an derselben Universität Professor für Indologie und vergleichende Religionsgeschichte und publizierte breitgefächerte Untersuchungen über diese Gebiete. Es war sein Vortrag «Der Yoga im Lichte der Psychotherapie», der Jungs Aufmerksamkeit erregte. HAUER begann mit der Feststellung:

> «Ich weiß vielleicht genug, um zu erkennen, daß der Yoga, aufs Ganze gesehen, eine auffallende Parallele zur westlichen Psychotherapie ist (wenn auch tiefgreifende Verschiedenheiten vorliegen), aber die einzelnen Stücke des Yoga mit den verschiedenen Richtungen der westlichen Psychotherapie und mit ihren Methoden spezialisierter zu vergleichen, dazu fehlten mir – das merkte ich bald – die eingehenden Kenntnisse und vor allem die überzeugenden Versuche.»[62]

Anschließend gab er eine sachliche Darstellung des Yoga und überließ seinem Publikum den Vergleich zwischen beiden. HAUER stellte sich als Indologen vor, der Psychotherapeuten zum Gedankenaustausch über die Ähnlichkeiten und die Unterschiede zwischen Yoga und Psychotherapie suchte. Es war Jung, der die Einladung annahm.

Die Meinungen über HAUER sind unter den Wissenschaftlern höchst geteilt. ZIMMER erinnerte sich:

> «Mein persönlicher Kontakt mit Jung begann 1932. Zu dieser Zeit zog ein anderer Indologe, sowohl als Wissenschaftler wie auch als Charakter höchst unzuverlässig, aber begabt mit dämonischer, erratischer Vitalität, die aus primitiven Widerständen und Ambitionen bestand, die Aufmerksamkeit der Doktoren-Psychiater-Psychologen auf das Thema Yoga. Jung war bereit, ähnliches Zeug von indischen Gelehrten aufzunehmen. Hauer hatte ein Seminar [sic] über Kundaliniyoga in Zürich, und ich selbst stellte mich diesem Forum im Frühjahr 1932 mit einer Vorlesung über die Yoga-Arten in der indischen Überlieferung vor.»[63]

62 HAUER, «Der Yoga im Lichte der Psychotherapie», S. 1.

63 ZIMMER, «Some Biographical Remarks about Henry R. Zimmer,» in *Artistic Form and Yoga in the Sacred Images of India,* S. 259–260 (in ZIMMERS *Kunstform und Yoga* nicht enthalten). ZIMMERS Vortrag «Einige Aspekte des Yoga» fand am 18. Juni 1932 statt und ging dem Kundalini-Seminar voraus.

Dagegen meinte FEUERSTEIN, daß «J. W. Hauer [...] dem wir hinsichtlich des Studiums von Yoga und Sāmkhya viel verdanken [...] nicht nur ein reiches Wissen über das indische Denken besaß, sondern auch mit der westlichen Kultur bestens bekannt war. [...] Das zentrale Thema all seiner Arbeiten ist der Mensch als religiöses Wesen, und Hauer selbst war ein ernsthafter Gottsucher und Mystiker.»[64] C. A. MEIER beschrieb HAUER als «typischen trockenen deutschen Wissenschaftler», «als ausgezeichneten Sanskritkenner» und als «sehr netten Burschen».[65]

DIE ENTSTEHUNG DES KUNDALINI-SEMINARS

BARBARA HANNAH erzählt:

> «Im September 1932 kam der Indologe J. W. Hauer, damals Professor in Tübingen, nach Zürich, um ein Seminar über Kundalini-Yoga abzuhalten. Das war eine außerordentlich interessante Parallele zum Prozeß der Individuation; aber wie immer, wenn eine vollendete indische Philosophie einem europäischen Publikum vorgelegt wird, gerieten wir alle aus dem Häuschen und entsprechend durcheinander. Wir waren es gewohnt, daß uns das Unbewußte, diesen Prozeß Stück für Stück mit jedem Traum preisgab. Aber der Osten hat in vielen Jahrhunderten derartige Meditationstechniken entwickelt und bei weitem mehr Symbole gesammelt, als uns zuträglich waren. Dazu kommt, daß sich der Osten für unsere Begriffe viel zu sehr über die Alltagsrealität hinwegsetzt und nach dem Nirwana strebt, statt sich mit unserem gegenwärtigen, dreidimensionalen Leben zu beschäftigen. Jung sah eine völlig desorientierte Gruppe vor sich, die Hauers brillantem Vortrag über den Kundalini-Yoga zwar begeistert zugestimmt hatte, ihn aber nicht verarbeiten konnte. Deshalb widmete Jung dann die ersten drei Vorlesungen seines Englischen Seminars einem psychologischen Kommentar zu Hauers Vortrag, wodurch wir alle wieder – um eine Erfahrung reicher – ins Lot kamen.»[66]

64 FEUERSTEIN, «The Essence of Yoga», in *A Reappraisal of Yoga: Essays in Indian Philosophy,* herausgegeben von G. Feuerstein und J. Miller, London 1971, b.

65 Interview mit dem Herausgeber am 30. Juni 1994.

66 BARBARA HANNAH, *C. G. Jung: Sein Leben und Werk*, Fellbach-Oeffingen: Bonz 1982, S. 255 f. Zum allgemeinen Hintergrund von JUNGS Seminaren siehe auch WILLIAM MCGUIRES Einführung zu C. G. JUNG, *Traumanalyse. Nach Aufzeichnungen der Seminare 1928–1930*. Olten: Walter 1991.

HANNAH vermittelt den Eindruck, Jungs Seminar sei eine spontan improvisierte Veranstaltung gewesen, um seine verwirrten Hörer therapeutisch zu beraten. Diese Ansicht wurde von nachfolgenden Kommentatoren kritiklos übernommen.[67] C. A. MEIER jedoch, der auch dabei war, meinte, daß er im Gegensatz zu HANNAH, die HAUERS Seminare schwierig gefunden haben mochte, sie als völlig klar erlebt habe, und er fügte bei, daß es keine allgemeine Verwirrung gegeben habe.[68] Er sagte auch, daß Jungs psychologischer Kommentar gleich von Anfang an Teil einer geplanten Zusammenarbeit war. HAUER sollte als Spezialist eine wissenschaftliche philologische und historische Darstellung geben, um die Grundlagen für Jungs psychologische Deutung zu liefern.[69]

Ein weiterer Beweis dafür, daß Jungs Seminar keineswegs einfach eine spontane Improvisation war, ist die Tatsache, daß er schon 1930 und 1931 Vorlesungen über Kundalini-Yoga und die Symbolik der Chakren gehalten hat.[70] Die erste dieser beiden Vorlesungen scheint Jungs allererste öffentliche Darstellung dieses Themas gewesen zu sein (siehe Anhang 1). Da die zweite Vorlesung zum größten Teil eine Wiederholung der ersten ist, wurde sie nicht in dieses Buch aufgenommen. Es gibt außerdem eine Reihe von undatierten Manuskripten von Jung, die die sorgfältige Vorbereitung seiner Seminare zeigen.[71] Jung las also schon über den Gegenstand des Kundalini-

67 HAROLD COWARD, *Jung and Eastern Thought* (mit Beiträgen von J. BORELLI, J. JORDENS und J. HENDERSON), Delhi 1991 (Zitate beziehen sich auf die indische Ausgabe), S. 110–111; JOHN CLARKE, *Jung and Eastern Thought: A Dialogue with the Orient*, London 1994, S. 110.

68 MEIER, Interview mit dem Herausgeber. Zu HANNAHS Verwirrung siehe Anhang 3, S. 166.

69 MEIER, Interview mit dem Herausgeber.

70 Am 11. Oktober 1930 las JUNG über «Indische Parallelen» (s. Anhang 1). Am 7. Oktober 1931 hielt JUNG einen Vortrag auch auf deutsch mit demselben Titel, der dasselbe Gebiet betraf; siehe *Bericht über das Deutsche Seminar von Dr. C. G. Jung, 5.–10. Oktober 1931 in Küsnacht-Zürich*, S. 66–73. Darüber schrieb EMMA JUNG am 12. Oktober an OSKAR SCHMITZ: «Das Seminar war wieder sehr gut besucht – wir waren ganz erstaunt, daß trotz der kritischen Zeiten so viele Teilnehmer auch aus Deutschland kamen. Es wurden wieder Bilder und Phantasien behandelt, von verschiedenen Patientinnen, aber die alle die ‹Kundalini› Symbolik enthielten.» (C. G. Jung: Briefe an Oskar Schmitz, 1921-1931, S. 94-95)

71 Die folgenden Manuskripte hat JUNG augenscheinlich direkt für seine Seminare verwendet: 1. ein dreiseitiges handgeschriebenes Manuskript mit der Überschrift «Tantrismus»; 2. ein vierseitiges handgeschriebenes Manuskript mit der Überschrift «Avalon Schlange», das Verweise und Zitate aus den Seiten 1–76 und 210–272 aus *The Serpent Power* (1. Aufl.) enthält; 3. ein dreiseitiges handgeschriebenes Manuskript mit der Überschrift «Chakras» und 4. ein zweiseitiges Schreibmaschinen-Manuskript mit der Überschrift «Die Beschreibung der beiden Centren

Yoga und gab symbolische Deutungen der Chakren, bevor er mit HAUER zusammenarbeitete; er erhielt durch diesen die Gelegenheit, seine Arbeit über das Thema auszuweiten; begonnen hatte er sie schon früher.

Am 13. Juni 1931 hielt HAUER vor dem Psychologischen Club in Zürich einen Vortrag mit dem Titel «Überblick über den Yoga». Jungs (unveröffentlichter) Briefwechsel mit HAUER wirft neues Licht auf die aktive Rolle, die er bei der Organisation der Seminare übernahm. Der erste Hinweis auf HAUERS Vorlesungen findet sich in einem Brief von EMMA JUNG an OSKAR SCHMITZ vom 12. Oktober 1931, in dem sie schreibt: «Ich korrespondiere eben mit Prof. Hauer wegen eines Seminars, das er uns in Zürich auch während einer Woche geben würde. Er schlägt die zweite Hälfte März vor und als Thema glaube ich, Yogapraktiken. Würden Sie auch dabei sein?»[72] Im ersten zur Verfügung stehenden Brief an Jung dankte HAUER Jung für das Übersenden seines neuen Buches: «[...] daß ich davon auch für das zu haltende Seminar allerlei gewinnen werde, ist mir sicher. Ich habe immer wieder den starken Eindruck, daß für die Psychologie überhaupt der Weg in der Richtung liegt, in die Sie weisen.»[73] HAUER erwähnte auch sein bald erscheinendes Buch über Yoga[74] und schrieb:

> «Nun wollte ich Sie fragen, ob ich Ihnen (in der Überzeugung, daß Ihre analytische Psychologie und der Yoga in den Elementen, die für den Westen wirksam gemacht werden könnten, in einem ganz tiefen Sinne zusammengehören) mein neues Buch

Shat-Chakra-Nirūpana»; dieses Manuskript scheint unvollständig zu sein, da es mitten in der Beschreibung des *Anāhata*-Chakra abbricht. Die Manuskripte 1 und 3 entsprechen in weiten Teilen dem Text von «Indische Parallelen» (s. Anhang 1), was den Schluß nahelegt, daß JUNG sie direkt für seinen Vortrag verwendet hat. Außerdem gibt es noch ein zweiseitiges Manuskript mit der Überschrift «Tantr. Texte VII Shrichakrasambhara», das er offensichtlich zur Vorbereitung seiner Vorlesungen an der Eidgenössischen Technischen Hochschule über diesen Text benutzt hat *(Modern Psychology 3)*, sowie ein zweiseitiges Manuskript mit der Überschrift «Prapanchasara Tantra», das hauptsächlich Verweise und Zitate aus den Seiten 25–87 von ZIMMERS *Kunstform und Yoga* enthält. Das *Prapanchasāratantram* war der 18. Band von WOODROFFES «Tantrik Texts». Kalkutta 1935, in *ETH*.

72 EMMA JUNG an OSKAR SCHMITZ am 12. Oktober 1931 («C. G. Jung, Briefe an Oskar Schmitz», S. 95). SCHMITZ starb Ende 1931 und konnte nicht mehr dabei sein. JUNG schrieb zu SCHMITZ' «Märchen vom Fischotter (in *Märchen aus dem Unbewußten*, München 1932) ein Vorwort, das die Form einer Gedenkrede annahm (s. *GW* 18/II, §§ 1716–1722).

73 HAUER an JUNG am 20. November 1931, in *ETH*. Beim betreffenden Buch handelt es sich wahrscheinlich um JUNGS Sammlung von Aufsätzen *Seelenprobleme der Gegenwart*, Zürich 1931

74 J. W. HAUER, *Der Yoga als Heilweg*, Stuttgart 1932.

widmen dürfte.[75] Wenn Sie es wünschen, werde ich Ihnen die Druckbogen, wie sie einlaufen, zur Durchsicht zuschicken. Ich hoffe, daß das Buch spätestens bis zum Zeitpunkt meines Seminars in Zürich fertig gedruckt sein wird. [...] Wegen meines Seminars möchte ich noch einmal den Wunsch aussprechen, daß es womöglich zwischen dem 15. und dem 30. April stattfindet, weil ich bis dorthin das Dekanat der Philosophischen Fakultät abgeben kann.»[76]

Jung erwiderte, daß die Nachricht, HAUER wolle ihm sein Buch widmen, eine freudige Überraschung für ihn sei, und daß er sich «der tiefen Wesensverwandtschaft meiner Auffassung mit dem Yoga bewußt» sei.[77] Den Zeitpunkt des Seminars betreffend fügte er hinzu: «Ich möchte gerne Ihr Seminar im Frühling ansetzen, wenn um diese Zeit das nötige Publikum vorhanden wäre. Das ist aber nicht der Fall. Wir müssen die Sache schon auf den Herbst legen.»[78] Einige Zeit danach schrieb er an HAUER: «Wie stellen Sie sich übrigens zu dem Vorschlag, das geplante Seminar im Herbst abzuhalten? Es wäre sehr schön, wenn es zustande käme, das Interesse dafür ist hier sehr lebhaft. Ich wäre Ihnen sehr dankbar, wenn Sie mir bald mitteilen könnten, welcher Zeitpunkt Ihnen passen würde. Für uns wäre Anfang Oktober am günstigsten.»[79] HAUER antwortete: «Das Seminar halte ich im Herbst gern. Anfang Oktober würde mir gut passen.»[80] Zwei Monate später schrieb ihm Jung:

«Nachdem wir neulich im Club die Frage Ihres Seminars im Herbst besprochen haben, gelange ich nun mit der höflichen Bitte an Sie, sich über unseren Vorschlag äußern zu wollen: In Anbetracht der gegenwärtigen wirtschaftlichen Lage gestaltet sich die Organisation eines Seminars nicht ganz einfach. Der psychologische Club hat sich bereit erklärt, in diesem Falle die Organisation zu übernehmen und in erster Linie Ihnen das Lokal gratis zur Verfügung zu stellen. Unser Vortragsraum faßt 60 Sitze. In der Sitzung wurde allgemein die Meinung ausgedrückt, daß es

75 HAUERS Buch *Der Yoga als Heilweg* war «C. G. Jung, dem Erforscher neuer Wege zum Menschen» gewidmet. Exemplare dieses Werkes befinden sich zusammen mit HAUERS Buch *Die Bhagavadgita in neuer Sicht mit Übersetzungen*, Stuttgart 1934 in JUNGS Bibliothek und tragen persönliche Widmungen an JUNG. Keines enthält Randnotizen.

76 HAUER an JUNG am 20. November 1931, in *ETH*.

77 JUNG an HAUER am 30. November 1931, ebenda.

78 Ebenda.

79 JUNG an HAUER am 1. März 1932, ebenda.

80 HAUER an JUNG am 22. März 1932, ebenda.

wünschenswert wäre, wenn das Kursgeld pro Person Fr. 20.– nicht überschritte. Ebenso wurde betont, daß ein Kurs, der eine Woche Dauer (6 Vorlesungen) überschritte, nicht wünschenswert wäre. In diesem Falle würde eine Woche Seminar bei voller Besetzung Ihnen ein Honorar von Fr. 12 000.–[81] einbringen. In puncto Methode würde ich vorschlagen mindestens eine Stunde Vorlesung und 1–1 ½ Stunden Fragebeantwortung und Discussion.

Auftragsgemäß möchte ich Sie nun bitten, uns Ihre Ansicht in Bezug auf diese Proposition mitteilen zu wollen, damit der Club eine definitive Grundlage zur Organisation des Seminars hat.

Bezüglich eventueller englischer Vorlesungen, welche den deutschen parallel gingen, könnte ich jetzt noch nichts Bestimmtes sagen. Die Wirtschaftskrise in Amerika hat sich nämlich hier insofern bemerkbar gemacht, als die Zahl der Besucher sich ganz erheblich vermindert hat. Es wäre immerhin nicht unmöglich, daß ich Ihnen eine ganze Anzahl englisch sprechender Hörer zusammen bringen könnte. Jedoch würde ich Ihnen schon aus Gründen der Zeitersparnis und Anstrengung empfehlen, den Engländern bloß je eine einstündige Vorlesung zu halten. Bei Ihrem deutschen Seminar würde ich Ihnen von der psychologischen Seite her assistieren.»[82]

Daraus wird ersichtlich, daß HAUER die Einschreibegebühren erhalten sollte. Der Brief sagt auch, daß die Teilnahme an Jungs englischen Seminaren wegen der amerikanischen Wirtschaftskrise abgenommen hatte und daß die zweisprachige Form gewählt wurde, um das Honorar zu vergrößern. Im Sommer schrieb Jung an HAUER:

«Das Gerücht von Ihrem Seminar wirft bereits seine Wellen. Zimmer in Heidelberg hat mich gefragt, ob er kommen könnte. Da ich ihn persönlich kenne, so habe ich ihm zugesagt. Hingegen hat auch Spiegelberg, Hellerau, mich angefragt und sich dabei auf Sie bezogen. Sonstige Informationen, die ich über Herrn Spiegelberg habe, klingen nicht enthusiastisch, so möchte ich Sie nun anfragen, ob Ihnen dieser Spiegelberg, der ein intellectueller Jude zu sein scheint, gelegen ist. Ich muß gestehen, ich bin etwas im Zweifel und fürchte für die Qualität der

81 Diese Zahl sollte wohl eigentlich Fr. 1 200.– heißen. Die Mitgliederliste des Psychologischen Clubs für 1933 umfaßt 60 Mitglieder und 28 Gäste, von denen etwa ein Dutzend außerhalb der Schweiz zu leben schienen. Prof. TADEUS REICHSTEIN, der an den Seminaren teilnahm, erinnert sich, daß sowohl für HAUERS als auch für JUNGS Seminare eine Gebühr erhoben wurde. (Interview mit dem Herausgeber am 23. November 1994.)

82 JUNG an HAUER am 10. Mai 1932, in *ETH*.

Atmosphäre. Die Entscheidung möchte ich aber ganz Ihnen überlassen, da Sie Spiegelberg zu kennen scheinen.»[83]

HAUERS Vorlesungen trugen den Titel «Der Yoga, im besondern die Bedeutung der Chakras» und fanden zwischen dem 3. und dem 8. Oktober statt. 1930 hatte Jung vom 6.–11. Oktober ein deutsches Seminar gehalten, und ebenso vom 5.–10. Oktober 1931. HAUERS Vorlesungen folgten diesen Seminaren in der Aufmachung und im zeitlichen Rahmen.

EMMA JUNGS Einladung folgend wohnte HAUER während seiner Vorlesungen in Jungs Haus.[84] MEIER erwähnte, daß HAUERS deutsches Seminar von zehn Uhr vormittags bis um die Mittagszeit dauerte, von einer Teepause unterbrochen. Nach REICHSTEIN hatte HAUER in seinen Vorlesungen dreißig bis vierzig Hörer, und zwischen vierzig und achtzig Leute besuchten Jungs Seminar; es sei mühsam gewesen, hier einen Sitzplatz zu bekommen. Er erinnerte sich, daß es schwierig war, an Jungs Seminar teilzunehmen, weil viele der Anwesenden eine exklusive Atmosphäre bewahren wollten und andere von der Teilnahme abhielten. Deshalb ging REICHSTEIN (der den Nobelpreis für Chemie bekam) direkt zu Jung, der ihm die Teilnahme erlaubte.[85] Nach jeder Vorlesung gingen Jung, HAUER und TONI WOLFF zusammen essen.[86] Frau Hauer hatte vergrößerte Kopien von den Illustrationen der Chakren aus dem Buch *Die Schlangenkraft* von WOODROFFE gemalt, die in den Vorlesungen verwendet wurden.[87]

HAUERS deutsche und englische Vorlesungen behandelten dasselbe Gebiet. Letztere waren gekürzte Fassungen der ersten. In seinen englischen Vorlesungen ließ er seine eigene deutsche Übersetzung des *Sat-Chakra-Nirūpana* weg, die er in seinen deutschen Vorlesungen präsentierte.

Während dieser Vorlesungen wurde Jungs fortlaufendes Visions-Seminar unterbrochen. Jung hielt am Abend des 7. Oktober einen zusammenschau-

83 JUNG an HAUER am 23. Juni 1932, ebenda FRIEDRICH (später Frederick) SPIEGELBERG, der zu HAUERS *Yoga als Heilweg* in der *Deutschen Allgemeinen Zeitung* 71 (1932) eine Rezension geschrieben hatte, besuchte das Seminar zusammen mit seiner Frau.

84 Vgl. die Briefe von EMMA JUNG an HAUER in: DIERKS, *Jakob Wilhelm Hauer*, S. 283.

85 REICHSTEIN, Interview mit dem Herausgeber.

86 MEIER, Interview mit dem Herausgeber.

87 Bei seiner Gründung überließ MEIER diese Bilder dem Jung-Institut, das sie seitdem aufbewahrt (Interview mit dem Herausgeber). JUNG nannte sie «sehr schön» (JUNG an Frau HAUER am 11. Januar 1933, in *ETH*).

enden, mit Bildern veranschaulichten Vortrag mit dem Titel «Westliche Parallelen zu den tantrischen Symbolen.»[88]

HAUERS VORLESUNGEN

HAUER begann mit einem historischen Überblick über den Yoga und einer Erklärung seiner gesamten Betrachtungsweise. Er definierte Yoga wie folgt: «Yoga bedeutet, das wahre Wesen, die innere Struktur einer Materie – in ihrer lebendigen Wirklichkeit als dynamische Substanz – und die Gesetzmäßigkeiten dieser Materie zu begreifen.»[89] Er behauptete, daß die Tiefe des Kundalini-Yoga darin liegt, daß er die Realität als «ausgeglichene Polarität von männlicher und weiblicher Kraft» betrachtet.[90] Seine Praxis habe sich auf folgende Weise entwickelt: «Zuerst wird die innere Wirklichkeit erfaßt, dann wird das Symbol genommen, um sie in der Vorstellung zu verdichten, und dann kommt die tatsächliche Übung der Meditation der sechs Chakren.»[91] Er verglich diesen Vorgang vorzugsweise mit dem klassischen Yoga des PATAÑJALI, in dem er die Tendenz fand, den Gott im Selbst des Menschen aufgehen zu lassen, und mit Hatha-Yoga, in dem er eine «psychotechnische Tendenz, von den zentralen Mächten weg zu den mehr psychologischen, ja sogar physiologischen Mächten zu führen» sah.[92] Er erklärte diese Tendenz folgendermaßen:

> «Man meditiert über das Symbol und eignet sich seine Inhalte teils intellektuell, teils psychologisch an und kommt auf diese Weise zu einer bestimmten Art der psychischen Wandlung; manchmal erreicht man vielleicht eine Schicht, in der die radikalen Entwicklungen der Seele geschehen. Aber nicht oft. Die Gefahr für Leute, die sich von außen mit den Chakren befassen, besteht darin, daß sie im Bereich dieser psychischen Prozesse bleiben [...] und die wirkliche Veränderung in der innersten Struktur ihres Wesens nicht stattfindet.»[93]

88 In: *Tantra Yoga,* S. 153–158.

89 HAUER, *HS*, S. 1.

90 Ebenda, S. 8.

91 Ebenda, S. 14.

92 Ebenda, S. 13; HAUERS Unterscheidung zwischen diesen beiden Arten des Yoga wurde von ZIMMER in Frage gestellt, der behauptete, daß HAUER den Unterschied überbewertete (s. S. 15-16).

93 Ebenda, S. 14.

Für HAUER lag hierin die Hauptschwierigkeit, ein Verständnis für den Kundalini-Yoga zu gewinnen. Er meinte, daß man diese Schwierigkeit am besten überwindet, indem man den Kundalini-Yoga auf der Grundlage der eigenen inneren Erfahrung zu begreifen versucht: «Ich erfasse eine innere Wirklichkeit nur so weit, wie ich sie in mir selbst habe und fähig bin, diese Wirklichkeit, die aus den Tiefen meines Unbewußten in mein Bewußtsein gekommen ist, anzuschauen; wenn sie jedoch von außen zu mir kommt, muß sie in meinem eigenen Bewußtsein vollkommen lebendig werden.»[94] Folglich berichtet er: «Ich habe mich am Anfang in hohem Maße von der indischen Betrachtungsweise befreit. Ich fand, daß ich die innere Bedeutung nicht erreiche, wenn ich die Dinge nicht auf meine eigene Weise sehe, von meinem eigenen Standpunkt aus.»[95] Der Rest seiner Vorlesungen beinhaltete eine Erklärung der Metaphysik, die dem Kundalini-Yoga und der Symbolik der Chakren zugrunde liegt.

MEIER erinnerte sich, daß der Ton von HAUERS Vorlesungen trocken war und daß es außer in den Teepausen wenig Zeit für Gespräche gab. Im Gegensatz dazu waren Jungs Seminare sehr lebendig.[96] Nach REICHSTEINS Meinung war HAUER ein Fanatiker; es fand keine wirkliche Diskussion statt, weil «er so von sich überzeugt war» und «nur das gelten ließ, was er selbst sagte». REICHSTEIN beschrieb Jungs Seminare als «sehr beeindruckend» und bemerkte, daß es dort «Möglichkeiten zur offenen Diskussion» gab.[97] SPIEGELBERG erinnert sich, daß Jung «den Indologen viele Fragen über die indische Yoga-Praxis [...] und über die Beziehungen zwischen dem indischen System und der westlichen Psychologie insgesamt stellte. Ich denke, dieses Seminar ist bis jetzt das letzte Wort, das über die tiefere psychologische Bedeutung der Yoga-Praxis gesagt wurde.»[98] Die Nachrichten von diesen Vorlesungen breiteten sich aus. Kurz danach schrieb HANS TRÜB an MARTIN BUBER: «Von Hauers Seminar werde ich Dir erzählen. Es war über alles Erwarten anregend für mich. Der ‹purusha›-atman war mir eine ganz neue Offenbarung – vor allem der uns ja sehr fremde Weg (Kundalini-Yoga) zu ihm.»[99]

94 Ebenda, S. 1-2.

95 Ebenda, S. 19.

96 MEIER, Interview mit dem Herausgeber.

97 REICHSTEIN, Interview mit dem Herausgeber.

98 FREDERIC SPIEGELBERG Interview, Jung Oral History Archive, Countway Library of Medicine, Harvard Medical School, Boston, S. 1-2.

99 HANS TRÜB an MARTIN BUBER am 27. November 1932, Buber-Archiv, Hebräische Universität Jerusalem.

HAUERS Methode scheint Jung beeinflußt zu haben. In seinen Seminaren versuchte Jung, die Teilnehmer durch ihre eigene innere Erfahrung, nämlich den Individuationsprozeß, zum Verständnis des Kundalini-Yoga zu führen. Dadurch war die Darstellung des Kundalini-Yoga, die ihnen vorgelegt wurde, dreifach gefiltert: zuerst durch WOODROFFES Übersetzungen und Kommentare, dann durch HAUER und schließlich durch Jung. Es ist kein Wunder, daß die drei sich häufig widersprachen, und zwar sowohl in der Terminologie als auch in ihrem Verständnis des Prozesses. Daher betraf ein guter Teil der Fragen aus dem Publikum diese Unterschiede.

Es ist wichtig anzumerken, daß Jungs Seminare für die Teilnehmer nicht einfach ein Lehrgang in Hermeneutik waren, sondern daß sie spezielle Erfahrungen in ihnen hervorriefen. So erinnert REICHSTEIN sich an Träume aus dieser Zeit, die die Bewegung der Kundalini-Schlange während und nach den Seminaren zeigten; auch hätten «wenigstens ein paar andere» ähnliche Erlebnisse gehabt.[100]

PSYCHOLOGIE UND YOGA: SCHWIERIGKEITEN DES VERGLEICHS UND DER ZUSAMMENARBEIT

Kurz nach seinen Vorlesungen schrieb HAUER an Jung: «Die Woche in Zürich hat für mich sehr viele Anregung gebracht und ich darf mich vielleicht der Hoffnung hingeben, daß auch die Fäden unserer Zusammenarbeit etwas enger geknüpft worden sind.»[101] Dieses Gefühl scheint gegenseitig gewesen zu sein, denn Jung erwiderte: «Ich möchte nämlich unsere Zusammenarbeit in besonderem Sinne weiter ausbauen», und lud ihn ein, sich an einer interdisziplinären Zeitschrift zu beteiligen, die DANIEL BRODY vom Rhein-Verlag ihm vorgeschlagen hatte.[102]

Im folgenden Jahr gründete HAUER die Deutsche Glaubensbewegung. In seinem Werk *Deutsche Gottschau* verkündete er das Aufkommen einer spezifisch germanischen (oder indogermanischen) Religion, die eine Befreiung vom «fremden» semitischen Geist des Christentums herbeiführen würde. Er stellte fest: «Die neue Phase der Deutschen Glaubensbewegung, die mit dem

100 REICHSTEIN, Interview mit dem Herausgeber.

101 HAUER an JUNG am 11. November 1932, in *ETH*.

102 JUNG an HAUER am 14. November 1932, C. G. JUNG, *Briefe*, Bd. I, S. 138 f. Das Projekt kam nie zustande. BRODY war der Herausgeber der *Eranos-Jahrbücher*.

Treffen in Eisenach im Juli 1933 begann, muß in enger Verbindung mit der nationalen Bewegung verstanden werden, die zur Gründung des Dritten Reiches führte. Wie letzteres ist die Deutsche Glaubensbewegung ein Hervorbrechen der biologischen und spirituellen Tiefen des deutschen Volkes.»[103] Erfolglos versuchte er, sie als offizielle Religion des Nationalsozialismus anerkennen zu lassen.

1935 veröffentlichte HAUER in der Festschrift zu Jungs sechzigstem Geburtstag einen Aufsatz mit dem Titel «Die indo-arische Lehre vom Selbste im Vergleich mit Kants Lehre vom intelligiblen Subject».[104]

In seinem Aufsatz «Wotan» von 1936 nahm Jung HAUER und die Deutsche Glaubensbewegung als Beispiel für seine These, daß die politischen Ereignisse in Deutschland psychologisch als erneute Aktivität des alten germanischen Gottes Wotan verstanden werden könnten.[105]

1938 hielt HAUER zwischen dem 7. und dem 12. März wiederum eine Reihe von Vorlesungen im Psychologischen Club in Zürich, diesmal über den «Quellgrund des Glaubens und die religiöse Gestaltwerdung». MEIER erinnert sich, daß HAUER über die «symbolische Bedeutung der Fahne (Swastika) sprach und dabei auf äußerst harte Kritik und Widerstand stieß»[106]. Ihre gegensätzlichen Auffassungen der religiös-politischen Situation in Deutschland führten zum Bruch zwischen HAUER und Jung und seinem Kreis.[107] Über HAUERS Verhalten in dieser Zeit sagte MIRCEA ELIADE: «Ich hörte von Scholem, daß Hauer trotzdem ein sehr guter Mensch war, weil er während der Nazi-Verfolgung zwei oder drei jüdische Kinder oder ein jüdisches Mädchen bei sich aufnahm. Scholem meinte, Hauer sei einer der sehr wenigen Gelehrten, die mit dem Nazi-Regime sympathisierten, gegen die er nichts habe.»[108]

103 HAUER, «Origin of the German Faith Movement» (Ursprung der Deutschen Glaubensbewegung), in: J. W. Hauer, K. Heim, K. Adam, *Germany's New Religion: The German Faith Movement*, London 1937, S. 29 f.

104 *Die kulturelle Bedeutung der komplexen Psychologie*, herausgegeben vom Psychologischen Club Zürich, Berlin 1935.

105 *GW* 10, § 397/4 und 398.

106 MEIER, Brief an den Herausgeber vom 25. Oktober 1993. In seinem Kalender-Tagebuch notierte HAUER am 11. März, daß er an diesem Tag einen Vortrag über geistige und religiöse Hintergründe des politischen Geschehens in Deutschland gehalten habe (Dierks, *Jakob Wilhelm Hauer* S. 297). Wahrscheinlich bezieht MEIER sich auf diese Vorlesung.

107 In seinem Tagebucheintrag vom 8. März schrieb HAUER: «Ich bin den Menschen zu ‹deutsch›.» (DIERKS, *Jakob Wilhelm Hauer*, S. 297)

108 Interview mit MIRCEA ELIADE, Jung Oral History Archive, S. 11.

HAUER setzte seinen Teil des Dialogs mit Jung in seinen folgenden Publikationen über den Vergleich von Yoga und Psychotherapie fort. In *Der Yoga: ein indischer Weg zum Selbst*[109] beginnt er mit Fragen, die sich im Zusammenhang mit dem Aufkommen der New-Age-Bewegung und der Popularität der alternativen Religionen immer mehr stellen:

> «Das Problem, ob und inwieweit dieser östliche ‹Weg zum Heil› auch für den westlichen Menschen von Wert sei, blieb im Fluß und beschäftigte mich sehr ernstlich. War es nicht eine Irreführung oder gar ein Gefährdung, wenn man den um seinen eigenen ‹Heilweg› ringenden Menschen des Westens auf den Yoga hinwies? Waren für diesen Menschen nicht strenge wissenschaftliche Forschung, philosophische Besinnung in westlicher Weise, Leben und Tat die einzigen Wege zum ‹Heil›? Hatte der Westen nicht selbst in seiner Mystik auch einen Weg nach innen, der ihm besser taugte als der Yoga? Waren die sich entfaltende ‹Tiefenpsychologie› und Psychotherapie nicht genug? Brauchten wir überhaupt neue Anregungen vom Osten? Diese Probleme bestimmten auch die Vorträge und Seminarübungen im ‹Psychologischen Klub› C.G. Jungs in Zürich [...]»[110]

Seiner Ansicht nach war Jungs analytische Psychologie zu einer Methode geworden und daher den Gefahren der psychotechnischen Veräußerlichung erlegen, die auch für den Yoga eine Gefahr gewesen war.[111] In *Der Yoga* widmete er ein Kapitel der Kritik an Jung. Er schrieb: «Ich selbst stehe der Hypothese der eingeborenen und vererbbaren ‹Archetypen› kritisch gegenüber. Zunächst ist zu sagen, daß die religionsgeschichtlich-empirische Basis für die These der ‹Archetypen› äußerst schwach ist.»[112] Auch über Jungs Interpretation des Kundalini-Yoga ist er zu einem negativen Urteil gekommen, da «man im Jungschen Kreis meiner Ansicht nach die mythischen Bilder des tantrischen Yoga allzu schnell mit den ‹Archetypen› ineinssetzte, nicht zum Vorteil der klaren Erkenntnis beider.»[113]

Jeder Versuch, tantrische Texte zu deuten, sieht sich wegen deren komplexem Aufbau mit unerhörten Problemen konfrontiert. ELIADE bemerkt

109 HAUER, *Der Yoga: Ein indischer Weg zum Selbst*, Stuttgart 1958.

110 Ebenda, S. 5; es gab reichlich vergleichende Literatur über Yoga und Psychotherapie. Zwei frühe Studien finden sich bei GERALDINE COSTER, *Yoga and Western Psychology: A Comparison*, London 1934, und ALAN WATTS, *Psychotherapy East and West*, New York 1961.

111 Siehe DIERKS *Jakob Wilhelm Hauer*, S. 298.

112 HAUER, *Der Yoga*, S. 419.

113 Ebenda, S. 421.

dazu: «Die tantrischen Texte sind oft in einer ‹intentionalen Sprache› (*sandhabhasa*), Geheimsprache, dunklen, doppelsinnigen Sprache abgefaßt, in der ein Bewußtseinszustand durch einen erotischen Terminus ausgedrückt und der mythologische oder kosmologische Wortschatz mit hathayogischen oder sexuellen Bedeutungen versehen ist.»[114] Das führt dazu,

> «[...] daß ein tantrischer Text mit mehreren Schlüsseln, einem liturgischen, einem yogischen, tantrischen usw. gelesen werden kann. [...] Einen Text mit dem ‹yogischen Schlüssel› lesen heißt die verschiedenen Stadien der Meditation entziffern, auf welche sich der Text bezieht. Der tantrische Text ist meistens erotisch, doch ist schwer zu entscheiden, ob es sich um einen konkreten Akt oder um einen sexuellen Symbolismus handelt. Genauer, es ist schwierig, zwischen dem ‹Konkreten› und dem ‹Symbolischen› zu unterscheiden, da das tantrische *sādhana* gerade die Transsubstanziierung jedes ‹konkreten› Erlebnisses, die Umwandlung der Physiologie in Liturgie zum Ziel hat.»[115]

Spätere Auswertungen von Jungs psychologischen Deutungen haben sich der Frage zugewendet, ob man sie als einen gültigen zusätzlichen «Schlüssel» betrachten kann. Sie sind sowohl von Wissenschaftlern als auch von Schülern des Kundalini-Yoga kritisiert worden. Harold Coward folgerte:

> «Mit der heutigen viel besseren Kenntnis des östlichen Denkens ist zu bezweifeln, daß Jungs ‹Seiltrick›, den Kundalini-Yoga auf den Kopf zu stellen und dann die beiden letzten Chakren als ‹überflüssige Spekulationen ohne praktischen Wert› abzuschneiden, akzeptiert wird. Was Jungs ‹Kommentar› jedoch gebracht hat und heute noch bringt, ist die größere Einsicht in *sein* Verständnis des *Individuationsprozesses,* nicht aber eine genauere Beschreibung der Kundalini.»[116]

114 Eliade, *Yoga: Unsterblichkeit und Freiheit,* S. 258.

115 Ebenda, S. 261; zur Problematik der «Absichtssprache» siehe Bharati, *Die Tantra-Tradition,* S. 168–190.

116 Coward, *Jung and Eastern Thought,* S. 123. Coward bezieht sich auf Jungs Feststellung, es sei nicht nötig, die Symbolik der beiden letzten Chakren auszuarbeiten, da sie jenseits der westlichen Erfahrungsmöglichkeit lägen (s. S. 123). Man könnte hinzufügen, daß es auch in Indien nicht direkt verbreitet ist, diese Stufen zu erreichen. Cowards Text, der John Borellis «Annotated Bibliography of Jung and Eastern Traditions» enthält, bleibt die brauchbarste Gesamtstudie über Jung und das indische Denken, auf dem ihr Schwerpunkt liegt. John Clarkes Buch *Jung and Eastern Thought: A Dialogue with the Orient* ist ein erfolgloser Versuch, Jungs Arbeiten über das östliche Denken unter der Rubrik von Gadamers Hermeneutik einzuordnen. Zur Kritik an Jungs Sichtweise des östlichen Denkens siehe Richard Jones,

Sofern Jungs Seminare aus der Perspektive des Verständnisses des Kundalini-Yoga im Rahmen von dessen eigenem soziohistorischen Kontext beurteilt werden, ist diese Kritik zweifellos angezeigt. Im Zuge der Zusammenarbeit mit HAUER war das jedoch HAUERS Aufgabe; Jungs Ziel war es, die psychologische Bedeutung der spontanen Symbolik zu erhellen, die der des Kundalini-Yoga ähnelte. Was das betraf, schrieb Jung in einem Brief:

> «Das Hereinkommen des Ostens [in den Westen] ist vielmehr eine psychologische Tatsache, die historisch schon lange vorbereitet war. Die ersten Anzeichen finden sich bei Meister Eckart, Leibnitz, Kant, Hegel, Schopenhauer und Ed. von Hartmann. Es handelt sich aber gar nicht um den wirklichen Osten, sondern um die Tatsache des kollektiven Unbewußten, das omnipräsent ist.»[117]

Für Jung bildete daher die «Entdeckung» des Ostens einen entscheidenden Abschnitt bei der «Entdeckung» des kollektiven Unbewußten.

Jungs psychologische Deutung beruht auf der Annahme, daß der Kundalini-Yoga eine Systematisierung von inneren Erfahrungen darstellt, die sich im Westen spontan auf eine Art zeigte, die zwar der östlichen Art ähnlich, aber nicht notwendigerweise mit ihr identisch war. Das bestätigte sich bei einem Gedankenaustausch kurz nach dem Kundalini-Seminar, als das Visions-Seminar wieder aufgenommen wurde:

> «*Mrs. Sawyer*: Bei den Chakren hatten wir die Kundalini aber immer separat behandelt.
>
> *Dr. Jung*: Das stimmt, und in diesem Falle sind sie offensichtlich nicht abgetrennt, aber das macht keinen Unterschied. Wir dürfen nie vergessen, daß das Kundalini-System ein spezifisch indisches Produkt ist, und wir haben es hier mit westlichem Material zu tun; deshalb ist es wahrscheinlich klug, wenn wir annehmen,

«Jung and Eastern Religious Traditions», *Religion* 9 (1979) S. 141–155. Zur diesbezüglichen Würdigung siehe F. HUMPHRIES, «Yoga Philosophy and Jung», in *The Yogi and the Mystic: Studies in Indian and Comparative Mysticism*, herausgegeben von Karl Werner, London 1989, S. 140–148.

117 JUNG an A. VETTER, 25. 1. 1932 (JUNG, *Briefe* Bd. 1, S. 120). Zu SCHOPENHAUER über Indien siehe SCHWAB, *The Oriental Renaissance*, S. 427–435. SCHOPENHAUER hat die Schriften Meister ECKHARTS mit dem Vedānta verglichen (ebenda, S. 428). Der Buddhismus war in VON HARTMANNS *Philosophie des Unbewußten* (Berlin 1870) ein wesentlicher Bestandteil.

daß dies für uns das richtige ist und nicht das indische Material, das seit tausend Jahren differenziert und abstrahiert worden ist.»[118]

Es wäre ebenfalls ein Fehler, Jungs Kommentar nur als Übersetzung der Begriffe des Kundalini-Yoga in ein psychologisches Konzept zu betrachten, dessen Bedeutung schon von vornherein eingegrenzt war; denn im Laufe der Übertragung der Terminologie des Kundalini-Yoga in die der analytischen Psychologie wurde letztere verändert und erweitert. Grundsätzlich erhielt Jung durch die Symbolik der Chakren die Möglichkeit, eine archetypische Topographie der psychischen Bereiche zu entwickeln und den Individuationsprozeß in Form der imaginalen Übergänge zwischen diesen Bereichen zu schildern.[119] Diese Symbolik führte ihn zudem zu dem Schluß, daß die Wandlung des Individuums auch eine begleitende Wandlung der Ontologie erforderte, an der sich sein Werk orientierte. In seinen Hauptwerken über westliche religiöse Traditionen, die seiner Begegnung mit dem Kundalini-Yoga folgten, stellte Jung seine psychologische Deutung der Alchemie und des Christentums dar.[120] Hierbei dienten ihm seine Studien über den Yoga als grundlegende Orientierung, sowohl für sein Verständnis der alchemistischen Praxis – wie aus seiner Feststellung ersichtlich, daß «jeder gründliche Student der Alchemie weiß, daß das Goldmachen nicht das wirkliche Ziel und der Prozeß eine westliche Form von Yoga war»[121] –, als auch für seine Sichtweise der Alchemie mit ihrer Wertschätzung des Körpers und des Weiblichen –, Belange, die im Tantrismus hervortreten und auch die Gegenströmung zum orthodoxen Christentum darstellten.

118 JUNG, *Visions Seminar,* vol. 7, S. 30-31. In seinem Bericht über spontane Kundalini-Erfahrungen im Westen hob auch LEE SANNELLA bemerkenswerte Abweichungen von den östlichen Schilderungen hervor: «Nach dem klassischen Modell erwacht die Kundalini – oder wird erweckt – an der Basis der Wirbelsäule, bewegt sich an der zentralen Körperachse empor und beendet ihre Reise, wenn sie den höchsten Punkt des Kopfes erreicht hat. [...] Im Gegensatz dazu reist die Kundalini-Energie dem klinischen Bild gemäß die Beine hinauf und dann vom Rücken weiter bis zur Spitze des Kopfes, um über das Gesicht und durch die Kehle wieder zu einem Endpunkt im Bereich des Unterleibs zurückzukehren.» (Übersetzt von W. K.) *The Kundalini Experience: Psychosis or Transcendence?* Deutsch: *Kundalini Erfahrung und die neuen Wissenschaften,* Essen: Synthesis 1994.

119 Zur Frage der archetypischen Topographie siehe EDWARD CASEY, «Toward an Archetypal Imagination», *Spring: An Annual for Archetypal and Jungian Thought* (1974) S. 1-33; und PETER BISHOP, «Archetypal Topography: The Karma-Kargyuda Lineage Tree», ebenda (1981) S. 67-76.

120 JUNG, *GW* 11-14.

121 JUNG, *Modern Psychology* 3, S. 107.

Vom empirischen Standpunkt aus kritisierte GOPI KRISHNA Jungs Darlegungen:

«C. G. Jung findet in seinem Kommentar zu dem Buch (*Das Geheimnis der Goldenen Blüte*) trotz der unzweideutigen Art der Darstellung in diesem Werk nur Material für die Bestätigung seiner eigenen Ideen und nichts weiter, da er durch seine Theorien über das Unbewußte ganz und gar voreingenommen war. Dasselbe passierte in einem Seminar, das er über Kundalini gehalten hat; am Jung-Institut ist eine gedruckte Zusammenfassung davon erhältlich. Keiner der anwesenden Wissenschaftler zeigte die geringste Kenntnis über die wirkliche Bedeutung des alten Dokuments, das damals besprochen wurde, wie aus ihren Stellungnahmen hervorgeht.»[122]

Grundsätzlich besteht die Unterschiedlichkeit zwischen dem östlichen Verständnis des Kundalini-Yoga und dessen Interpretation durch Jung darin, daß Texte wie das *Sat-Chakra-Nirūpana* für das erstere vor allem die tiefen Veränderungen der körperlichen und geistigen Erfahrung beschreiben, die durch spezifische rituelle Praktiken hervorgerufen werden, und weniger eine symbolische Darstellung des universellen Individuationsprozesses sind. Die Probleme jedoch, vor die Jungs Deutungen uns stellen, bestehen im allgemeinen auch bei anderen Versuchen, die Terminologie des Kundalini-Yoga in eine moderne Begrifflichkeit zu übersetzen.[123] Bei solchen Versuchen wurden die Begriffe vermischt, und der daraus resultierende Verschnitt ist nicht mehr eindeutig «östlich» oder «westlich».[124] Im Grunde genommen sollten Jungs Seminare anhand der Ziele beurteilt werden, die er in den folgenden Feststellungen umriß:

«Das abendländische Bewußtsein ist unter keinen Umständen das Bewußtsein schlechthin. Es ist vielmehr eine historisch bedingte und geographisch beschränkte Größe, welche nur einen Teil der Menschheit repräsentiert.»[125]

122 GOPI KRISHNA, *Kundalini for the New Age*, S. 43. Zur kritischen Würdigung von JUNGS Kommentar zum *Geheimnis der Goldenen Blüte* siehe THOMAS CLEARYS neue Übersetzung (mit Kommentar) *The Secret of the Golden Flower*, San Francisco 1991.

123 Z. B. GOPI KRISHNAS eigene theoretische Versuche, Kundalini in modernen nach-darwinschen Kategorien zu umschreiben, wie etwa in der folgenden Feststellung: «In wissenschaftlicher Sprache stellt Kundalini den Mechanismus der Evolution des Menschen dar.» GOPI KRISHNA, *Kundalini for the New Age*, S. 87.

124 Zur zeitgenössischen Bedeutung des Begriffes der Mischformen im Nachkolonialismus siehe HOMI BHABHA, *The Location of Culture*, London 1993.

> «Die Kenntnis der östlichen Psychologie bildet nämlich die unerläßliche Basis zu einer Kritik und zu einer objektiven Erfassung der westlichen.»[126]

In Jungs Sicht war also das, was aus der Begegnung der westlichen Psychologie mit dem östlichen Denken erwuchs, keineswegs gering zu achten, denn darauf beruhte entschieden die Möglichkeit einer Psychologie, die diesen Namen wirklich verdient hat.[127] Die bis heute – trotz tiefgreifend verändertem historischem Klima – gegebene Bedeutung dieses Seminars liegt grundsätzlich in der Art und Weise, wie es diese wesentliche Frage hervorhebt und sie an die erste Stelle der psychologischen Tagesordnung zu rücken versucht, ob man Jungs vorläufige Antworten nun akzeptiert oder nicht.

125 JUNG, «Kommentar zum Geheimnis der Goldenen Blüte», *GW* 13, § 84.

126 JUNG, «Geleitwort zu Abegg: ‹Ostasien denkt anders›», *GW* 18, II, § 1483.

127 Zur Begegnung von westlicher Psychologie und östlichem Denken siehe EUGENE TAYLOR, «Contemporary Interest in Classical Eastern Psychology», in: *Asian Contributions to Psychology,* herausgegeben von A. Paranjpe, D. Ho und R. Rieber, New York 1988, S. 79–119.

DIE SEMINARSITZUNGEN

Abb. 1 Die Chakren

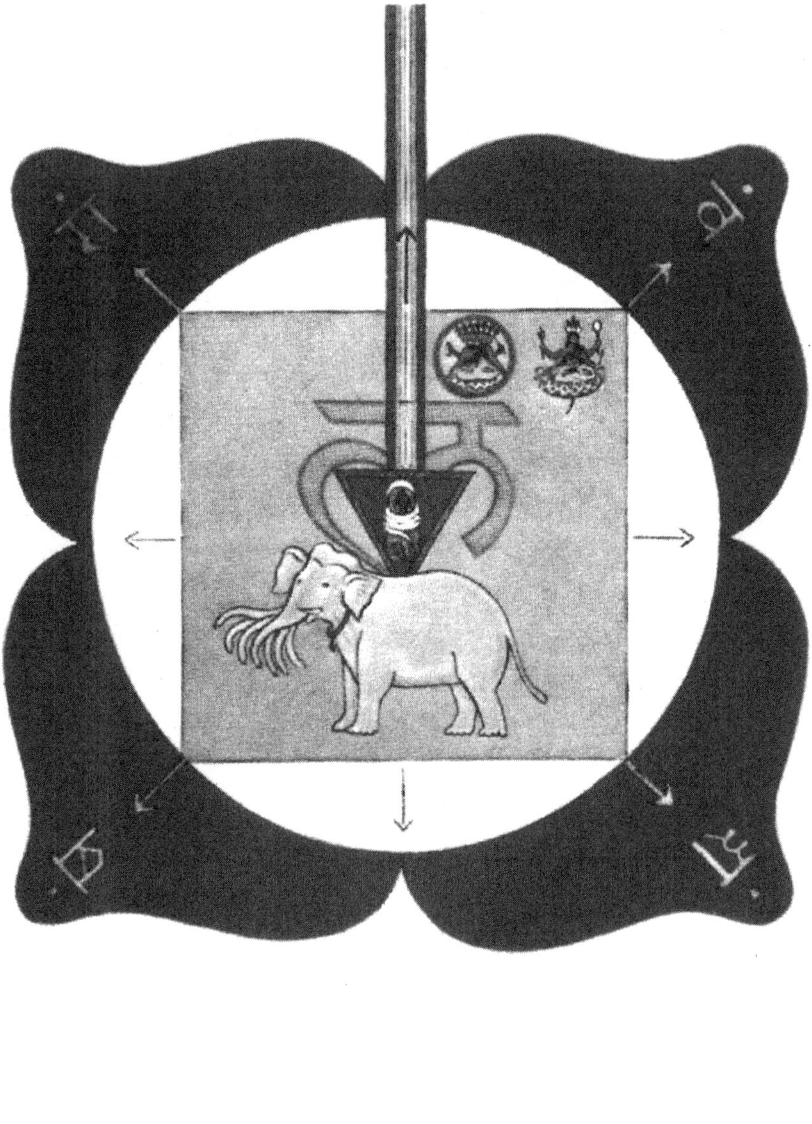

Abb. 2 Mūlādhāra-Chakra

Abb. 3 Svadhishthana-Chakra

Abb. 4 Manipūra-Chakra

Abb. 5 Anāhata-Chakra

Abb. 6 Vishuddha-Chakra

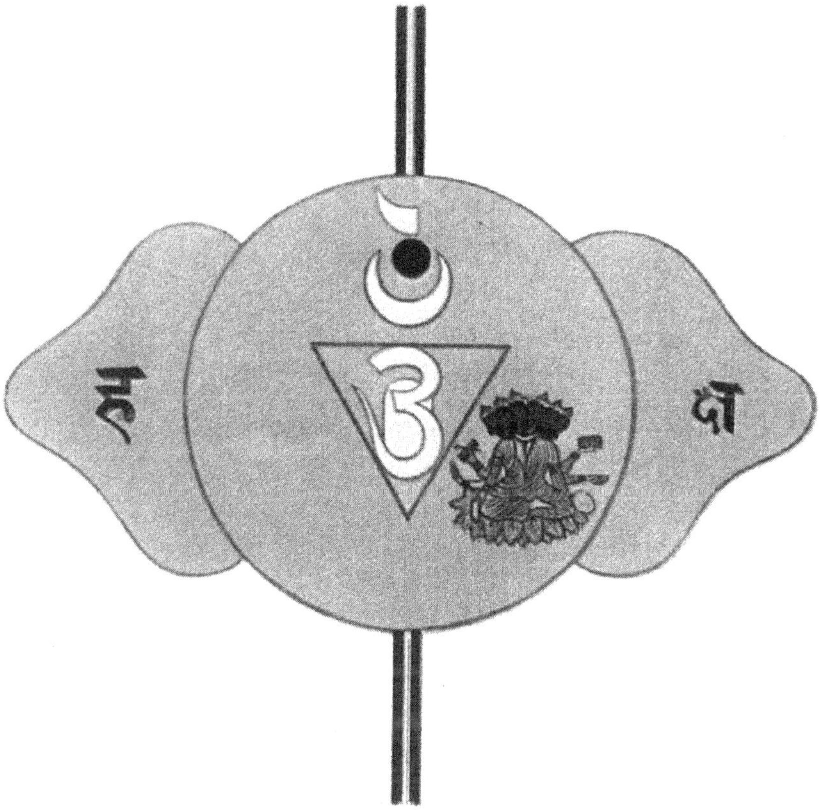

Abb. 7 Ājñā-Chakra

Abb. 8 Sahasrāra-Chakra

ERSTE SEMINARSITZUNG

12. Oktober 1932

DR. JUNG: Meine Damen und Herren, wir haben gerade ein Seminar über Tantra-Yoga[128] hinter uns, und da es nach einem solchen Anlaß immer Mißverständnisse gibt, möchte ich einige Zeit der Diskussion und der Erläuterung von etwaigen Fragen Ihrerseits widmen. Auch diejenigen, die nicht hier waren, werden vermutlich daran interessiert sein, weil ich bereits über die Chakren gesprochen habe.[129] Außerdem sind wir in unserem Visionenseminar zu der Phase gekommen, wo Symbole, die denen des Tantra-Yoga entsprechen, zu wirken beginnen. Sie werden sich daran erinnern, daß die Visionen unserer Patientin im Laufe einer ganz natürlichen und unbeeinflußten Entwicklung zu einem ersten Mandala geführt haben. In der letzten Sitzung unseres Frühjahrsseminars habe ich Ihnen ein Mandala gezeigt, das spontan entstanden ist, das Mandala eines Kindes in zwei Kreisen, mit dem sich die Patientin zu verbinden suchte.[130] Das bedeutet, daß sie in das Mandala hineinging, und da beginnt bereits die Symbolik des Tantra-Yoga. Es ist daher sinnvoll, wenn wir diese Thematik hier diskutieren; sie paßt gut zu dem Material, das wir bis jetzt behandelt haben. Tatsächlich hat uns unser früheres Seminar zur Psychologie des Tantra-Yoga geführt, die ich bisher Mandala-Psychologie genannt habe.

128 Zur Terminologie erklärte HAUER zu Beginn seines Seminars: «Für Kundalini-Yoga sage ich gewöhnlich Tantra-Yoga, da das Wort Tantra-Yoga der Name für die Werke ist, in denen der Kundalini-Yoga erläutert wird.» (*HS*, S. 1)

129 Siehe Anhang 1. Zu den Chakren sagte WOODROFFE: «Nach der Hindu-Lehre sind diese Chakras untereinander verschiedene Zentren für das Bewußtsein, für die Vitalität und für die tattvische Energie.» (*Die Schlangenkraft*, S. 17) HAUER definierte sie als «Symbole für die Erfahrung des Lebens; sie zeigen die innere Bedeutung einer solchen Erfahrung, um Ihnen zu helfen, das zu verstehen und spirituell zu deuten, was Sie gelebt haben.» (*HS*, S. 58)

130 Die Vision ging folgendermaßen: «‹Ich sah zwei goldene Ringe auf dem schwarzen Grund. Der eine Ring war kleiner und von dem größeren umgeben. In dem kleinen Ring lag ein männliches Kind wie im Mutterleib [d. h. im Zentrum]. Es war von Fruchtwasser umgeben. Ich wollte zu dem Kind, das mir seine Arme entgegenstreckte, aber anscheinend konnte ich nicht über den Rand treten.›» JUNG sagte dazu: «Hier fängt die Mandala-Psychologie an.» (*Visions Seminar*, Bd. 6, 29. Juni 1932, S. 127f.)

Ich werde mit FRAU BAILWARDS Frage beginnen: «Soweit ich verstanden habe, enthält die *Klesha Asmitā* den ‹Keim zum Werden der Persönlichkeit› und die *Klesha Dvesha* den ‹Wunsch nach Zweiheit› oder Haß.[131] Meint Professor HAUER hier die Persönlichkeit oder die Individualität? Wenn Haß die Individualität aufgebaut hat, wie könnte er mit den Wurzeln ausgerissen werden?»

Nun, es gibt die *Klesha* des Unterteilens und des Unterscheidens, des Werdens der Persönlichkeit, eines Ichs, und dazu gehört der Aspekt des Hasses. Die *Kleshas* sind Triebe, eine natürliche instinktive Form, in der die Libido zuerst aus dem Unbewußten auftaucht; es ist die psychische Energie oder Libido in ihrer einfachsten Erscheinungsweise.[132] Nach der tantrischen Lehre gibt es einen Drang, eine Persönlichkeit zu bilden, etwas das ein Zentrum hat und von anderen Lebewesen getrennt ist. Das ist die *Klesha* der Unterscheidung. In westlichen philosophischen Begriffen würde man das als den Trieb oder Instinkt der Individuation bezeichnen.

Der Instinkt der Individuation ist überall im Leben vorhanden, denn es gibt kein Leben auf der Erde, das nicht individuell ist. Jede Lebensform zeigt

131 HAUER definierte die *Kleshas* wie folgt: «Die Wurzeln im Unbewußten werden klesas genannt [...] und klesa übersetze ich als ‹Leiden, oder die Kraft, die das Leiden verursacht›.» (*HS*, S. 37). Er definiert die *Klesha Dvesha* als «den Wunsch, zwei zu werden, d. h. das eigene Sein, die eigene Persönlichkeit gegen eine andere zu errichten; sie ist die Macht, sich selbst zu sein» (ebenda, S. 38), und die *Klesha Asmitā* als «das Kennzeichen, ein Ich zu sein. Davon auszugehen, daß ‹Ich› denke, ‹Ich› fühle oder ‹Ich› erfahre, ist eine bestimmte Fähigkeit in uns, die *Asmitā* genannt wird» (ebenda, S. 40). DASGUPTA definierte die *Kleshas* als Leid (affliction) (SURENDRANATH DASGUPTA, *Yoga as Philosophy and Religion*, London 1924, S. 104. ZIMMER definierte *Klesha* als «all das [...] was, dem Charakter des Menschen sich anheftend, das Hervortreten seines wahren Wesens mindert oder hindert». (H. ZIMMER, *Philosophie und Religion Indiens*, Zürich 1961, S. 267) Er definierte die *Klesha Asmitā* als «das Gefühl und die naive Vorstellung: ‹Ich bin Ich; *cogito ergo sum;* dieses bewußt erlebbare Ich, der Träger meiner Welterfahrung, ist das wahre Wesen und die Grundlage meines Seins›.» (A. a. O., S. 267) Die *Klesha Dvesha* definierte er als das Gefühl von «Abneigung, Abscheu, Widerwillen und Haß.» (A. a. O.) FEUERSTEIN stellt fest: «Die *Kleshas* stellen die dynamischen Rahmenbedingungen für das auf Beobachtung beruhende Bewußtsein dar. Sie drängen den Organismus, in Aktivität auszubrechen, zu fühlen, zu denken, zu wollen. Als grundlegende emotionale und motivierende Faktoren sind sie die Wurzel allen Elends. [...] Die alltägliche menschliche Situation kann daher als das Produkt eines Erkenntnisfehlers bezeichnet werden [...] für den es nur eine Medizin gibt: die Wiedergewinnung des Selbst als das wahre Wesen des Menschen.» (*The Philosophy of Classical Yoga*, Manchester 1980, 65-66)

132 Gemäß JUNGS Kommentar zu PATAÑJALIS Yoga-Sūtras sind die *Kleshas* «die instinktiven Triebe und Bedrängnisse. Sie sind die zwingenden Mechanismen, die an der Basis des menschlichen Wesens liegen. [...] Unser wahres Wesen nicht zu kennen ist der Ursprung aller anderen *Kleshas.*» (*Modern Psychology* 3, S. 16)

sich von Natur aus in einer differenzierten Art, sonst gäbe es überhaupt kein Leben. Es gibt einen angeborenen Drang des Lebens, ein möglichst vollständiges Individuum zu erzeugen, zum Beispiel einen Vogel mit all seinen Federn und Farben und der Größe, die zu dieser speziellen Art gehört. So treibt natürlich die *Entelechie*, der Drang zur Verwirklichung, auch den Menschen dazu, er selbst zu sein. Wenn er die Chance dazu erhält, wird er höchstwahrscheinlich in seine eigene Form hineinwachsen, sofern es keine Hindernisse und Verbote mannigfaltiger Art gibt, die ihn davon abhalten, das zu werden, was er tatsächlich sein soll. Daher kann die *Klesha*, die den Keim der Persönlichkeit enthält, genausogut die *Klesha* der Individuation genannt werden, denn das, was wir Persönlichkeit nennen, ist ein Aspekt der Individuation. Sogar wenn Sie zu keiner vollständigen Verwirklichung Ihrer selbst gelangen, werden Sie zumindest eine Person; Sie haben eine bestimmte, bewußte Form. Natürlich ist das noch keine Ganzheit; es ist vielleicht ein Teil davon, und Ihre wahre Individualität verbirgt sich noch hinter der Leinwand – doch was sich an der Oberfläche zeigt, ist sicherlich eine Einheit. Man ist sich der Ganzheit nicht unbedingt bewußt, und womöglich sehen andere Leute deutlicher, wer Sie sind, als Sie selbst. So ist Individualität immer und überall vorhanden. Alles Lebendige ist individuell – sei es ein Hund, ein Pflanze, irgendein Lebewesen –, aber es ist natürlich weit davon entfernt, sich seiner Individualität bewußt zu sein. Ein Hund hat wahrscheinlich eine äußerst begrenzte Vorstellung von sich selbst verglichen mit der Gesamtheit seiner Individualität. Die meisten Menschen sind ein Ich, egal wie weit sie über sich nachdenken, und sind zugleich auch Individuen, fast als ob sie individuiert wären. Denn in gewisser Weise sind sie von Beginn ihres Lebens an individuiert, auch wenn sie sich dessen nicht bewußt sind. Individuation geschieht nur unter Beteiligung des Bewußtseins, Individualität jedoch gibt es vom Anfang Ihres Daseins an.

Frau Baynes: Ich verstehe nicht, wie der Haß, *Dvesha*, dazukommt.

Dr. Jung: Haß ist das, was trennt, die Kraft, die unterscheidet. Wir sehen das, wenn zwei Menschen sich verlieben; zuerst sind sie fast identisch miteinander. Dabei spielt *participation mystique* eine große Rolle, und daher brauchen sie Haß, um sich zu trennen. Nach einer Weile wird das ganze zu einem wilden Haß; sie bekommen Widerstände gegeneinander, um sich gegenseitig fernzuhalten – denn sonst würden sie in einer gemeinsamen Unbewußtheit bleiben, die sie schlicht nicht ertragen würden. Man sieht das auch in der Analyse. Im Falle einer übertriebenen Übertragung tauchen nach einiger Zeit entsprechende Widerstände auf. Das ist auch ein gewisser Haß.

Die alten Griechen setzten *phobos,* Furcht, an die Stelle von Haß. Sie sagten, daß das erste, was entstand, entweder Eros oder *phobos* war; einige sagten Eros, andere *phobos,* je nach Temperament. Es gibt Optimisten, die meinen, Liebe sei die wahre Ursache, und Pessimisten, die sagen, die wirkliche Ursache sei Furcht. *Phobos* trennt mehr als Haß, weil die Furcht zum Weglaufen zwingt, um sich vom Ort der Gefahr zu entfernen.

Ein Hindu stellte mir einmal eine philosophische Frage: «Braucht ein Mensch, der Gott liebt, mehr oder weniger Inkarnationen, um seine endgültige Erlösung zu erlangen, als ein Mensch, der Gott haßt?» Was würden Sie darauf antworten? Ich hatte natürlich keine Antwort darauf, und er sagte: «Ein Mensch, der Gott liebt, braucht sieben Inkarnationen, um vollkommen zu werden; ein Mensch, der Gott haßt, braucht nur drei, weil er vermutlich wesentlich mehr über ihn nachdenken und mehr an ihm hängen wird als der, der Gott liebt.» Ich denke, das stimmt; Haß ist ein enormes Band. Daher ist für uns vielleicht die griechische Formulierung *phobos* der bessere Ausdruck für das Prinzip der Trennung als Haß. Die *participation mystique* war und ist in Indien stärker als in Griechenland, und der Westen hat bestimmt einen stärker unterscheidenen Geist als der Osten. Deshalb ist bei uns, da unsere Kultur vom griechischen Genius geprägt ist, eher die Furcht das Gegebene und nicht der Haß.

MRS. CROWLEY: Und doch scheint bei Chakren die Gebärde der Furchtvertreibung die wichtigste zu sein.

DR. JUNG: Gewiß, aber die Götter tragen immer auch Waffen, und Waffen sind kein Ausdruck einer besonderen Liebe.

FRAU WOLFF: Ich habe meine Notizen hier und glaube zu sehen, was Frau Bailward verwirrt hat. Professor HAUER sprach von der «haßerfüllten Zweiung», aber das bedeutet nicht genau, zwei zu werden, sondern ein Subjekt gegenüber einem Objekt – das sind zwei verschiedene Dinge.[133] Die englische Übersetzung ist nicht so klar.

DR. JUNG: *Entzweiung* bedeutet Trennung. Und nun der Rest der Frage?

FRAU BAILWARD: Ich meine, würde der Yogin den Zustand von Haß als notwendige Bedingung zum Aufbau der Individualität betrachten?

133 Siehe Fußnote 131.

DR. JUNG: Ja, er kann nicht umhin, das so zu sehen, denn der ganze Yogaweg, sei es klassischer Yoga oder Kundalini-Yoga, hat von Natur aus die Tendenz, das Individuum zu einer Einheit zu machen, da auch der Gott, wie Brahman, eine existierende nicht-existierende Einheit ist.

Die Frage geht weiter: «Und wenn er die Individualität aufgebaut hat, wie könnte der Haß mit den Wurzeln ausgerissen werden?»

FRAU WOLFF: Prof. HAUER sprach von den beiden Aspekten der *Kleshas.*[134] Im unvollkommenen Zustand – dem *Stūhla*-Aspekt – ist der Drang, ein Subjekt gegenüber einem Objekt zu werden, mit Haß vermischt. Aber im *Sūkshma*-Aspekt ist derselbe Drang die Kraft, eine Persönlichkeit zu werden.

DR. JUNG: Ja, diese ganze Terminologie ist eine wichtige und sehr verwirrende Sache, und man muß immer zwischen dem *Stūhla*- und dem *Sūkshma*-Aspekt unterscheiden.[135] Ich spreche nicht über den *Para*-Aspekt, den Professor HAUER das Metaphysische nennt. Ich muß zugeben, daß es hier für mich nebulös wird – ich möchte mich da nicht hineinwagen. Im *Stūhla*-Aspekt sind die Dinge so, wie wir sie unmittelbar sehen. Im *Sūkshma*-Aspekt erahnen wir sie, oder wir abstrahieren aus den Beobachtungen und ziehen philosophische Schlüsse daraus. Wenn wir Menschen sehen, die dabei sind, sich zu konsolidieren, um ein Ich zu entwickeln, und deshalb Widerstand leisten und einander hassen, dann haben wir den *Stūhla*-Aspekt vor uns, und wir sehen nur die *Klesha* des Hasses, *Dvesha* genannt. Wenn wir aber eine Stufe höher gehen, verstehen wir plötzlich, daß dieser törichte Haß, all diese persönlichen Widerstände, lediglich die äußeren Aspekte von sehr wesentlichen und tiefen Dingen sind.

134 HAUER erklärte: «Die *Klesha* erscheinen in *Chitta* in zwei Formen oder Aspekten, in *Stūhla,* was den rohen, groben Aspekt bedeutet [...] und in *Sūkshma,* dem feinstofflichen Aspekt.» (*HS,* S. 37); «der feinstoffliche oder *Sūkshma*-Aspekt der *Dvesha* ist die Macht, eine eigene, getrennte Persönlichkeit zu sein. Sie ist die metapsychische Kraft, die die Persönlichkeit erschafft oder ermöglicht. Der *Stūhla*-Aspekt jedoch ist das, was wir im gewöhnlichen Leben erfahren und mit Haß vermischt ist.» (Ebenda, S. 38.)

135 HAUER erläuterte, daß es nach dem Tantra-Yoga drei Aspekte der Wirklichkeit gibt – *Stūhla, Sūkshma* und *Parā*: «Der *Stūhla*-Aspekt ist die Realität, wie sie unseren Sinnen erscheint. ... Dahinter – oder als dynamische Kraft in diesem *Stūhla*-Aspekt wirkend – haben wir den *Sūkshma*-Aspekt, der wörtlich übersetzt der subtile, feine Aspekt ist» (ebenda, S. 26). Er definierte den *Parā*-Aspekt als «die Ursache und das wahre Wesen jener Energiezentren. Denn jenseits dieser dynamischen Kräfte von subtiler Art [...] gibt es eine Macht, die nicht mehr in den reinen Begriffen kosmischer Energien gedacht werden kann. [...] Hier kommen wir in den religiösen Bereich, der mit der Gottheit, so wie sie ihrem inneren Wesen nach ist, verbunden ist.» (Ebenda, S. 26-27)

Um einen praktischen Fall zu bringen: Wenn jemand darüber klagt, er komme mit seiner Frau oder mit Leuten, die er gern hat, nicht zurecht, es gebe zwischen ihnen immer schreckliche Szenen und Widerstände, dann werden Sie bei der Analyse dieses Menschen merken, daß er eine Haßattacke erlebt. Er hat mit denen, die er liebt, in einer *participation mystique* gelebt. Er hat sich über die anderen ausgebreitet, bis er mit ihnen identisch wurde, und das ist eine Verletzung des Prinzips der Individualität. Dann haben sie natürlich Widerstände und müssen sich zurückziehen. Ich sage dann:

«Es ist natürlich höchst bedauerlich, daß Sie immer in Schwierigkeiten kommen, aber sehen Sie denn nicht, was Sie machen? Sie lieben jemanden, Sie identifizieren sich mit ihm, und dann wollen Sie sich natürlich gegen das Objekt Ihrer Zuneigung behaupten und unterdrücken es durch Ihre nur zu selbstverständliche Identität. Sie behandeln es, als wäre es Sie selbst, und natürlich gibt es dann Widerstände. Es ist eine Verletzung der Individualität der anderen Person, und es ist eine Sünde gegen Ihre eigene Individualität. Diese Widerstände sind ein höchst nützlicher und wichtiger Instinkt: Sie erleben Widerspruch, Szenen und Enttäuschungen, damit Sie sich schließlich Ihrer selbst bewußt werden, und dann ist kein Haß mehr da.»

Das ist der *Sūkshma*-Aspekt.

Wenn jemand das wirklich begriffen hat, wird er zustimmen und sich keine Sorgen mehr machen. Mit anderen Worten, wenn er liebt, weiß er, daß er bald hassen wird. Darum wird er lachen, wenn er bergauf geht, und weinen, wenn er abwärts geht, wie Till Eulenspiegel.[136] Er wird das Paradox des Lebens begreifen – daß er nicht vollkommen und auch nicht immer eins mit sich sein kann. Es ist unsere Vorstellung, eins mit uns zu sein, absolut eindeutige Situationen im Leben zu haben. Aber das ist ganz unmöglich – es ist alles zu einseitig, und wir sind nicht einseitig. Sie sehen, der analytische Prozeß zieht den Haß mit den Wurzeln aus, indem er den *Sūkshma*-Aspekt erklärt, das ist die Ebene von Verstehen, von Abstraktion, Theorie und Weisheit.

136 Diese Analogie gebrauchte JUNG bei verschiedenen Gelegenheiten, siehe *GW* 7, § 47 und *Nietzsche's Zarathustra: Notes of the Seminar Given in 1934–1939,* herausgegeben von James Jarrett, Bd. 1, S. 226. (Princeton, Bollingen Series XCIX, und London 1988) Die Herausgeber der englischen Ausgabe von JUNGS Briefen teilen in einer Anmerkung mit: «Eine volkstümliche deutsche Gestalt, die die Überlegenheit des schlauen Bauern über die Stadtbewohner und die Kaufleute verkörpert. Die erste Sammlung seiner Späße und groben Scherze erschien 1515. In einer Geschichte freut sich Till Eulenspiegel, im Gegensatz zu seinen Kameraden, als sie bergauf gingen, auf den kommenden Abstieg.» (Brief vom 19. 10. 1960 in *Briefe* Bd. 3, S. 351; die Anmerkung ist in der deutschen Ausgabe nicht vorhanden.)

Und so erfahren wir, daß das, was wir im *Stūhla*-Aspekt als bedauerliche Angewohnheiten oder unmögliche Launen oder unerklärliche Streitereien sehen, sich im *Sūkshma*-Aspekt völlig anders darstellt.

Dann eine andere Frage: «Gibt es eine psychologische Entsprechung zu den Begriffen *Tattva*[137] und *Samskāra?*»[138] Nun, *Tattva* als das Wesen der Dinge ist psychologisch wiederum ein *Sūkshma*-Aspekt der Dinge. Der Begriff Libido oder Energie ist ein gutes Beispiel für *Tattva.* Er bezeichnet keine Substanz, sondern etwas Abstraktes. Energie kann man in der Natur nicht beobachten, sie existiert nicht. Was in der Natur existiert, sind natürliche Kräfte wie Wasserfälle, Licht, Feuer oder chemische Prozesse. Hier verwenden wir den Begriff der Energie, aber Energie an sich gibt es nicht, trotz der Tatsache, daß man sie im Elektrizitätswerk kaufen kann. Doch das ist lediglich eine metaphorische Energie. Genau genommen ist Energie die Abstraktion einer physikalischen Kraft, ein bestimmter Grad von Intensität. Es handelt sich um ein Konzept der natürlichen Kräfte in ihrem *Sūkshma*-Aspekt, wo es nicht mehr um Manifestationen geht, sondern um *Tattva,* Essenz, Abstraktion. Sie sehen, das östliche Denken ist konkretistisch – wenn es zu einem logischen Schluß kommt oder eine Abstraktion bildet, ist letztere schon eine Substanz; sie ist beinahe sichtbar oder hörbar – man kann sie fast berühren. Bei uns dagegen ist der Prozeß schon verfälscht: Ein Konzept wie die Energie wird allgemein bekannt und jeder Arbeiter spricht darüber. Dann nehmen die Leute natürlich an, daß diese Energie etwas sein muß, das man in eine Flasche tun kann – man kann es kaufen oder verkaufen, also muß es etwas Greifbares sein. Hier hält die konkretistische Qualität des östlichen Denkens auch bei uns Einzug. In Wirklichkeit ist Energie nichts Substantielles, sie ist sozusagen der Begriff für eine Einheit von Dingen oder für die Intensität verschiedener physikalischer oder materieller Vorgänge. Wenn im Osten jemand von *Tattva* spricht, existiert es für ihn, es hat eine wohlgemerkt vollständige Existenz – als ob *Tattva* für ihn tatsächlich sicht-

137 HAUER übersetzt *Tattva* «wörtlich als [...] ‹Dasheit›. Dasheit bedeutet jene verborgene Kraft im Universum, die eine bestimmte Tendenz hat, etwas zu erschaffen und sich auf spezifische Art zu bewegen – dies und das.» (*HS*, S. 31)

138 HAUER übersetzte Samskāra als «der Macher, der die Dinge macht, so daß sie wirklich ein Arbeitsverbund, ein wirkendes Ganzes sind» (*HS*, S. 41). Er sagt dazu: «In diesem Augenblick ist alles, was wir denken, wie wir sitzen, wie wir reden, durch Samskāra verursacht. Wenn wir meinen, daß wir gerade frei sprechen, wenn wir es als etwas in unserem Bewußtsein Vorhandenes erfahren [...] dann ist das eine Illusion.» (Ebenda, S. 42)

bar wäre. Ich weiß nicht, ob irgend jemand eine Vision von *Tattva* gehabt hat, aber es kann sein, denn im Osten können die Leute jedes Konzept visualisieren, egal wie abstrakt es ist. Das *Tattva,* das im Osten eine konkrete Sache ist, hat also bei uns einen *Sūkshma*-Aspekt – es ist eine Abstraktion, eine Idee. Das Energiekonzept ist ein passendes Beispiel, aber es gibt natürlich noch andere Vorstellungen dieser Art, etwa die Schwerkraft oder die Idee von Atomen und Elektronen – das alles sind Entsprechungen zu *Tattva.* In der Psychologie wäre, wie ich meine, die Libido ein Beispiel, die ebenfalls ein Konzept ist.

Wenn das *Samskāra* als etwas Konkretes verstanden wird, dann haben wir dafür tatsächlich nichts Analoges. Wir sind unfähig diese Dinge zu konkretisieren. *Samskāra* ist eine rein philosophische Lehre, die für uns nur dann eine gewisse Gültigkeit hat, wenn wir an Seelenwanderung, Reinkarnation oder irgendwelche präexistentiellen Zustände glauben. Unser Begriff der Vererbung hat wohl eine Ähnlichkeit mit der Vorstellung von *Samskāra,* wie auch unsere Hypothese des kollektiven Unbewußten. Denn die Seele eines Kindes ist ja keineswegs eine *tabula rasa.* Der unbewußte Geist ist erfüllt mit einer reichen archetypischen Bilderwelt. Die Archetypen sind Bedingungen, Gesetze oder Kategorien der schöpferischen Phantasie und damit das psychologische Gegenstück zum *Samskāra.* Aber beachten Sie, daß im östlichen Denken die Lehre vom *Samskāra* sich so sehr von dieser Definition unterscheidet, daß ein Inder meinem Vergleich wahrscheinlich widersprechen würde. Die archetypischen Bilder kommen dem *Samskāra* aber am nächsten, soweit wir das sehen können.

DR. REICHSTEIN: Ich möchte zum *Stūhla*-Aspekt eine Frage stellen. Ich dachte, *Stūhla* sei mehr der physische Aspekt und *Sūkshma* mehr der psychologische, also nicht nur der abstrakte Aspekt. Denn er kann nicht allein vom Intellekt erfaßt werden; er beinhaltet eine besondere Art, mit den Dingen verbunden zu sein.

DR. JUNG: Sie haben ganz recht, doch der psychologische Aspekt der Dinge enthält auch eine Philosophie darüber. Nehmen Sie zum Beispiel den psychologischen Aspekt eines Stuhls: Der Stuhl hat sowohl einen *Stūhla*- als auch einen *Sūkshma*-Aspekt. Er ist ein physikalisches Phänomen und ist als solches ganz offensichtlich in seinem *Stūhla*-Aspekt. Aber in seinem *Sūkshma*-Aspekt ist er nicht so offensichtlich – *der Sūkshma-Aspekt* ist die Idee. Wie in der Platonischen Lehre vom *eidolon* ist das *eidos* einer Sache der *Sūkshma*-Aspekt. Doch können wir bei PLATO auch Konkretisierungen sehen:

Er sagt, daß alle Dinge von den *eidola* abgeleitet beziehungsweise ihre unvollkommenen Abbilder sind; die *eidola* werden in einer Art himmlischem Warenlager aufbewahrt, in dem sich die Modelle aller existierenden Dinge befinden. So würden sich also alle Formen unserer empirischen Welt von diesen *eidola* ableiten. Diese Vorstellung entspricht dem *Sūkshma*-Aspekt, sie ist sozusagen die Psychologie der Dinge. Für uns sind die Platonischen Ideen, die von PLATO als konkrete Wirklichkeit aufgefaßt wurden, psychologische Konzepte oder sogar reine Illusionen oder Annahmen. Denn auch wenn wir glauben, daß es ein solches himmlisches Warenlager gibt, in dem die Modelle der Dinge tatsächlich existieren, sind wir dessen gar nicht sicher; solches Denken allein bringt noch kein konkretes Ding hervor. Für den Primitiven ist alles, was er denkt, real. Ein Traum ist für ihn zum Beispiel so wirklich wie dieser Stuhl hier. Er muß darauf achten, bestimmte Dinge nicht zu denken, weil der Gedanke leicht zur Wirklichkeit werden kann. Auch uns geht es manchmal so – wir sagen etwas und klopfen dabei auf Holz, um es nicht zu berufen.

FRAU DIEBOLD: Würde KANTS «Ding an sich» dem *Sūkshma*-Aspekt entsprechen?

DR. JUNG: Ja, wie auch seine Verwendung des Begriffs *noumenon.* Das *noumenon* ist die Idee, die geistige Essenz einer Sache. Sehen Sie, KANT war bereits ein sehr kritischer Mensch; in seinem Werk *Die Kritik der reinen Vernunft*[139] sagt er, daß das «Ding an sich» lediglich ein negativer Grenzbegriff ist, der nicht garantiert, daß ein solches Ding tatsächlich existiert. Mit diesem Begriff wollte er nur ausdrücken, daß hinter der Welt der Erscheinungen etwas ist, worüber wir nichts aussagen können. Dennoch sprach er in seinen psychologischen Vorlesungen von einer Vielheit der *noumena* – daß es viele «Dinge an sich» gebe – und widerspricht damit seiner *Kritik der reinen Vernunft.*[140]

139 IMMANUEL KANT, *Kritik der reinen Vernunft,* Werke III. (Immanuel Kants Werke, herausgegeben von Ernst Cassirer, Berlin 1912 ff.)

140 In seinem Vortrag «Gedanken über Wesen und Wert spekulativer Forschung» von 1898 vor der Studentenverbindung Zofingia in Basel kritisierte JUNG KANTS Konzept vom *Ding an sich,* indem er sich gegen KANTS rigide Unterscheidung zwischen dem erkennbaren Bereich der Erscheinungen und dem unerkennbaren Bereich der gedanklichen Anschauungen (*noumena*) wehrte und einwendete, daß die Wissenschaft das Gedachte stufenweise erkennbar mache. (C. G. JUNG, *Die Zofingia-Vorträge,* Zürich und Düsseldorf: Walter 1997, §§ 195–199) In «Die Beziehungen zwischen dem Ich und dem Unbewußten» (GW 7, § 260, Anm. 7) kommentiert er auch KANTS *Vorlesungen über Psychologie,* Leipzig 1889.

FRAU CROWLEY: Ist das nicht tatsächlich ein Archetyp?

DR. JUNG: PLATOS *eidos* ist natürlich der Archetyp. Der Begriff *archetypos* stammt von AUGUSTINUS, der ihn im Sinne PLATOS gebrauchte. In dieser Hinsicht war er Neuplatoniker wie viele andere Philosophen seiner Zeit. Aber für sie handelte es sich nicht um ein psychologisches Konzept; die Ideen wurden konkretisiert, das heißt hypostasiert, was ein sehr gutes Wort dafür ist. Sehen Sie, Hypostase ist nicht gleich Hypothese. Eine Hypothese ist eine Annahme, eine Vorstellung, die ich mir mache, ein Versuch, Tatsachen zu erklären. Aber ich weiß die ganze Zeit, daß es sich um eine Annahme handelt und daß meine Idee noch bewiesen werden muß. Hypothese bedeutet eigentlich Unterstellung: Wir legen einer Sache etwas zugrunde, das es gar nicht gibt. Man könnte es auch Annahme nennen, denn das Wort Unterstellung, für das ich im Englischen keinen gleichwertigen Ausdruck kenne, hat den schlechten Beigeschmack von Unterschieben. Hypostase dagegen bedeutet, daß es etwas Substantielles, Tatsächliches gibt, auf dem etwas anderes beruht.

HERR DELL: Von welcher Wurzel leitet sich das Wort Hypostase ab?

DR. JUNG: *Histemi* ist das griechische Verb für stehen oder aufstellen, und *hypo* heißt unten. Dieselbe Wurzel finden wir im griechischen Wort *ikonostasis,* in der griechisch-orthodoxen Kirche der Platz hinter dem Altar, wo die Heiligenfiguren stehen. Das Heiligenbild wird *ikon* genannt, und die Ikonostase ist gewöhnlich ein Podest oder eine Wand, auf dem beziehungsweise an der solche Heiligenfiguren oder Heiligenbilder plaziert werden. Eine Hypostase zu machen heißt, etwas zu erfinden, das in der Luft hängt. Es hat keine Basis, aber man nimmt an, es habe eine, und behauptet, daß es real ist. Man erfindet zum Beispiel die Idee des *Tattva* und sagt, daß es keinesfalls ein bloßes Wort ist oder ein leerer Atemzug. Man sagt, *Tattva* sei eine Wesenheit; es ist etwas Substantielles – etwas liegt ihm zugrunde, das es aufrecht erhält. Eine Hypostase geht stets davon aus, daß eine Sache real ist, und das primitive Denken hypostasiert immer. In unseren besseren Augenblicken, wenn wir ein wenig abergläubisch sind, hypostasieren wir ebenfalls.

HERR DELL: Die Hypostase der Schwerkraft macht, daß der Apfel fällt.

DR. JUNG: Ja, wir nehmen an, daß es so ist, und der Apfel fällt. KANT sagt zum Beispiel in seiner berühmten Abhandlung über die Annahme der Existenz Gottes: wenn jemand sagt, Gott ist, dann sagt er es nur. Das heißt aber nicht, daß es Gott gibt. Er kann sagen, Gott existiert, aber vielleicht gibt es ihn nicht. Wenn man aber hypostasiert, dann nimmt man mit der Aussage, daß es Gott gibt, seine tatsächliche Existenz an. Man hat Gott existent gemacht. Durch die einfache Behauptung, etwas sei so und so, sind schon die unglücklichsten Situationen entstanden. Das ist zum Beispiel etwas, was der Animus gerne tut und wogegen wir immer Einspruch erheben: «Oh, ich dachte...» – und dann brennt das Haus ab, weil Sie dachten, Sie hätten das Feuer ausgemacht. Aber leider ist das ganze Haus abgebrannt.

FRAU BAYNES: Haben nicht alle heuristischen Grundsätze die Tendenz, zu Hypostasen zu werden?

DR. JUNG: Dieses Risiko besteht oft genug. Sobald eine Hypothese ihre Anwendbarkeit bewiesen hat, wird sie sehr leicht zur Wahrheit, zur Hypostase, und wir vergessen völlig, daß es nur eine Hypothese ist, eine zweckmäßige, aber willkürliche Theorie unsererseits.

DR. KRANEFELDT: Man könnte FREUDS Sexualtheorie eine Hypothese nennen, die nachher hypostasiert worden ist.

DR. JUNG: Ganz gewiß; sie bezieht ihre Beweiskraft aus bestimmten Tatsachen, und dann nimmt man an, daß sie wahr sein muß. Soviel also zu den Begriffen. Aber im Tantra-Yoga gibt es Dinge, die weitere Erklärungen aus psychologischer Sicht brauchen.

FRAU SAWYER: Als Professor HAUER über die Chakren sprach, bezeichnete er nur das Bild in ihrem Inneren als Mandala. Könnte man nicht auch das gesamte Chakra ein Mandala nennen?

DR. JUNG: Ja, gelegentlich werden die Chakren auch Mandalas genannt. Natürlich legt Professor HAUER den Mandalas keine solche technische Bedeutung bei, wie wir es tun. Er nannte das ganze Bild *Padma*, Lotus, oder Chakra.[141] Mandala bedeutet Ring oder Kreis. Es kann zum Beispiel ein magischer Kreis sein, oder ein Zyklus. Es gibt Vedische Sutren, in denen die Abfolge der Kapitel einen Zyklus bildet, der Mandala genannt wird, zum Beispiel das dritte Mandala Kapitel 10, Vers 15 – Mandala ist einfach der Name des Zyklus.

FRAU SAWYER: Aber er nannte auch ein Viereck ein Mandala.[142]

DR. JUNG: Ja, er nannte es Mandala, und alles darin ist natürlich auch ein Mandala, und genau das sehen Sie auf den lamaistischen Bil-

141 HAUER sagte: «Chakra bedeutet Kreis, es wird aber auch *Padma* genannt, was Lotusblüte heißt.» (*HS*, S. 61)

142 In seiner Beschreibung des *Mūlādhāra*-Chakras weist HAUER auf das «Quadrat oder das Mandala der Erde» hin. (*HS*, S. 71)

dern[143]: das Mandala, der Lotus, ist im Innern, ebenso der Tempel, der Klostergarten mit den quadratischen Mauern – das alles ist von einem magischen Kreis umgeben; darüber befinden sich die Götter und darunter die Berge. Bei uns hat der Ausdruck Mandala eine viel größere Bedeutung bekommen als in Indien; dort ist ein Mandala nur ein Yantra[144], ein Werkzeug der Verehrung im lamaistischen Kultus und im Tantra-Yoga. Und wie gesagt, die tantrische Lehre ist in Indien wenig bekannt; Sie könnten Millionen von Hindus danach fragen, sie hätten nicht die leiseste Ahnung davon. Es wäre so, als fragten Sie ehrbare Bürger von Zürich, was sie Ihnen über die Scholastiker zu sagen haben; sie würden darüber etwa so viel wissen wie ein Hindu über Tantra-Yoga. Und wenn Sie einen Hindu fragten, was ein Mandala ist, würde er antworten, ein runder Tisch oder alles Kreisförmige sei ein Mandala. Für uns jedoch ist es ein spezieller Begriff. Sogar im Rahmen der tantrischen Lehre hat das Mandala nicht die Wichtigkeit wie bei uns. Unsere Auffassung vom Mandala kommt vielleicht der des Lamaismus, der tibetischen Religion, nahe, aber die ist noch kaum bekannt, da ihre Texte erst kürzlich, vor kaum zehn Jahren, übersetzt worden sind. Eine wichtige Quelle hierfür ist das *Shrichakrasambhara,* ein tantrischer Text, der von Sir JOHN WOODROFFE übersetzt wurde.[145]

DR. BARKER: Professor HAUER sagte, daß man im zweiten Chakra, dem Bereich des Wassers, ohne Vorbehalte ins Leben eintaucht.[146] Aber dieser Bereich liegt immer noch weit über uns. Es ist schwierig, dieser Deutung zu folgen, denn wenn der Heranwachsende ohne Vorbehalt ins Leben eintritt, dann ist es doch, als ginge er vom Höheren ins Niedrigere.

143 [Anmerkung zur Ausgabe von 1932: Siehe das Titelbild von *Die Goldene Blüte.*] JUNG/WILHELM, *Das Geheimnis der Goldenen Blüte,* München 1929. Diese Illustration wird auch in JUNGS Aufsatz «Über Mandalasymbolik», *GW* 9/1, «Über Mandalasymbolik», Bild 1) und in «Psychologie und Alchemie» *GW* 12, Bild 43) wiedergegeben.

144 ZIMMER meinte: «Das figurale Kultbild (*Pratimā*) [wozu er auch das Mandala zählte] ist also nur ein besonderer Typus einer Gattung von bildhaften Kultapparaten (yantras).» (HEINRICH ZIMMER, *Kunstform und Yoga im indischen Kultbild,* Berlin 1926, S. 26)

145 Dieser Text wurde übersetzt und herausgegeben von KAZI DAWA-SAMDAP, *Shrichakrasambhara. A Buddhist Tantra,* Tantrik Texts, vol. 7 (London 1919). Die Reihe stand unter der generellen Herausgeberschaft von WOODROFFE, der ein Vorwort zu diesem Band schrieb. JUNGS Bibliothek enthielt sechs Bände aus dieser Reihe, die zwischen 1914 und 1924 veröffentlicht wurden. JUNG gab in seinen Vorlesungen an der Eidgenössischen Technischen Hochschule 1938/1939 einen ausführlichen Kommentar zu diesem Text.

146 HAUER beschrieb das zweite Chakra, *Svādhishthāna,* als «das Leben, das wir uneingeschränkt und gedankenlos leben, einfach indem wir uns in den Fluß des Lebens werfen und uns tragen lassen und zu allem, das uns entgegenkommt, hinfließen». (*HS,* S. 75)

Dr. Jung: Sie spielen die Rolle des «Weltverwirrers»[147], wenn Sie solche Fragen stellen. Sie berühren hier etwas tatsächlich höchst Verwirrendes, denn wenn Sie versuchen, dieses Material in psychologische Sprache zu übersetzen, kommen Sie zu erstaunlichen Schlußfolgerungen. Nehmen Sie das *Mūlādhāra*-Chakra[148], das sehr einfach zu sein scheint. Sein psychologischer Standort ist im Perineum [Schamleiste]. Sie nehmen an, daß Sie alles darüber wissen, aber was ist *Mūlādhāra* psychologisch gesehen? Sie denken an den Bereich ganz unten im Unterleib, der mit Sexualität und allen möglichen anstößigen Dingen zu tun hat. Aber das ist nicht *Mūlādhāra*; *Mūlādhāra* ist etwas ganz anderes. Vielleicht sollten wir zuerst das zweite Chakra betrachten.[149]

Der Ozean mit dem Meeresungeheuer ist im System der Chakren oben, aber in Wirklichkeit sehen wir, daß er psychologisch gesehen unten ist – wir steigen immer ins Unbewußte hinab. Deshalb muß *Mūlādhāra* völlig verschieden sein von dem, was wir daraus schließen. Sind Sie schon jemals im *Mūlādhāra* gewesen? Einige von Ihnen können vielleicht sagen, sie seien im Unbewußten gewesen, im Ozean, und hätten dort den Leviathan gesehen. Nehmen wir einmal an, Sie haben wirklich die Nachtmeerfahrt gemacht und mit dem großen Ungeheuer gerungen. Das würde bedeuten, daß Sie im *Svādhishthāna*, dem zweiten Chakra, nämlich in der Wasserregion gewesen sind. Aber waren Sie dann auch im *Mūlādhāra*? Hier liegt die große Schwierigkeit. Es wird Sie verwirren, wenn ich Ihnen meine Auffassung von *Mūlādhāra* erzähle. Sehen Sie, *Mūlādhāra* ist eine Welt für sich; jedes Chakra[150] ist eine ganze Welt. Vielleicht erinnern Sie sich an das Bild einer Patientin, das ich Ihnen gezeigt habe, auf dem sie sich in den Wurzeln eines Baumes verfangen hatte, und darüber streckte sie sich nach oben dem Licht entgegen.[151] Wo war diese Frau nun, als sie sich in den Wurzeln befand?

Antwort: Im *Mūlādhāra*.

147 Ein Ausdruck, mit dem die Kundalini im *Sat-Chakra-Nirūpana* (siehe Anhang 4, S. 189 ff.) beschrieben wird.

148 Hauer beschreibt *Mūlādhāra* als «das Chakra, das die Wurzel der Dinge hält. Es ist der Bereich der Erde, der schöpferischen männlichen und weiblichen Kraft [...] die Grundlage der Welt.» (*HS*, S. 68)

149 Die Darstellung des *Svādhishthana*-Chakras zeigt ein *Makara*, ein mythologisches Seeungeheuer, auf dem Wasser. (Siehe Abb. 3)

150 Hauer definierte die Chakren als «Symbole der Erfahrung des Lebens». (*HS*, S. 58)

151 Dieses Bild ist in Jungs Aufsatz «Über Mandalasymbolik» wiedergegeben. GW 9/1, Tafel 25. [Anmerkung zur Ausgabe von 1929: siehe *Die Goldene Blüte*, 5.]

DR. JUNG: Ja, und was für ein Zustand wäre das in der Realität?

FRAU HANNAH: War es das schlafende Selbst?

DR. JUNG: Natürlich, in diesem Zustand schläft das Selbst. Und auf welchem Schauplatz schläft das Selbst und ist das Ich bewußt? Hier, auf dieser bewußten Welt natürlich, wo wir alle vernünftige und ordentliche Leute sind, angepaßte Individuen, wie man sagt. Alles läuft glatt, wir gehen essen, haben Verabredungen, wir sind völlig normale Bürger bestimmter Staaten. Wir haben gewisse Verpflichtungen und können nicht so leicht wegrennen, ohne neurotisch zu werden; wir müssen unseren Verpflichtungen nachkommen. Daher sind wir alle in den Wurzeln, wir leben auf unserer «Wurzelstütze» (das ist die wörtliche Übersetzung von *Mūlādhāra*). Wir sind in dieser Welt verwurzelt – wenn Sie beim Straßenbahnschaffner eine Fahrkarte kaufen, ein Theaterbillett oder den Kellner bezahlen, so ist das die Realität, die wir berühren. Und das Selbst schläft, was bedeutet, daß alles, was die Götter betrifft, schläft.

Nach dieser erstaunlichen Feststellung müssen wir nun herausfinden, ob eine solche Deutung tatsächlich gerechtfertigt ist. Ich bin da gar nicht so sicher. Ich bin sogar überzeugt, daß Professor HAUER mir gerade in diesem Punkt nicht zustimmen würde. Bei diesen Dingen braucht man ein gutes Stück Psychologie, um sie dem westlichen Geist schmackhaft zu machen. Wenn wir uns nicht sehr bemühen und es wagen, bei der Angleichung der östlichen Symbolik an unsere westliche Mentalität Fehler zu machen, dann werden wir einfach vergiftet. Denn diese Symbole haben eine furchtbar anklammernde Tendenz. Sie nehmen das Unbewußte irgendwie gefangen und heften sich an uns. Aber sie sind Fremdkörper in unserem System – ein *corpus alienum* – und hemmen das natürliche Wachstum und die Entwicklung unserer eigenen Psychologie. Das führt zu einer Art Wachstum aus zweiter Hand oder gar zur Vergiftung. Deshalb muß man beinahe übermenschliche Anstrengungen machen, um diese Dinge zu meistern, und etwas gegen diese Symbole tun, um ihnen ihren Einfluß zu nehmen. Vielleicht können Sie die Tragweite dessen, was ich Ihnen sage, nicht ermessen, aber nehmen Sie es als Hypothese. Es ist mehr als eine Hypothese, es ist eine Wahrheit. Ich habe schon zu oft gesehen, wie gefährlich die Auswirkung dieser Symbole sein kann.

Wenn wir davon ausgehen, daß *Mūlādhāra* als «Wurzelstütze» die Erde ist, auf der wir stehen, dann muß es unsere bewußte Welt sein; denn hier auf der Erde stehen wir, und hier sind die vier Ecken dieser Erde. Unser Standort ist das Mandala der Erde. Alles, was wir von *Mūlādhāra* sagen können, stimmt für unsere Welt. Sie ist ein dunkler und unbewußter Ort, wo die Menschen Opfer von Impulsen, Instinkten, Unbewußtheit und *participation mystique* sind. Wir sind unglückliche Opfer der Umstände, unsere Vernunft kann da praktisch sehr wenig ausrichten. Ja, wenn die Zeiten ruhig sind, ohne große psychologische Stürme, können wir mit Hilfe der Technik einiges tun. Aber dann kommt ein Sturm, sagen wir ein Krieg oder eine Revolution, und alles geht kaputt und wir sind verloren.

Überdies: wenn wir in diesem dreidimensionalen Raum sind, vernünftig reden und anscheinend sinnvolle Dinge tun, sind wir nicht individuell – wir sind lediglich Fische im Meer. Nur manchmal haben wir eine dunkle Ahnung vom nächsten Chakra. Etwas arbeitet in manchen Menschen am Sonntagmorgen, oder vielleicht an einem Tag im Jahr, sagen wir am Karfreitag – sie verspüren den leichten Drang, in die Kirche zu gehen. Viele andere haben das Bedürfnis, in die Natur, in die Berge zu gehen, wo sie ein anderes Lebensgefühl haben. Da rührt sich ganz leise das schlafende Dornröschen; etwas, mit dem man nicht gerechnet hat, beginnt sich im Unbewußten zu regen. Irgendein seltsamer unterschwelliger Drang bringt die Leute dazu, etwas anderes als sonst zu tun. Also können wir annehmen, daß der Ort, wo das Selbst, psychologisch das Nicht-Ich schläft, ein höchst banaler Ort ist – ein Bahnhof, ein Theater, die Familie, der Beruf –, hier schlafen die Götter, hier sind wir vernünftig oder auch so unvernünftig, wie unbewußte Tiere sind; hier ist *Mūlādhāra.*

Wenn das so ist, dann muß das nächste Chakra, *Svādhishthāna,* das Unbewußte sein; sein Symbol ist das Meer, und im Meer haust der riesige Leviathan und droht uns zu vernichten. Wir sollten aber bedenken, daß Menschen diese Symbole geschaffen haben. Der Tantra-Yoga in seiner alten Form ist sicherlich ein Produkt des männlichen Geistes, wir dürfen hier also eine größtenteils männliche Psychologie erwarten. Es ist daher kein Wunder, wenn wir im zweiten Chakra den großen Halbmond finden, der natürlich ein weibliches Symbol ist. Auch hat dieses Chakra die Form des *Padma* oder Lotus, und *Padma* ist einfach der hieratische Name, die Metapher für *Yoni,* das weibliche Geschlechtsorgans.[152]

152 HAUER beschreibt die Darstellung dieses Chakras folgendermaßen: «Innen ist ein Kreis, die Fruchthülle, die das weiße Lotus-Mandala enthält. [...] Da ist ein Halbmond, ebenfalls weiß.» (*IIS*, S. 74)

FRAU SAWYER: Professor HAUER sagte, der Halbmond sei kein weibliches Symbol, sondern gehöre zu Shiva.[153]

DR. JUNG: Das gilt für den Osten – aber ein Hindu wäre auch nicht damit einverstanden, das *Mūlādhāra*-Chakra über *Svādhishthāna* zu stellen. Der indische Standpunkt ist von unserem absolut verschieden. Wenn Sie einem Inder die Analogie mit der Sonne vor Augen führen würden, würde er das ebenso verneinen, obwohl man hier auch das Vorhandensein des Sonnenmythos zeigen kann.

FRAU CROWLEY: Ihre Symbolik kann nicht dieselbe wie bei uns sein, weil ihre Götter sich in der Erde befinden.

DR. JUNG: Das ist ganz klar. Denn sehen Sie, ein Hindu ist normal, wenn er nicht in dieser Welt ist. Wenn Sie daher diese Symbole assimilieren und sich in die Mentalität eines Hindu begeben, dann ist bei Ihnen alles auf den Kopf gestellt, Sie sind sozusagen völlig verkehrt. Die Hindus haben das Unbewußte oben, wir haben es unten. Diese Umkehrung finden wir überall; auf unseren Landkarten ist der Süden unten, aber im Osten ist der Süden oben und der Norden unten, Ost und West sind ebenfalls vertauscht – alles ist einfach anders herum.

Das zweite Chakra trägt alle Merkmale des Unbewußten. Daher können wir annehmen, daß uns der Weg aus unserem *Mūlādhāra*-Dasein ins Wasser, das heißt ins Unbewußte führt. So hatte zum Beispiel ein Bekannter von mir, der sich nicht in Analyse befindet, interessante Träume, die häufig genau das darstellten, und alle waren gleichartig: er war auf einer Landstraße, einem Weg oder einem Pfad unterwegs, zu Fuß oder mit einem Wagen – die Träume begannen stets mit einer solchen Fortbewegung –, und alle diese Wege führten zu seinem großen Erstaunen unausweichlich ins Wasser, ins zweite Chakra.

Deshalb war in den Mysterienkulten die erste Forderung immer der Gang ins Wasser, ins Taufbecken. Der Weg zu jeder Höherentwicklung führt durch das Wasser, mit dem Risiko, vom Ungeheuer verschlungen zu werden. Heute würden wir sagen, daß das bei der christlichen Taufe nicht der Fall ist – bei der Taufe besteht keine Gefahr. Doch wenn Sie die wundervollen Mosaiken im Baptisterium der orthodoxen Kathedrale in Ravenna anschau-

153 HAUER hatte behauptet: «Der Halbmond in *Svādhishthāna* steht für Shiva», worauf Frau Sawyer fragte: «Ist nicht der Halbmond normalerweise ein weibliches Symbol?» HAUER antwortete: «Nicht in Indien. Dort ist der Halbmond immer das Zeichen von Shiva.» (*HS*, S. 84)

en (die im 4. oder zu Beginn des 5. Jahrhunderts entstanden sind, als die Taufe noch ein Mysterienkult war), sehen Sie vier Wandbilder, von denen zwei die Taufe Christi im Jordan darstellen; das vierte handelt davon, wie Petrus im Sturm im See untergeht und der Heiland ihn rettet.[154] Die Taufe ist ein symbolisches Ertrinken. In Rußland gibt es Sekten, in denen die Täuflinge, um das Ganze real werden zu lassen, so lange unter Wasser getaucht werden, bis sie beinahe ertrinken. Es ist ein symbolischer Tod, aus dem neues Leben kommt, ein neugeborenes Kind. Nachher werden die Eingeweihten oft mit Milch gefüttert, wie zum Beispiel im Attiskult: Hier wurden die Menschen nach der Taufe acht Tage lang wie kleine Babies mit Milch ernährt und erhielten einen neuen Namen.[155]

In der Symbolik des *Svādhishthāna*-Chakra finden wir also die weltweite Vorstellung der Wassertaufe wieder mit der Gefahr, zu ertrinken oder vom *Makara* verschluckt zu werden. Heutzutage sprechen wir statt von Meer oder Leviathan von Analyse, die ebenso gefährlich ist. Man taucht ins Wasser ein, macht dort die Bekanntschaft mit dem Leviathan, und das ist dann entweder die Quelle der Wiedergeburt oder der Zerstörung. Wenn diese Analogie stimmt, dann muß die Analogie mit der Sonne auch wahr sein, denn die ganze Geschichte der Taufe ist der Sonnenmythos. Am Nachmittag wird die Sonne alt und schwach und ertrinkt deshalb im Westmeer; sie taucht unter Wasser und macht ihre Nachtmeerfahrt, und am Morgen wird sie im Osten wiedergeboren. Man könnte also das zweite Chakra das Chakra oder Mandala der Taufe beziehungsweise der Wiedergeburt oder der Zerstörung nennen – was auch immer die Folge der Taufe sein mag.

Wir können auch etwas über die Einzelheiten dieses Chakras sagen. Sein feuriges Rot ist gut nachvollziehbar. *Mūlādhāra* ist dunkler, es hat die Farbe

154 Jung berichtet von diesem Erlebnis in seinen «Erinnerungen» (*ETG*, S. 288 ff.). Er erzählt, daß er einen Bekannten, der nach Ravenna reisen wollte, darum bat, ihm die Bilder zu beschaffen; der Bekannte stellte jedoch fest, daß es diese Mosaiken gar nicht gab. Aniela Jaffé schrieb dazu in einer Fußnote, daß Jung diese Vision «als eine momentane Neuschöpfung des Unbewußten, im Zusammenhang mit dem archetypischen Gedanken der Initiation» erklärte, und sie fuhrt fort: «Die unmittelbare Ursache für die Konkretisierung lag in der Animabeziehung zu Galla Placidia und der dadurch hervorgerufenen Emotion.» (Ebenda, S. 290) Jungs Bericht von den Mosaiken in seinen «Erinnerungen» weicht ein wenig von dem hier Geschilderten ab; diese Unterschiede sind in Dan Noels Aufsatz «A Viewpoint on Jung's Ravenna Vision» (in: *Harvest: Journal for Jungian Studies* 39, 1993, S. 159–163) beschrieben worden, der eine Neubeurteilung dieser ganzen Episode darstellt.

155 Jung gibt in *Symbole der Wandlung*, *GW* 5, §§ 659–662 eine Interpretation des Attismythos.

von Blut, von dunkler Leidenschaft. Doch das Zinnoberrot von *Svādhishthāna* enthält viel mehr Licht, und wenn Sie bedenken, daß dies tatsächlich auch mit dem Lauf der Sonne, ihrem Aufgang oder Untergang zu tun hat, dann spiegelt diese Farbe ihre ersten und letzten Strahlen wider, die ein eher feuchtes Rot haben. Nach diesem zweiten Chakra könnten wir also die Manifestation neugeborenen Lebens – Licht, Intensität, hohe Aktivität – erwarten, und das wäre *Manipūra.*[156] Doch bevor wir von diesem Zentrum sprechen, sollten wir das zweite Chakra erschöpfend behandeln. Es ist eigentümlich, daß der Osten diese Chakren nicht unter unsere Füße stellt, sondern darüber. Wir würden *Mūlādhāra* oben ansiedeln, weil das unsere bewußte Welt ist, und das nächste Chakra wäre dann darunter – das ist unser Gefühl, denn wir beginnen ja tatsächlich oben. Alles ist umgekehrt; wir fangen mit unserer bewußten Welt an und können daher sagen, daß unser *Mūlādhāra* nicht unten im Bauch sitzt, sondern oben im Kopf. Dadurch ist alles umgedreht.

FRAU SAWYER: Im Unbewußten ist es aber dasselbe.

DR. JUNG: Aha, nun kommt das Unbewußte, wo sich die Extreme berühren. Da ist alles Ja und Nein zugleich, das *Mūlādhāra* ist oben und unten. Im tantrischen System der Chakren ist es ähnlich. Worin besteht die Analogie zwischen *Ājñā*[157], dem obersten Zentrum, und *Mūlādhāra?* Das ist sehr wichtig.

FRAU FIERZ: In der Vereinigung von Shakti und Shiva.[158]

DR. JUNG: Ja, die Kundalini ist in *Mūlādhāra*[159], im Dornröschenschlaf sozusagen, mit dem *Lingam* vereinigt, und derselbe Zustand herrscht oben im *Ājñā*-Zentrum, wo die *Devī* zum Gott zurückgekehrt ist und sie wieder eins sind. Sie sind wieder im schöpferischen Zustand, aber in einer vollkom-

156 HAUER definierte das *Manipūra*-Chakra folgendermaßen: «*Mani* bedeutet Perle oder Juwel, und *Pūra* ist die Fülle oder der Reichtum; man könnte es den Perlenschatz oder den Juwelenschatz nennen.» (*HS,* S. 68)

157 HAUER definierte das *Ājñā*-Chakra als «‹Befehl›; es ist etwas, von dem man weiß, daß man es tun sollte; es hat mit Erkenntnis zu tun. [...] Es ist ein Befehl oder eine Bestätigung vor uns selbst, die sagt, daß etwas unsere Pflicht ist.» (*HS,* S. 69)

158 HAUER beschreibt das *Ājñā*-Chakra wie folgt: «*Yoni* und *Lingam,* weibliche und männliche Kraft, sind vereinigt, sie sind nicht getrennt.» (*HS,* S. 90)

159 HAUER beschreibt das *Mūlādhāra*-Chakra mit folgenden Worten: «Hier haben wir wieder *Yoni* und *Lingam,* und hier schläft die Kundalini. Diese *Yoni* ist rot und der *Lingam* ist dunkelbraun, was das erotische Leben in seiner ganzen Fülle symbolisiert. Es ist ein ganz anderes Rot als das im Herz[Ājñā]-Zentrum, wo das Erotische in einem höheren Sinne lebt, wohingegen es hier in einem realen irdischen Sinne vorhanden ist.» (*HS,* S. 92)

men anderen Art. So wie sie unten vereinigt sind, sind sie es auch oben. Die beiden Zentren können daher ausgetauscht werden.

Sie sehen also, wenn wir dieses System für uns übernehmen, müssen wir uns zuerst klarmachen, wo wir stehen, bevor wir so etwas assimilieren. Bei uns ist es offensichtlich anders herum: wir gehen nicht ins Unbewußte hinauf, wir gehen hinunter – es ist eine *katabasis.* Das war immer so. Die alten Mysterienkulte fanden oft unter der Erde statt. Man kann das noch in alten christlichen Kirchen an der Krypta unter dem Altar sehen, wo sich die Unterkirche befindet. Das ist dieselbe Vorstellung wie im mithraischen *spelaeum,* einer Höhle oder einem Raum, wo der Mithraskult gefeiert wurde. Es war immer ein Ort unter der Erde, oder eine Grotte. Auch die Attiskulte fanden in Grotten statt. Die Grotte, in der CHRISTUS in Bethlehem geboren wurde, soll ein *spelaeum* gewesen sein.[160] Der Petersdom in Rom steht, wie Sie wissen, an der Stelle, wo früher die Taurobolien des Attis – eine Bluttaufe – gefeiert wurden. Auch trugen die Hohenpriester des Attiskultes den Titel Papas, und der Papst, der vorher einfach Bischof von Rom war, nahm diesen Titel an. Attis selbst ist ein sterbender und wieder auferstehender Gott; so zeigt sich die Kontinuität der Geschichte.

HERR BAUMANN: Professor HAUER hat von zwei Wegen ins Unbewußte gesprochen, man kann entweder von rechts oder von links dorthin gelangen. Auf dem einen Weg begegnet man dem Meerungeheuer von vorn und wird von ihm verschlungen, auf dem anderen kommt man von hinten und kann es angreifen.[161]

DR. JUNG: Das sind die Feinheiten des hinduistischen Systems. Wir müssen froh sein, wenn es uns gelingt, dieses Material in groben Zügen zu verdauen und zu assimilieren. Nun, ich habe gerade erklärt, warum im Osten das Unbewußte oben ist, bei uns jedoch unten. Wir können das Ganze umkehren, als wäre das *Mūlādhāra* das oberste Zentrum und wir kämen von ihm herab – so können wir es natürlich auch sehen. Und dann können wir sagen, wir gehen hinauf.

160 In «Visionen des Zosimos» (1937) bemerkt JUNG: «Attis steht in naher Beziehung zu Christus, indem nach alter Überlieferung die Geburtshöhle zu Bethlehem ein Attisheiligtum gewesen sein soll. Durch neuere Ausgrabungen ist diese Tradition bestätigt worden.» (*GW* 13, § 92, Anm. 39)

161 Siehe Anhang 3, Fußnote 240.

Frau Sawyer: In allen Visionen, die wir im englischen Seminar behandelt haben, geht man zuerst hinunter und dann hinauf. Ich sehe nicht, wie Sie das ändern können.

Dr. Jung: Wenn Sie im *Mūlādhāra* beginnen, gehen Sie nach unten, denn *Mūlādhāra* ist dann oben.

Frau Sawyer: Aber *Mūlādhāra* ist unter der Erde.

Dr. Jung: Nein, es ist nicht notwendigerweise unterirdisch – es ist irdisch. Das ist eine *façon de parler.* Wir sind auf der Erde oder in der Erde. Die Frau, die sich in den Wurzeln verfangen hat, ist schlicht in ihrem persönlichen Leben gefangen. Das war bei ihr besonders der Fall, und deshalb stellte sie sich als in die Pflichten des Lebens, in die Beziehung zu ihrer Familie usw. verwickelt dar. In die Analyse zu gehen bedeutete für sie ganz sicher, nach oben zu gehen. Durch die christliche Taufe zu gehen ist ein Hinaufgehen, aber das hindert nicht, sie als ein Hinabgehen ins Wasser darzustellen. Christus klettert nicht in den Jordan hinauf.

Frau Crowley: Meinen Sie nicht auch, daß die östliche Vorstellung vom Unbewußten sich von der unsrigen unterscheidet? Es ist eine andere Art von unbewußt.

Dr. Jung: Ja, die Inder haben eine ganz andere Vorstellung davon, aber es hat keinen Zweck, darüber zu streiten, weil wir sie nicht kennen.

Frau Crowley: Aber Sie können es in den Sanskrittexten, den Veden nachlesen.

Dr. Jung: Ich habe einen großen Teil davon gelesen, aber es ist nicht klar. Ich weiß nur, daß sie diese Dinge ganz anders sehen. Ich hatte zum Beispiel einen Briefwechsel mit einem indischen Pandit über die Mandala-Chakren. Er teilte mir mit, daß sie mit Medizin zu tun haben, daß sie zur Anatomie gehören und keine philosophische Bedeutung haben. Ein solcher Gedanke ging über seinen Horizont. Er war jemand, der die Sanskrittexte gelesen hatte. Er ist Universitätsprofessor in Dakka, ich kenne ihn nicht persönlich.

Frau Crowley: Sie sind da drüben genau wie hier von unterschiedlichem Typus.

Dr. Jung: Ganz klar – sie haben viele verschiedene Ansichten, und der ganze Osten hat wiederum andere Ansichten über diese Dinge als wir. Sie erkennen das Unbewußte nicht, und ebensowenig wissen sie, was wir mit Bewußtsein meinen. Ihr Weltbild ist von unserem total verschieden, und so können wir es nur so weit verstehen, wie wir es in unseren Begriffen zu verstehen suchen. Deshalb mache ich den Versuch, das Ganze vom psychologischen Standpunkt aus anzugehen. Es tut mir leid, daß ich Sie verwirrt habe, aber Sie werden noch verwirrter sein, wenn Sie diese Dinge wörtlich nehmen. Tun Sie's lieber nicht. Wenn Sie in östlichen Begriffen denken, bauen Sie ein scheinbar hinduistisches System mit der Psychologie des westlichen Denkens auf, und das können Sie nicht – Sie vergiften sich damit. Wenn wir uns also mit alldem befassen – und ich befürchte, daß wir das tun müssen wegen der ähnlichen Strukturen in unserem eigenen Unbewußten –, müssen wir es auf diese Weise machen. Wir müssen erkennen oder zumindest in Betracht ziehen, daß *Mūlādhāra* hier ist, das Leben auf dieser Erde, und hier schläft der Gott. Und dann gehen Sie in den *kratēr*[162], um das alte Wort von ZOSIMOS zu gebrauchen, oder ins Unbewußte, und das wird als höherer Zustand im Vergleich zum vorherigen verstanden, weil Sie einer anderen Art des Lebens nahekommen. Nur durch die Kundalini, die erwacht ist, kommen Sie dahin.[163]

Wir müssen nun über die Kundalini und ihr Wesen sprechen beziehungsweise darüber, wie sie erweckt werden kann.[164] Sie erinnern sich daran, daß Professor HAUER sagte, ein Antrieb von oben wecke die Kundalini, und man müsse eine reine *Buddhi*[165], einen reinen Geist haben, um sie zu erwecken. Der Schritt zum nächsten Chakra ist also nur möglich, wenn Sie die Schlange geweckt haben, und sie kann nur durch die richtige Einstellung geweckt wer-

162 In «Visionen des Zosimos» schrieb JUNG über den *kratēr*: «Der kratēr ist offenbar ein wunderbares Gefäß, ein Taufbecken oder eine piscina, in welcher der baptismos, das Eintauchen, die Taufe vollzogen wurde. Dadurch kam die Wandlung in ein geistiges Wesen zustande.» (*GW* 13, § 97)

163 Im Manuskript «Die Beschreibung der beiden Centren Shat-Chakra-Nirūpana» schrieb JUNG: «In Mūlādhāra schläft die Kundalini. Es ist eine latente Aktivität, die sich außen zeigt. Durch sie ist der Mensch an die Welt der Erscheinungen gebunden und glaubt, daß sein Ich mit seinem Selbst identisch ist. Kundalini ist verborgene cit (Bewußtsein), und wenn sie erwacht, kehrt sie zu ihrem Meister zurück. Sie ist ‹Welt-Bewußtsein› im Gegensatz zu civ-atma = individuelles Bewußtsein.» (S. 2)

164 HAUER definierte die Kundalini folgendermaßen: «Kundalini, wie sie hier verstanden wird, ist keineswegs eine erotische Kraft des Mannes, sondern eine Form der weiblichen Kraft, die nichts als reines Wissen ist; es gibt in der weiblichen Kraft eine bestimmte Kraft der Erkenntnis, eine Kraft, die nichts mit der Erotik zu tun hat, und diese muß befreit und mit der Erkenntniskraft der männlichen Kraft auf der höchsten Stufe der Entwicklung vereinigt werden.» (*HS*, S. 97)

165 HAUER beschrieb *Buddhi* wie folgt: «*Buddhi* bedeutet das Organ der Intuition, die aus reinem *Sattva* besteht, der Lichtwelt-Substanz, die die Grundlage der Erkenntnis, des Wissens und der Einsicht bildet.» (*HS*, S. 96). ELIADE schreibt, daß *Buddhi* im Sāmkhya-Yoga der Begriff für den Intellekt war. (M. ELIADE, *Yoga*, S. 25)

den. Psychologisch ausgedrückt würde das heißen, daß Sie sich dem Unbewußten nur auf eine Weise nähern können, nämlich mit einem geläuterten Geist, der richtigen Einstellung und durch himmlische Gnade, und das ist die Kundalini. Etwas in Ihnen, ein innerer Drang, muß Sie dahin führen. Wenn Sie das nicht haben, ist der Prozeß unecht. Es muß also etwas Spezielles in Ihnen sein, ein göttlicher Funke, ein Anreiz, der Sie durch das Wasser zum nächsten Chakra weitertreibt. Das ist wiederum die Kundalini, etwas absolut Unerkennbares, das sich als Angst, als Neurose, aber auch als lebhaftes Interesse zeigen kann; jedenfalls muß es etwas sein, das Ihrem eigenen Willen überlegen ist. Denn sonst werden Sie nicht da hindurch gehen. Sie werden beim ersten Hindernis umkehren; sobald Sie den Leviathan sehen, werden Sie weglaufen. Aber wenn dieser lebendige Funke, dieser unabweisliche Drang, Sie gepackt hat, dann können Sie nicht zurück, Sie müssen Ihren Mann stehen.

Ich will Ihnen ein Beispiel aus einem mittelalterlichen Buch geben, die berühmte *Hypnerotomachia* oder *der Traum des Poliphilo*[166] den ich hier schon früher erwähnt habe. Er wurde im 15. Jahrhundert von einem Mönch, der aus einer bekannten römischen Familie stammte, aufgeschrieben. Er gelangte sozusagen ins Unbewußte, ähnlich wie beim Anfang von DANTES *Inferno,* doch in einer völlig anderen Begrifflichkeit ausgedrückt. Er schildert, wie er im Schwarzwald reist, der in jenen Tagen, speziell für einen Italiener, das *ultima Thule* war, eine entlegene Wildnis, wo noch das Einhorn lebte – so unbekannt wie die Wälder von Zentralafrika für uns. Dort kommt er vom Weg ab, und ein Wolf begegnet ihm. Zuerst fürchtet er sich, aber dann folgt er dem Wolf zu einer Quelle, aus der er trinkt – eine Anspielung auf die Taufe. Danach kommt er zu den Ruinen einer alten römischen Stadt. Er geht durch das Stadttor und sieht Statuen und seltsame symbolische Inschriften an den Mauern, die er zitiert; sie sind vom psychologischen Standpunkt her höchst interessant. Plötzlich wird es ihm unheimlich, er bekommt Angst, möchte umkehren und wendet sich zurück zum Tor, doch nun sitzt dort ein Drache und versperrt ihm den Weg. Er kann nicht zurück, er muß vorwärts gehen. Der Drache ist Kundalini – denn sehen Sie, in psychologischer Sprache ist die Kundalini das, was Sie in

166 LINDA FIERZ-DAVID, *Der Liebestraum des Poliphilo,* Zürich: Rhein-Verlag 1947. JUNG schrieb zu diesem Buch eine Einleitung, die auch in *GW* 18/II, §§ 1749–1752 wiedergegeben ist.

die größten Abenteuer treibt. «O verdammt, warum habe ich mich je darauf eingelassen?» sage ich dann, aber wenn ich umkehre, verschwindet das ganze Abenteuer aus meinem Leben, und mein Leben bedeutet mir nichts mehr, es hat seine Würze verloren. Es ist diese Suche, die das Leben lebenswert macht, und das ist Kundalini; sie ist dieser göttliche Drang. Wenn zum Beispiel im Mittelalter ein Ritter große Taten vollbrachte wie etwa die Arbeiten des Herkules, wenn er mit Drachen kämpfte und Jungfrauen befreite, dann geschah das für seine Dame – sie war Kundalini. Und wenn Leo und Holly nach Afrika gehen, um «Sie»[167] zu suchen, und «Sie» drängt sie zu den unglaublichsten Abenteuern, dann ist das auch Kundalini.

Frau Crowley: Ist das die Anima?

Dr. Jung: Ja, die Anima ist die Kundalini.[168] Genau aus diesem Grund behaupte ich trotz der im Hinduismus männlichen Sichtweise des Halbmondes, daß dieses zweite Chakra in höchstem Maße weiblich ist, denn das Wasser ist der Schoß der Wiedergeburt, das Taufbecken. Der Mond ist natürlich ein weibliches Symbol; zudem habe ich zu Hause ein tibetisches Bild, auf dem Shiva in weiblicher Form dargestellt ist, wie er auf dem Friedhof über den Leibern der Toten tanzt. Jedenfalls wurde der Mond immer als Behälter für die Seelen der Verstorbenen verstanden. Sie wandern nach dem Tod zum Mond, und er gebiert die Seelen in der Sonne. Der Mond füllt sich mit toten Seelen – das ist sozusagen der schwangere Vollmond –, und dann leert er sie in die Sonne aus, wo die Seelen nach dem manichäischen Mythos neues Leben erhalten. Der Mond ist also ein Symbol der

167 Zu Jungs Diskussion von Rider Haggards *She* (London 1887) siehe C. G. Jung, *Analytische Psychologie*, Solothurn/Düsseldorf: Walter 1995, S. 171 f.

168 Jungs Deutung der Kundalini als Anima mag zum Teil durch die folgende Beschreibung in Woodroffes Werk *The Serpent Power*, 1. Auflage 1919, S. 272 nahegelegt worden sein, wo es heißt: «She … is the ‹Inner Woman› to whom reference was made when it was said, ‹What need have I of outer women? I have an Inner Woman within myself.» («Sie […] ist die ‹Innere Frau›, sie ist gemeint, wenn gesagt wird: ‹Wozu brauche ich eine äußere Frau? Ich habe eine innere Frau in mir». (Übers. von W. K.) Dieser Satz war in Jungs Exemplar dick unterstrichen; er zitiert den ganzen Abschnitt in seinem Manuskript «Die Beschreibung der beiden Centren Shat-Chakra-Nirūpana» (S. 2), und die letzte Wendung «ich habe eine Innere Frau in mir» wird nochmals in seinem «Avalon Schlange»-Manuskript zitiert (S. 1).
In seinem Aufsatz «Über Mandalasymbolik» sagt Jung im Kommentar zu einem Mandala, das von einer jungen Frau gemalt wurde und in dem eine zusammengerollte Schlange erscheint, über die Schlange: «Sie strebt nach außen: es ist das Erwachen der Kundalini, das heißt die chthonische Natur wird aktiv. […] Praktisch heißt dies ein Bewußtwerden der Triebnatur.» (*GW* 9/1, § 667)

Wiedergeburt. Auch ist der Halbmond in diesem Chakra nicht oben, sondern unten, wie eine Opferschale, aus der die Seelen zu den oberen Chakren, *Manipūra* und *Anāhata,* fließen. Hier haben wir wieder den Sonnenmythos.

ZWEITE SEMINARSITZUNG

19. Oktober 1932

Dr. Jung: Wir wollen nun mit weiteren Informationen über die Chakren fortfahren. Das letzte Mal sagte ich Ihnen, daß ich die symbolischen Attribute des *Mūlādhāra* untersuchen möchte. Sie haben wahrscheinlich bemerkt, daß wir bei der Analyse dieser Symbole im großen ganzen derselben Methode gefolgt sind, die wir bei der Traumanalyse anwenden: Wir schauen alle Symbole an und versuchen die Bedeutung herauszuarbeiten, die durch die Gesamtheit der Attribute angezeigt zu sein scheint. Auf diese Weise kamen wir zu dem Schluß, daß *Mūlādhāra* ein Symbol für unser irdisches, bewußtes persönliches Dasein ist.

Um unsere Erörterung in wenigen Worten wiederzugeben: *Mūlādhāra* ist als Zeichen der Erde charakterisiert; das Viereck in der Mitte ist die Erde, der Elefant die tragende Kraft, die psychische Energie oder Libido. Der Name *Mūlādhāra* bedeutet «Wurzelstütze» und zeigt auch damit an, daß wir uns hier in der Region der Wurzeln unserer Existenz befinden, die unser persönliches körperliches Leben auf dieser Erde darstellen. Ein anderes wichtiges Attribut besteht darin, daß die Götter schlafen; der *Lingam* ist nur ein Keim, und die Kundalini, das schlafende Dornröschen, ist die Möglichkeit einer Welt, die noch nicht da ist. Damit ist ein Zustand gezeichnet, in dem das menschliche Ich die einzige aktive Kraft zu sein scheint, während die Götter oder die unpersönlichen Kräfte des Nicht-Ich hier nicht wirksam sind – sie tun praktisch nichts. Das ist im ganzen die Situation unseres modernen europäischen Bewußtseins. Dann haben wir noch ein weiteres Attribut, das sich nicht im Symbol selbst zeigt, sondern in den hinduistischen Kommentaren auftaucht, nämlich daß dieses Chakra – so wie die Dinge liegen – im unteren Becken lokalisiert ist, was der ganzen Angelegenheit sofort eine vollkommen andere Bedeutung gibt. Denn nun befindet es sich innerhalb unseres Körpers, während wir zu dem Schluß gekommen sind, daß es außerhalb ist, das heißt, es ist die Welt unseres Bewußtseins. Daß die Hindu-Kommentare die bewußte Welt in den Körper verlagern, ist für uns eine höchst erstaunliche Tatsache.

Wir können diesen Kommentar wie Assoziationen zu Träumen oder Visionen betrachten, und demnach wäre die Assoziation: Es ist etwas im Bauch. Was soll das heißen? Vielleicht hat unser körperliches Dasein in diesem dreidimensionalen Raum tatsächlich etwas mit der fraglichen Symbolik zu tun. Möglicherweise handelt es sich um einen Zustand, der am besten durch die Allegorie des Unterleibs ausgedrückt wird – als wären wir in einem Unterleib. Und in einem Unterleib zu sein würde höchstwahrscheinlich bedeuten, daß wir in der Mutter sind, im Anfangsstadium einer Entwicklung. Diese Sichtweise würde unsere Symbolik in ein besonderes Licht hüllen. Sie würde die Vorstellung vermitteln, daß unser reales Dasein, diese Welt, eine Art Mutterschoß ist; wir sind kleine Anfänge darin, weniger als Embryos; wir sind einfach Keimlinge, die noch werden müssen, wie ein Ei im Mutterleib. Das ist natürlich nur ein Kommentar, der zeigt, wie ein Hindu unsere Welt sieht – er versteht seine bewußte Welt vielleicht als bloßen Kindergarten.

Dies ist ein Stück Philosophie, das der christlichen Auffassung ähnelt, die unser persönliches Dasein auch nur als vorübergehend betrachtet. Wir sollen gar nicht in diesem Zustand bleiben; wir sind in diese Erde gepflanzt worden mit dem Ziel, immer besser zu werden, und wenn wir sterben, werden wir zu Engeln. Im Islam finden wir dieselbe Vorstellung. Ich erinnere mich an ein Gespräch mit einem Araber bei den Kalifengräbern in Kairo. Ich bestaunte gerade ein außerordentlich schönes Grabmal; er bemerkte das und sagte zu mir:

«Ihr Europäer seid merkwürdige Leute. *Wir* bewundern ein solches Haus, es drückt unseren Glauben aus. Ihr dagegen glaubt an Dollars und Autos und Eisenbahnen. Aber was ist weiser – ein Haus für eine kurze oder für eine lange Zeit zu bauen? Wenn Sie wissen, daß Sie nur wenige Jahre an einem Ort sein werden und daß Sie später für fünfzig Jahre an einem anderen Ort wohnen, bauen Sie dann Ihr Haus für diese wenigen Jahre oder für die fünfzig Jahre?» Ich sagte natürlich «Für die fünfzig Jahre». Und er sagte: «Das ist das, was wir tun – wir bauen unsere Häuser für die Ewigkeit, dort, wo wir am längsten bleiben werden.»[169]

Dies ist der Standpunkt vieler Völker, seien es Hindus, Christen oder Mohammedaner. In ihrer Vorstellung ist *Mūlādhāra* etwas Vorübergehendes, der aufkeimende Anfang der Dinge. Das steht natürlich sehr im Gegen-

169 JUNG war 1926 in Kairo; ein Bericht über seine zweite Afrika-Reise findet sich in *ETG*, S. 257–277, wo diese Anekdote aber nicht auftaucht.

satz zu dem, was die Leute heutzutage glauben. Wir lesen unsere Zeitungen, achten auf Politik und Wirtschaft und meinen, das sei es, so als ob alles davon abhinge, was wir im Hinblick auf die Währung, die allgemeine wirtschaftliche Lage usw. unternehmen sollten. Wir machen uns ganz verrückt damit, als wäre es besonders wichtig, sich damit zu befassen. Aber wir sind wenige verglichen mit den zahllosen Menschen, die über die Bedeutung dieser Welt vollkommen anders denken. Für sie sind wir einfach lächerlich; wir leben in einer Art Illusion über unsere Welt. Diese Anschauung der Yoga-Philosophie deckt sich also mit den allgemeinen religiösen Anschauungen der Menschheit – es ist sehr verbreitet, das *Mūlādhāra* als vorübergehendes Phänomen anzusehen.

Für unsere Zwecke können wir diesen speziellen philosophischen Kommentar beiseite lassen. Er ist ganz interessant, sollte uns aber nicht weiter stören. Denn wir müssen diese reale Welt, in der reale Dinge geschehen, als gegeben hinnehmen und sie als die einzige Welt betrachten, vielleicht gibt es keine andere dahinter – zumindest haben wir keine Erfahrungen, die uns das beweisen könnten. Wir müssen uns mit der unmittelbaren Wirklichkeit befassen und sagen – wie am Symbol von *Mūlādhāra* gezeigt –, daß hier die Götter, die für die andere, ewige Ordnung der Dinge stehen, schlafen. Sie sind unwirksam und bedeuten nichts. Und doch dürfen wir anerkennen, daß es gerade im Zentrum dieses Bewußtseinsfeldesreg Keime von etwas gibt, die auf eine andere Art von Bewußtsein weisen, obwohl sie zur Zeit nicht aktiv sind. Um es auf eine psychologische Ebene zu bringen: Es scheint offensichtlich zu sein, daß sogar in unserem Bewußtsein, von dem wir glauben, es sei «nichts als», das heißt vollkommen klar und selbstverständlich und banal, daß es also sogar in diesem Bereich einen Funken von etwas gibt, das auf eine andere Vorstellung von Leben hinweist.

Dies ist bloß die Feststellung einer allgemein herrschenden Tatsache, nämlich daß nach dem *consensus gentium* – der einhelligen Meinung der ganzen Welt – im Innern unseres normalen Bewußtseins ein solches Etwas vorhanden ist. Dort gibt es schlafende Götter, oder einen Keim, der uns befähigt und auch zu allen Zeiten Menschen befähigt hat, die *Mūlādhāra-Welt* aus einem ganz anderen Blickwinkel zu sehen, indem sie dieses Chakra nach unten an die Basis des Rumpfes verlegen, wo die Dinge ihren Anfang nehmen – was bedeutet, daß unsere Welt im großen Leib der kosmischen Welt den untersten Platz innehat, den Ort des Beginns. So wäre das, was wir für den Gipfel einer langen geschichtlichen Entwicklung und Evolution halten, in Wirklichkeit ein Kindergarten, und die großen, wichtigen Dinge lägen weit darüber und wären erst im Kommen – genau wie die unbewußten Inhalte, die wir ganz unten im Bauch spüren und die langsam an die Oberfläche des Bewußtseins kommen, bis wir allmählich zu der Überzeugung gelangen: das ist es, was wir schon immer gesucht haben; jetzt ist es endlich klar. Solange es unten im Unterleib war, störte es nur unser Funktionieren; es war ein ganz kleiner Keim. Doch nun ist es ein Embryo, und wenn es das Bewußtsein erreicht, zeigt es sich langsam als ausgewachsener Baum.

Wenn Sie das Symbol des *Mūlādhāra* auf diese Art betrachten, verstehen Sie, worauf der Yoga bei der Erweckung der Kundalini hinzielt. Es geht darum, die Götter von der Welt zu trennen, damit sie aktiv werden, und damit beginnt die andere Ordnung der Dinge. Vom Standpunkt der Götter aus gesehen ist diese Welt weniger als ein Kinderspielplatz; sie ist ein Samenkorn in der Erde, eine bloße Möglichkeit. Unsere gesamte bewußte Welt ist nur der Keim einer zukünftigen Welt. Wenn es Ihnen gelingt, die Kundalini zu wecken, so daß sie anfängt, sich aus ihrer reinen Potentialität herauszubewegen, rufen Sie notwendigerweise eine Welt ins Leben, die von der unsrigen total verschieden ist, eine Welt der Ewigkeit. Hier wird es klar, warum ich so ausführlich über dieses ganze Problem spreche.

Sie werden sich daran erinnern, daß ich in unseren früheren Seminaren immer zu zeigen versucht habe, daß die Visionenreihe Erfahrungen überpersönlicher oder unpersönlicher Art beinhaltete; auch versuchte ich Ihnen zu erklären, warum ich mit Informationen über die persönliche Seite unserer Patientin so besonders zurückhaltend war. Im Vergleich zu ihren Visionen ist alles Persönliche wirklich ganz und gar unwichtig. Jeder Mensch könnte solche Visionen haben, weil sie unpersönlicher Natur sind; sie gehören zur Kundalini-Welt und nicht zur Welt des *Mūlādhāra.* Es sind Erfahrungen, die wirklich die Entwicklung von Kundalini meinen und nicht die von Frau Soundso. Bestimmt könnte ein kluger Analytiker aus diesem Material eine Reihe von Vorkommnissen in ihrem persönlichen Leben herauslesen, aber das geschähe nur vom *Mūlādhāra*-Standpunkt aus, das heißt aus unserer rationalen Auffassung dieser Welt als der endgültigen. Für den Kundalini-Yoga ist dieser Aspekt nicht interessant, weil er rein zufällig ist.[170] Für

170 Als das Visions-Seminar am 2. November wiederaufgenommen wurde, wiederholte Jung immer wieder seine Aussage: «Wissen Sie, ich muß mich ganz zurückhalten, über das persönliche Leben unserer Patientin zu sprechen, weil das zu nichts führt; wenn Sie anfangen, über

diesen anderen Blickwinkel ist *Mūlādhāra* die Welt der Illusion – so wie die Welt der Götter, die unpersönliche Erfahrung, natürlich für die *Mūlādhāra*-Psychologie, unsere rationale Auffassung der Welt, eine Illusion ist.

Ich beharre auf dieser speziellen Symbolik, weil sie Ihnen tatsächlich eine unvergleichliche Gelegenheit bietet, zu verstehen, was mit unpersönlicher Erfahrung gemeint ist und mit der eigentümlichen Dualität, ja Duplizität der menschlichen Psyche, in der zwei Aspekte sich auf verwirrende Weise überschneiden. Auf der einen Seite haben wir den persönlichen Aspekt, bei dem all die persönlichen Dinge das einzig Wichtige sind; dem steht eine andere Psychologie gegenüber, für die die persönlichen Angelegenheiten äußerst uninteressant, wertlos, unnütz und illusionär sind. Sie verdanken es der Existenz dieser beiden Aspekte, daß Sie überhaupt grundlegende Konflikte haben, daß Sie über die Möglichkeit eines anderen Standpunktes verfügen, dank dem Sie erst kritisieren und urteilen, erkennen und verstehen können. Denn wenn Sie einfach eins sind mit einer Sache, sind Sie damit völlig identisch; Sie können nicht vergleichen, Sie können nichts unterscheiden und erkennen. Sie müssen immer einen Standpunkt außerhalb haben, wenn Sie etwas verstehen wollen. Deshalb sind Leute mit problematischem Wesen und vielen Konflikten diejenigen, die das größte Potential des Verstehens haben. Von ihrem eigenen schwierigen Wesen her sind sie besonders befähigt, andere Seiten zu sehen und aufgrund von Vergleichen zu urteilen. Wir könnten diese Welt nicht beurteilen, wenn wir nicht auch einen Standpunkt außerhalb hätten, und der ist durch die religiöse Erfahrung und ihre Symbolik gegeben.

Wenn es nun dem Yogin oder einer westlichen Person gelingt, die Kundalini zu erwecken, dann fängt nicht irgendeine Art persönlicher Entwicklung an, obwohl natürlich eine überpersönliche Entwicklung den persönlichen Zustand beeinflussen kann, was oftmals geschieht und sich sehr günstig auswirkt. Aber so ist es nicht immer. Was sich vielmehr zeigt, sind unpersönliche Geschehnisse, mit denen Sie sich nicht identifizieren sollten. Wenn Sie das tun, werden Sie bald unangenehme Folgen spüren – Sie werden eine Inflation bekommen und auf Abwege geraten. Das ist eine der großen Schwierigkeiten

sie als Person nachzudenken, führt Sie das in die Irre. Diese Visionen sollten nicht in persönlicher Art verstanden werden, denn dann wären sie nichts anderes als die subjektive Torheit einer Person.» (*The Visions Seminar*, Bd. 7, 7) Der Exkurs über die Psychologie des Kundalini-Yoga war ganz klar pädagogisch gemeint, um den Teilnehmern diesen Punkt zu Gemüte zu führen.

bei der Begegnung mit dem Unbewußten, daß man sich damit identifiziert und zum Narren wird. Sie dürfen sich nicht mit dem Unbewußten identifizieren; Sie müssen Distanz halten und objektiv beobachten, was geschieht. Doch dann sehen Sie, daß alles, was in der überpersönlichen, nichtmenschlichen Ordnung der Dinge passiert, die höchst unangenehme Eigenschaft hat, sich an uns zu klammern – oder wir klammern uns daran. Es ist, als zöge uns die Kundalini bei ihrem Empordringen mit sich hinauf, als wären wir Teil der Bewegung, besonders am Anfang.

Wir *sind* tatsächlich ein Teil dieser Bewegung, weil wir dann diejenigen sind, die die Götter enthalten; sie sind die Keime in uns, Keime im *Mūlādhāra* und wenn sie anfangen, sich zu regen, wirken sie wie ein Erdbeben, das uns natürlich durchschüttelt und sogar unser Haus niederreißen kann. Wenn diese Umwälzung kommt, nimmt sie uns mit, und natürlich könnten wir meinen, daß wir uns aufwärts bewegen. Es ist aber ein großer Unterschied, ob man fliegt oder ob man von einer Welle oder einem starken Wind emporgehoben wird. Das Fliegen ist unsere eigene Aktivität, man kann sicher wieder auf den Boden kommen; doch wenn man nach oben getragen wird, hat man darüber keine Kontrolle und wird nach einiger Zeit auf schlimme Weise wieder herunterkommen – was katastrophal ist. Sie sehen also, es ist klug, sich nicht mit diesen Erfahrungen zu identifizieren, sondern sie zu behandeln, als wären sie außerhalb des menschlichen Bereiches. Das ist das Sicherste und wirklich absolut notwendig. Sonst geraten Sie in eine Inflation, und das ist nur eine mildere Form von Wahnsinn. Und wenn Sie völlig inflationiert sind, ist das Schizophrenie.

Natürlich ist uns die Vorstellung einer unpersönlichen psychischen Erfahrung sehr fremd; es ist überaus schwierig, so etwas zu akzeptieren, weil wir so erfüllt sind von dem Gedanken, unser Unbewußtes gehöre uns – mein Unbewußtes, sein Unbewußtes, ihr Unbewußtes –, und unser Vorurteil diesbezüglich so stark ist, daß es uns sehr schwer fällt, uns davon zu distanzieren. Auch wenn wir anerkennen, daß es eine Erfahrung des Nicht-Ich gibt, ist es noch ein langer Weg, bis wir realisieren, was das sein könnte. Aus diesem Grunde sind solche Erfahrungen geheim; sie werden mystisch genannt, weil die normale Welt sie nicht verstehen kann, und alles Unverständliche erhält das Prädikat mystisch. Der springende Punkt ist aber, daß dieses sogenannte Mystische schlicht das nicht Offensichtliche ist. Darum waren der Yogaweg und die Yoga-Philosophie immer ein Geheimnis, aber nicht, weil die Leute sie *geheimgehalten* haben. Denn sobald Sie etwas *geheimhalten*, ist es schon ein offenes Geheimnis; Sie wissen darum, andere Leute ebenfalls, und schon ist es kein Geheimnis mehr. Die wirklichen Geheimnisse sind Geheimnisse, weil niemand sie versteht. Man kann nicht einmal darüber sprechen, und solcher Art sind die Erfahrungen des Kundalini-Yoga. Die Neigung, Dinge geheimzuhalten, ist eine natürliche Folge, wenn eine Erfahrung so speziell ist, daß Sie lieber nicht darüber reden, weil Sie sich dann den größten Mißverständnissen und Mißdeutungen aussetzen würden. Selbst wenn es sich um eine dogmatisch anerkannte Erfahrung von Dingen handelt, die schon eine bestimmte Form haben, spüren Sie, solange der ursprüngliche Eindruck einer solchen Erfahrung noch frisch und lebendig ist, daß Sie besser dabei bleiben, sie zu verbergen. Sie fühlen, daß solche Dinge nicht passend sind, daß sie womöglich einen zerstörerischen Einfluß auf die Überzeugungen der *Mūlādhāra*-Welt haben.

Denn die Überzeugungen der *Mūlādhāra*-Welt sind sehr nötig. Es ist außerordentlich wichtig, daß Sie rational denken und an die Eindeutigkeit unserer Welt glauben und auch daran, daß diese Welt einen geschichtlichen Höhepunkt darstellt und höchst erstrebenswert ist. Diese Überzeugung ist absolut lebensnotwendig. Denn sonst bleiben sie vom *Mūlādhāra* getrennt – Sie kommen nie dorthin, sind nicht einmal geboren. Es gibt eine Menge Leute, die noch nicht geboren sind. Sie scheinen alle hier zu sein, laufen herum – doch in Wirklichkeit sind sie noch nicht geboren, weil sie hinter einer Glaswand sitzen, sie sind noch im Mutterleib. Sie sind nur aus Pflicht auf der Welt und werden bald ins Pleroma zurückgeschickt, wo sie ursprünglich herkamen. Sie haben keine Verbindung mit dieser Welt aufgenommen; sie hängen in der Luft, sind neurotisch und leben nur provisorisch. Sie sagen sich: «Ich lebe jetzt unter diesen oder jenen Bedingungen. Wenn meine Eltern sich nach meinen Wünschen richten, bleibe ich. Wenn etwas passiert, was ich nicht will, nehme ich meinen Hut.» Sehen Sie, das ist ein provisorisches, ein bedingtes Leben, das Leben eines Menschen, der noch immer mit einer Nabelschnur so dick wie ein Schiffstau an das Pleroma, die archetypische Glanzwelt gebunden ist. Es ist nun aber sehr wichtig, daß Sie geboren werden; Sie sollen in diese Welt kommen, denn sonst können Sie das Selbst nicht verwirklichen und verfehlen den Zweck dieser Welt. Dann müssen Sie schlicht in den Schmelztiegel zurückgeworfen und wiedergeboren werden.

Die Hindus haben eine höchst interessante Theorie darüber. Ich bin nicht sehr gut in Metaphysik, aber ich muß zugeben, daß in der Metaphysik ein guter Teil Psychologie steckt. Sehen Sie, es ist äußerst wichtig, auf dieser Welt zu sein, die eigene Entelechie wirklich zu erfüllen, den Keim des Lebens, der man ist. Sonst können Sie die Kundalini niemals in Bewegung setzen, Sie können sich nicht loslösen. Sie werden einfach zurückgeworfen, und nichts ist geschehen – die Erfahrung war absolut wertlos. Sie müssen an diese Welt glauben, Wurzeln schlagen, Ihr Bestes tun, selbst wenn Sie an die absurdesten Dinge glauben müssen, zum Beispiel daran, daß diese Welt eindeutig ist, daß es absolut darauf ankommt, ob dieser oder jener Vertrag gemacht wird oder nicht. Es mag vollkommen unnütz sein, aber Sie müssen daran glauben und es fast zur religiösen Überzeugung machen, rein zu dem Zweck, Ihre Unterschrift unter den Vertrag zu setzen, damit eine Spur von Ihnen bleibt. Denn Sie sollten auf dieser Welt eine Spur hinterlassen, damit man weiß, daß Sie hier waren, daß etwas passiert ist. Wenn nichts dieser Art geschieht, haben Sie sich nicht verwirklicht; der Same des Lebens ist sozusagen in eine dicke Luftschicht gefallen, die ihn in der Schwebe gehalten hat. Er hat den Boden nie berührt und konnte so auch die Pflanze nicht hervortreiben. Aber wenn Sie mit der Wirklichkeit in Berührung kommen, in der Sie leben, und wenn Sie einige Jahrzehnte dableiben und Spuren hinterlassen, dann kann der unpersönliche Prozeß beginnen. Der Schößling muß aus dem Boden kommen, und wenn der persönliche Funke nie in den Boden gebracht wurde, wird daraus nichts hervorwachsen; es wird kein *Lingam* und keine Kundalini geben, weil Sie immer noch in der Unendlichkeit sind, die vorher war.

Wenn es Ihnen nun, wie gesagt, gelingt, Ihre Entelechie zu vollenden, wird dieser neue Trieb aus dem Boden kommen: nämlich die Möglichkeit einer Loslösung von dieser Welt – der Welt der *Māyā*, wie die Hindus sagen würden –, was eine Art Entpersönlichung ist. In *Mūlādhāra* sind wir mit dem Persönlichen identisch. Wir sind in den Wurzeln verfangen, wir sind selbst die Wurzeln. Wir schlagen Wurzeln, wir produzieren Wurzeln, wir sind im Boden verwurzelt, und es gibt für uns kein Entkommen, denn wir müssen dort sein, solange wir leben. Die Idee, wir könnten uns selbst sublimieren und völlig spirituell werden, ohne daß ein Haar zurückbleibt, ist eine Inflation. Das ist leider unmöglich und macht keinen Sinn. Deshalb müssen wir ein neues Schema erfinden, und so sprechen wir vom Unpersönlichen. Andere Zeiten mögen für dieselbe Sache andere Begriffe bilden.

Wissen Sie, in Indien sagen die Leute nicht «persönlich» und «unpersönlich», «subjektiv» und «objektiv», «Ich» und «Nicht-Ich». Sie sprechen von

Buddhi, dem persönlichen Bewußtsein, und Kundalini, was etwas anderes ist; sie würden beides nicht im Traum gleichsetzen. Sie würden niemals denken, daß sie selbst Kundalini sind. Ganz im Gegenteil: sie können das Göttliche erfahren, weil sie sich der gänzlichen Unterschiedenheit von Gott und Mensch zutiefst bewußt sind. Wir sind mit dem Göttlichen von Anfang an identisch, weil unsere Götter, sofern sie nicht einfach bewußte Abstraktionen sind, bloße Keime oder sozusagen Funktionen sind. Das Göttliche in uns funktioniert wie eine Neurose von Magen, Darm oder Blase – als Störung in unserer körperlichen Unterwelt. Unsere Götter haben sich schlafen gelegt, und sie rühren sich nur in den Eingeweiden der Erde.[171] Unsere bewußte Vorstellung von Gott ist abstrakt und abgehoben. Man wagt kaum, darüber zu reden. Sie ist zu einem Tabu geworden oder zu einer so abgegriffenen Münze, daß man nichts mehr dafür bekommt.

Der Kundalini-Yoga nun mit seinem Chakren-System symbolisiert die Entwicklung dieses unpersönlichen Lebens. Er stellt daher zugleich auch eine Initiationssymbolik dar und den kosmogonischen Mythos. Ich will Ihnen ein Beispiel nennen. Nach einem Mythos der Pueblos wurde der Mensch tief unten in der Erde in einer pechschwarzen Höhle erzeugt. Nach einer unermeßlich langen Zeit schlafenden und vollkommen dunklen, wurmgleichen Lebens kamen zwei Himmelsboten herab und setzten alle Pflanzen in die Erde. Schließlich fanden sie eine Stange und gelangten durch die Öffnung im Dach der Höhle zu den Menschen; diese konnten daran hinaufklettern und erreichten so die nächste Höhle, die aber auch noch dunkel war. Dann, wiederum nach langer Zeit, kletterten sie, abermals mit Hilfe der Stange, in die nächste Höhle hinauf. Als sie endlich die vierte und oberste Höhle erreichten, fanden die Menschen dort wohl Licht, aber es war sehr dämmrig. Diese Höhle öffnete sich zur Erdoberfläche; es war dort aber noch dunkel. Da lernten sie, wie man ein helles Licht macht, aus dem schließlich Sonne und Mond gebildet wurden.

Dieser Mythos zeigt sehr schön, wie das Bewußtsein entstand, wie es sich von einer Stufe zur nächsten erhebt. Diese Stufen waren Chakren, neue Welten von natürlich wachsendem Bewußtsein, eine über der anderen. Und dar-

171 In seinem «Kommentar zu ‹Das Geheimnis der Goldenen Blüte›» (1929) schrieb Jung: «Die Götter sind Krankheiten geworden, und Zeus regiert nicht mehr den Olymp, sondern den plexus solaris und verursacht Kuriosa für die ärztliche Sprechstunde ...» (*GW* 13, § 54). Zu einer neuen Sicht dieser oft zitierten Bemerkung siehe Wolfgang Giegerich, «Tötungen», in *Gewalt – Warum?* herausgegeben von Peter M. Pflüger, Olten: Walter 1992, S. 218 f.

in besteht die Symbolik aller Initiationskulte: das Erwachen aus dem *Mūlādhāra*-Zustand, das Hineingehen ins Wasser; der Taufbrunnen mit der Gefahr des *Makara*; der verschlingende Charakter des Meeres.

Wenn Sie diese Gefahr überstanden haben, erreichen Sie das nächste Chakra, *Manipūra*, die Juwelenfülle. Es ist das Feuerzentrum, der Ort des Sonnenaufgangs. Jetzt zeigt sich die Sonne, das erste Licht nach der Taufe. Ähnlich schildert APULEIUS die Isismysterien, bei denen der Eingeweihte am Ende der Zeremonie auf ein Piedestal gestellt und als der Gott Helios verehrt wurde; auf das Taufritual folgt immer die Vergöttlichung.[172] Man wird in ein neues Leben geboren; der Getaufte erhält einen neuen Namen und ist ein neuer Mensch.

Man kann dies sehr schön beim katholischen Taufritus sehen, wenn der Pate das Kind hält und der Priester mit der brennenden Kerze kommt und sagt: *Dono tibi lucem aeternam* – ich gebe dir das ewige Licht. Das bedeutet nichts anderes als: ich gebe dir Verwandtschaft mit der Sonne, dem Gott. Du bekommst eine unsterbliche Seele, die du vorher nicht hattest; nun bist du ein «zweifach Geborener». CHRISTUS erhält seinen Auftrag und den Geist Gottes bei seiner Taufe im Jordan. Erst nach der Taufe ist JESUS der CHRISTUS, das heißt der Gesalbte. Auch er ist «zweifach geboren». Er steht nun über dem sterblichen Menschen JESUS, dem Sohn eines Zimmermanns. Als CHRISTUS ist er jetzt eine nicht-persönliche, symbolische Persönlichkeit, nicht mehr nur eine Person, die zu einer bestimmten Familie gehört. Er gehört der ganzen Welt, und sein Leben zeigt deutlich, daß diese Rolle sehr viel wichtiger ist als die Rolle des Sohns von Maria und Joseph.

Manipūra ist also das Zentrum der Identifikation mit dem Gott. Durch die unsterbliche Seele werden wir Teil des göttlichen Wesens. Wir haben schon Anteil an der Ewigkeit und gehören nicht mehr in den dreidimensionalen Raum; wir gehören zu einer vierten Dimension, in der es keinen Raum und keine Zeit gibt, sondern nur unendliche Dauer – Ewigkeit.

Diese uralte Symbolik ist weltweit anzutreffen, nicht nur in der christlichen Taufe oder den Isismysterien. In der Religion des alten Ägypten geht zum Beispiel der verstorbene Pharao in die Unterwelt und besteigt die Sonnenbarke. Sich der Göttlichkeit anzunähern heißt also, der Nichtigkeit der persönlichen Existenz zu entfliehen und ewiges Leben zu erlangen; man flieht in eine zeitlose Existenzform. Der Pharao steigt in die Sonnenbarke

172 LUCIUS APULEIUS, *Der Goldene Esel*, Zürich: Manesse 1960.

und reist in die Nacht und besiegt die Schlange; dann erhebt er sich mit dem Gott und bewegt sich in alle Ewigkeit durch die Himmel. Diese Vorstellung verbreitete sich in späteren Jahrhunderten, so daß auch die Edelleute, die dem Pharao besonders nahestanden, in die Barke des Sonnengottes Ra zu gelangen vermochten. Man findet daher viele Mumien in den Pharaonengräbern, die dort in der Hoffnung beigesetzt wurden, daß sie mit den Herrschern auferstehen können. In einem frisch ausgehobenen Grab in Ägypten sah ich etwas, das mich sehr berührt hat. Gerade bevor das Grab dieses betreffenden Adeligen wieder geschlossen wurde, hatte einer der Arbeiter ein kurz zuvor verstorbenes Baby in einem ärmlichen kleinen Weidenkorb mit ein paar Kleidungsstücken am Eingang abgestellt, damit das Baby – vermutlich sein eigens Kind – zusammen mit dem Adeligen am Tag des Gerichts auferstehen konnte. Er hatte sich mit seiner eigenen Nichtigkeit abgefunden, aber wenigstens sein Kind sollte zur Sonne gelangen. Darum heißt dieses dritte Zentrum zu Recht die Juwelenfülle. Der ganze Reichtum der Sonne, die nie endende Fülle der göttlichen Macht ist darin enthalten, die der Mensch durch die Taufe erlangt.

Aber all dies ist natürlich immer noch Symbolik. Wir kommen nun zur psychologischen Deutung, die nicht so leicht ist wie die symbolische oder vergleichende Methode.[173] Es ist viel schwieriger, *Manipūra* vom psychologischen Standpunkt aus zu verstehen. Wenn jemand von der Taufe träumt oder daß er ins Bad oder ins Wasser geht, weiß der Betreffende, was das für ihn bedeutet, wenn er gerade eine Analyse macht: er wird ins Unbewußte gestoßen, um gereinigt zu werden; um der seelischen Erneuerung willen muß er ins Wasser gehen. Doch es bleibt im Dunkeln, was nach dem Bad kommt. Es ist sehr schwierig, in psychologischen Begriffen zu erklären, was die Folge der Bekanntschaft mit dem Unbewußten sein wird. Haben Sie eine Idee? Aber Achtung, diese Frage ist nicht leicht zu beantworten; Sie werden aus einem psychologischen Grund geneigt sein, eine abstrakte Antwort zu geben.

Dr. Reichstein: Man könnte sagen, daß die alte Welt verbrennt.

Dr. Jung: Das ist nicht direkt abstrakt, aber sehr allgemein und aus sicherer Entfernung gesagt.

Dr. Reichstein: Die alten Konventionen und Vorstellungen zerbrechen.

173 Gemeint ist der Gegensatz zu Hauers Interpretationsweise.

Dr. Jung: O ja, unsere ganze Weltanschauung kann sich radikal verändern, aber das ist noch kein Beweis dafür, daß Sie *Manipūra* erreicht haben.

Dr. Reichtstein: Aber ist *Manipūra* nicht ein Symbol für Feuer, für das Verbrannte?

Dr. Jung: Nun, es ist nicht nur ein destruktives Symbol; es bedeutet eher eine Energiequelle. Aber Sie haben ganz recht – das Feuer hat immer einen Anflug von Destruktivität an sich; die bloße Erwähnung von Feuer reicht aus, um die Vorstellung von Zerstörung anzuregen. Und genau hier rühren Sie an die Angst, die zur Abstraktion führt. Wir werden leicht abstrakt, wenn wir etwas, das uns zu heiß ist, nicht berühren wollen.

Frau Hannah: Ist man dann einfach nicht in der Lage, die Gegensätze gleichzeitig zu sehen?

Dr. Jung: Das ist nett gesagt, sehr abstrakt, aber Sie könnten es deutlicher bezeichnen.

Frau Sawyer: In ihren Visionen kam die Patientin an einen Ort, wo sie das Feuer aushalten mußte, und dann fielen die Sterne herab.[174] Damit begann das Unpersönliche.

Dr. Jung: Ganz richtig, hier haben wir eine Verbindung.

Dr. Bertine: Ist es nicht die Fähigkeit, vollständiger zu leben? Eine größere Intensität des bewußten Lebens?

Dr. Jung: Wir glauben, daß wir ganz bewußt und mit großer Intensität leben. Was ist die nächste Auswirkung, wenn man das Unbewußte kennenlernt und es ernst nimmt? Wie Sie sehen, sind Sie nicht geneigt, es ernst zu nehmen; Sie denken sich eine apotropäische Theorie aus, die besagt, daß das Unbewußte «nichts als» ist – nichts als infantile Erinnerungen und unerfüllte Wünsche zum Beispiel. Warum akzeptieren Sie eine solche Theorie? In Wirklichkeit ist es etwas ganz anderes.

Frau Crowley: Es bedeutet, mit dem Schatten in Berührung zu kommen.

Dr. Jung: Das ist ebenfalls passend ausgedrückt, aber was heißt das?

Frau Sigg: Isolation.

Dr. Jung: Das könnte die Folge davon sein, aber was ist das Schreckliche, das uns in die Isolation führt?

Frau Crowley: Es ist die Begierde, unsere ganze Schattenseite.

174 Siehe *The Visions Seminar*, Bd. 5, 9. März 1932, S. 114.

Dr. Jung: Ja, die Begierden und Leidenschaften, die ganze emotionale Welt bricht hervor. Sexualität, Machtstreben, jeder Teufel in unserer Natur bricht aus, wenn wir Bekanntschaft mit dem Unbewußten machen. Dann werden Sie plötzlich ein ganz neues Bild von sich selbst sehen. Aus diesem Grund haben die Leute Angst und sagen, es gibt kein Unbewußtes; sie spielen Verstecken wie die Kinder: eins stellt sich hinter die Tür und ruft «Niemand ist hier, schaut nicht her». Und so haben wir zwei wunderbare psychologische Theorien, daß nichts hinter der Tür ist; guckt nicht hin, da ist nichts Wichtiges.[175] Das sind apotropäische Theorien. Aber Sie werden sehen, daß da etwas ist, und Sie müssen zugeben, daß es solche Mächte gibt. Dann machen Sie Abstraktionen, wunderbare abstrakte Zeichnungen davon und sprechen nur noch in scheuen Hinweisen darüber. Sie reden euphemistisch, so wie die Seeleute, die sich auch nie zu sagen getrauen: «Zur Hölle mit dieser verdammten See, dieses schwarze Wasser ist immer so verdammt stürmisch und macht uns die Schiffe kaputt.» Stattdessen sagen sie: «Das wohlwollende, einladende Meer...», um diesen erschreckenden Eindruck nicht aufkommen zu lassen und die dunklen Winddämonen nicht aufzuregen. Statt «Erzbischof von Canterbury» zu sagen, sagt man «Euer Gnaden». Sie sagen nicht, der Papst hat eine sehr törichte Enzyklika herausgegeben, sondern der Vatikan. Oder statt von diesen abscheulichen Lügnern zu sprechen, sagen Sie «Wilhelmstraße», «Downing Street» oder «Quai d'Orsay». Das ist die schönfärberische abstrakte Art, die Dinge auszudrücken. Unsere Wissenschaft macht das auch, indem sie lateinische oder griechische Wörter verwendet. Das ist ein herrlicher Schutzschild gegen die Dämonen – die Dämonen mögen Griechisch nicht, weil sie es nicht verstehen. Und deshalb reden wir in Abstraktionen, wie Sie gerade bewiesen haben.

Sie kommen also nun in die Welt des Feuers, wo die Dinge glühend heiß werden. Nach der Taufe kommen Sie direkt in die Hölle – das ist die Enantiodromie. Und hier haben wir die Paradoxie des Ostens: die Hölle ist auch die Juwelenfülle. Was sind die Leidenschaften und die Emotionen? Sie sind die Quelle des Feuers, da ist die Fülle der Energie. Ein Mensch, der nicht in Brand steht, ist nichts; er ist flach, lächerlich, zweidimensional. Er muß brennen, auch wenn er sich zum Narren macht. Irgendwo muß eine Flamme sein, sonst gibt es kein Licht, keine Wärme, nichts. Das ist sicherlich sehr unangenehm; es ist schmerzhaft, konfliktreich, anscheinend eine reine Zeitver-

175 Das bezieht sich auf Freuds Psychoanalyse und Adlers Individualpsychologie.

schwendung; auf jeden Fall ist es gegen jede Vernunft. Doch die verflixte Kundalini sagt: «Das ist die Juwelenfülle; hier ist die Energiequelle.» Schon HERAKLIT sagte ganz richtig: Der Krieg ist der Vater aller Dinge.

Dieses dritte Zentrum, das Zentrum der Emotionen, befindet sich im Solarplexus, der Mitte des Leibes. Ich sagte ja schon, daß meine erste Entdekkung beim Kundalini-Yoga darin bestand, daß die Chakren tatsächlich das betreffen, was wir psychische Lokalisation nennen. Dieses Zentrum wäre die erste psychische Lokalisation innerhalb unseres Bewußtseinsbereiches. Ich muß mich wieder auf meinen Freund, den Pueblo-Häuptling beziehen, der meinte, alle Amerikaner wären verrückt, weil sie überzeugt waren, daß sie im Kopf denken. Er sagte: «Wir denken doch in unserem Herzen.» Das ist *Anāhata*.[176] Dann gibt es primitive Stämme, die ihre psychische Lokalisation in den Bauch verlegen. Das gilt auch für uns: eine bestimmte Kategorie von seelischen Geschehnissen ereignet sich im Magen. Deshalb sagen wir: «Es liegt mir etwas auf dem Magen.» Wenn man sich sehr ärgert, bekommt man Gelbsucht; wenn man Angst hat, hat man Durchfall, oder in einer besonders störrischen Laune ist man verstopft. Hieran sehen Sie, was psychische Lokalisation heißt.

Im Bauch zu denken weist auf eine Zeit hin, in der das Bewußtsein der Menschen so schwach war, daß sie nur das bemerkten, was ihre körperlichen Funktionen störte; alles andere existierte nicht, weil es keinen Eindruck auf sie machte. Bei den australischen Ureinwohnern finden wir immer noch Spuren dieses Denkens; sie haben die seltsamsten Zeremonien, um sich etwas einzuprägen. Ich erzählte Ihnen von der Zeremonie, einen Mann wütend zu machen; in anderer Form sieht man solche Dinge bei allen primitiven Stämmen. Bevor sie sich zur Jagd entschließen können, muß zum Beispiel eine ganze Zeremonie abgehalten werden, um sie in Jagdfieber zu bringen; sonst können sie nicht jagen. Sie müssen durch irgend etwas angeregt werden. Das hat dann nicht nur mit den Eingeweiden zu tun, sondern mit dem ganzen Körper.

Vor fünfzig Jahren benutzten auch bei uns die Schulmeister noch diese primitive Methode, ich habe sie an mir selbst erfahren. Uns Kindern wurde das ABC mit einer Peitsche eingebläut. Ich saß mit sieben anderen Jungen auf einer Bank, und der Schulmeister hatte eine Peitsche mit drei Weidenruten,

176 HAUER beschrieb das *Anāhata*-Chakra als «Lotus des Herzens, welches das eine, das nicht verletzt worden ist und nicht verletzt werden kann, bedeutet.» (*HS*, S. 69)

die gerade lang genug war, um alle Rücken auf einmal zu streifen. Er sagte: «Das ist A» (ein Schlag), «Das ist B» (ein Schlag) – Sie sehen, die alten Lehrmethoden bestanden darin, körperliche Empfindungen auszulösen. Es war nicht sehr schmerzhaft, denn wenn der Lehrer auf acht Rücken gleichzeitig schlug, krümmte man sich und bekam nicht so viel ab. Aber es machte Eindruck; die Jungen setzten sich tatsächlich auf und hörten zu. Wenn man nur um freundliche Aufmerksamkeit bittet, hört niemand hin; man wird für einen blöden Kerl gehalten. Aber wenn man mit der Peitsche knallt und dazu sagt: «Das ist A», dann kriegen sie es mit.

Aus demselben Grund werden bei den Initiationsriten der Primitiven Wunden zugefügt, wenn den Initianten die Geheimnisse, die mystischen Lehren des Stammes, übergeben werden. Man bereitet ihnen dabei intensive Schmerzen, indem man ihnen in die Haut schneidet und Asche in die Wunden streut. Man läßt sie hungern oder läßt sie nicht schlafen oder erschrickt sie zu Tode. Dann erhalten sie die Geheimlehre, und sie prägt sich ihnen ein, weil Schmerzen und physische Unannehmlichkeiten damit verbunden waren.

Wie gesagt, die erste psychische Lokalisation, die uns bewußt ist, befindet sich im Bauch. Dessen, was weiter unten liegt, sind wir uns nicht bewußt. Ich kenne keine primitive Psychologie, in der die Leute ihre Psyche in die Blase verlegen. Das nächste wäre dann das Herz, ein sehr eindeutiges Zentrum, das auch bei uns noch funktioniert. Wir sagen zum Beispiel, daß wir etwas im Kopf, aber nicht im Herzen wissen. Zwischen Kopf und Herz liegt eine enorme Distanz; zehn, zwanzig, dreißig Jahre oder ein ganzes Leben können dazwischen liegen. Sie wissen vielleicht seit vierzig Jahren etwas im Kopf, das Ihr Herz nie berührt hat. Doch erst, wenn Sie es im Herzen begriffen haben, nehmen Sie Notiz davon. Und vom Herzen hinunter zum Solarplexus liegt eine gleich große Distanz, und da sind Sie dann gefangen. Denn da haben Sie überhaupt keine Freiheit; dort gibt es keine Luft, sondern nur Knochen und Muskeln und Blut. Sie sind in den Eingeweiden und funktionieren wie ein hirnloser Wurm. Im Herzen jedoch sind Sie über der Erde. Das Zwerchfell würde ungefähr der Erdoberfläche entsprechen. Unten im *Manipūra* befinden Sie sich in der schrecklichen Hitze des Erdinnern. Hier gibt es nur das Feuer der Leidenschaft, der Wünsche, der Illusionen. Es ist das Feuer, von dem Buddha in seiner Predigt in Benares spricht. Dort sagt er: Die ganze Welt steht in Flammen, eure Ohren, eure Augen, alles brennt vom Feuer der Begierde. Das ist das Feuer der Illusion, denn ihr begehrt nutzlose Dinge. Und doch ist dort der große Schatz der befreiten emotionalen Energie.

Wenn also die Menschen in Berührung mit dem Unbewußten kommen, geraten sie oft in einen außergewöhnlichen Zustand. Sie lodern auf, explodieren, alte, begrabene Emotionen kommen hoch, sie weinen über Dinge, die vierzig Jahre vorher geschehen sind. Das bedeutet einfach, daß sie sich vorzeitig von dieser Lebensstufe gelöst haben; sie haben vergessen, daß es vergrabene Feuer gibt, die noch brennen. Sie waren sich dessen nicht bewußt, doch wenn sie die unteren Zentren berühren, kehren sie zurück in jene Welt und merken, daß es da noch heiß ist, wie von einem Feuer, das unter der Asche zurückgelassen wurde. Entfernt man die Asche, ist darunter noch Glut wie bei den Mekkapilgern, die ihre Feuer unter der Asche begraben zurücklassen; wenn sie im nächsten Jahr wiederkommen, glühen die Kohlen noch.

Mit *Manipūra* haben wir aber eine höhere Schicht erreicht, wo eine ausgesprochene Wandlung stattfindet.[177] Die Lokalisation dieses Chakras unterhalb des Zwerchfells symbolisiert diese besondere Wandlung. Über dem Zwerchfell kommen Sie zum *Anāhata,* dem Herz- oder Luftzentrum; das Herz ist ja in die Lungen eingebettet, seine ganze Aktivität ist eng mit den Lungen verbunden. Man muß naiv genug sein, um diese Dinge zu verstehen. Im primitiven Erleben gehören Herz und Lunge zusammen, und es ist tatsächlich eine physiologische Wahrheit. Wir verstehen jetzt mehr oder weniger, was *Manipūra* psychologisch bedeutet, aber nun machen wir einen großen Sprung zum *Anāhata.* Was passiert psychologisch, nachdem Sie in die Hölle gefallen sind? Wenn Sie im Strudel der Leidenschaften, Instinkte, Begierden und so weiter gelandet sind, was folgt danach?

Frau Crowley: Normalerweise eine Enantiodromie; irgendein Gegenteil wird jetzt konstelliert, eine Vision vielleicht, oder es folgt etwas Unpersönlicheres.

Dr. Jung: Eine Enantiodromie, die Entdeckung von etwas Unpersönlichem? Mit anderen Worten: man identifiziert sich nicht mehr mit seinen Begierden. Wir müssen nun aber bedenken, daß es schwer ist, über diese Dinge zu sprechen, weil die meisten Menschen noch mit *Manipūra* identisch sind. Es ist außerordentlich schwierig, herauszufinden, was dahinter ist. Deshalb müssen wir noch ein bißchen bei der Symbolik bleiben. Das nächste Zentrum hat, wie gesagt, mit der Luft zu tun. Das Zwerchfell entspräche der

177 Im Manuskript «Die Beschreibung der beiden Centren Shat-Chakra-Nirūpana» beschreibt Jung *Manipūra* als «Centrum des körperlichen Menschen, carnivores». (S. 2)

Erdoberfläche, und wenn wir zum *Anāhata* kommen, erreichen wir anscheinend einen Zustand, in dem wir von der Erde abgehoben werden. Was ist passiert? Wie kommen wir da überhaupt hin? Sehen Sie, in *Manipūra* wissen wir noch nicht, wo wir sind; wir sind nämlich auch in *Mūlādhāra*, zumindest stehen unsere Füße noch in *Mūlādhāra*. In *Anāhata* aber werden sie hochgehoben über die Oberfläche der Erde. Was könnte uns, wörtlich genommen, über die Erde emporheben?

Dr. Meier: Der Wind.

Dr. Jung: Ja, das wäre innerhalb der Symbolik, aber es gibt etwas anderes, das die Sache etwas einfacher machen würde.

Dr. Bertine: Eine Art Destillation?

Dr. Jung: Das ist eine gute Idee, die uns direkt zur alchemistischen Symbolik führt. Der Alchemist nennt diesen Vorgang Sublimierung. Doch wenn wir bei der Symbolik bleiben, über die wir heute gesprochen haben?

Herr Allemann: Die Sonne erhebt sich über den Horizont.

Dr. Jung: Ja, in der ägyptischen Symbolik steigen wir mit der Sonne über den Horizont empor. Wenn wir mit der Sonne gleich sind, erheben wir uns in der Sonnenbarke über den Horizont und fahren über den Himmel. Die Sonne ist eine höhere Macht. Wenn Sie ein Anhang des Pharao sind, kann die Sonne Sie in eine beinahe göttliche Position anheben. Die Berührung mit der Sonne in *Manipūra* trägt Sie in eine Sphäre über der Erde. Das kann auch der Wind tun, denn im primitiven Glauben ist der Geist eine Art Wind.

Deshalb haben wir in vielen Sprachen dasselbe Wort für Wind und Geist, zum Beispiel *spiritus*, wobei *spirare* blasen oder atmen bedeutet. *Animus*, Geist, kommt vom griechischen Wort *anemos*, Wind; und *pneuma*, Geist, ist ebenfalls ein griechisches Wort für Wind. Im Arabischen ist *ruch* der Wind oder die Seele des Geistes; im Hebräischen bedeutet *ruach* auch Geist und Wind. Die Verbindung zwischen Wind und Geist beruht darauf, daß der Geist ursprünglich als der Atem vorgestellt wurde, als die Luft, die man ein- oder ausatmet. Mit dem letzten Atemzug des Menschen verläßt sein Geist den Körper. So würden Sie also entweder von einem magischen Wind oder von der Sonne emporgehoben. Und wo kommen diese beiden Dinge zusammen? Vielleicht erinnern Sie sich noch aus der analytischen Literatur an diesen höchst interessanten Fall.

Frau Sawyer: Blasen nicht die Primitiven in ihre Hände und beten dann die aufgehende Sonne an?

Dr. Jung: Das ist Identifizierung mit der Sonne, es ist nicht das, was ich meine. Ich habe aber ein Beispiel für die Analogie von Wind und Sonne veröffentlicht.

Herr Baumann: Die Sonne ist manchmal der Ursprung des Windes.

Dr. Jung: Genau. Sie erinnern sich an den Fall des Geisteskranken, der eine Art Rohr von der Sonne herabhängen sah. Er nannte es den «Sonnenphallus», und der machte den Wind. Das zeigt, daß Sonne und Wind dasselbe sind.[178]

Herr Baumann: Ich glaube, es gibt einen griechischen Mythos, der von Stimmen berichtet, die vor Sonnenaufgang zu hören sind.

Dr. Jung: Es ist die Gestalt des Memnon in Ägypten, der einen seltsamen Laut hervorbringen soll, wenn die Sonne aufgeht; nach der griechischen Sage ist Memnon der Sohn von Aurora, der Morgenröte. Wenn es also hell wird, begrüßt er seine Mutter. Aber es handelt sich hier nicht direkt um Wind und Sonne. Die Symbolik erzählt uns, was in *Anāhata* geschieht. Doch das ist nicht psychologisch gedacht, wir befinden uns noch im Bereich der Mythologie; wir sollten jedoch herausfinden, was das psychologisch bedeutet. Wie gelangen Sie über das *Manipūra* hinaus, über die Welt Ihrer Emotionen?

Frau Hannah: Man gerät in eine Inflation und identifiziert sich mit dem Gott.

Dr. Jung: Das kann sein, diese Erfahrung wirkt sehr inflationierend, aber wir sprechen hier vom Normalfall. Wir gehen davon aus, daß die Stufen der Kundalini die üblichen Stufen sind, weil dahinter die Erfahrung von Tausenden von Jahren steht.

Herr Baumann: Wenn Sie sehr emotionsgeladen sind, versuchen Sie sich zum Beispiel musikalisch oder poetisch auszudrücken.

178 In *Wandlungen und Symbole der Libido* (1912) zitiert Jung die Entdeckung der Halluzination eines Patienten durch seinen Schüler Johann Honegger: «Der Kranke sieht an der Sonne einen sogenannten ‹Aufwärts-Schwanz› (d. h. soviel wie einen erigierten Penis). Wenn der Kranke mit dem Kopf hin- und herwackelt, so schwankt auch der Sonnenpenis hin und her, und daraus entsteht der Wind. Diese sonderbare Wahnidee blieb uns so lange unverständlich, bis ich die Visionen der Mithrasliturgie kennenlernte.» (C. G. Jung, *Wandlungen und Symbole der Libido,* 3. Aufl., Leipzig und Wien: Deuticke 1938, S. 94) 1927 schrieb Jung, er habe diese Beobachtung 1906 gemacht und sei 1910 auf Albrecht Dietrichs Buch *Eine Mithrasliturgie* (Leipzig 1903) gestoßen, was die Möglichkeit der Kryptomnesie (das Aufleben vergessener Erinnerungen) oder Telepathie ausschloß und dadurch den Beweis für das kollektive Unbewußte lieferte. Die Herausgeber bemerkten dazu, Jung habe erst später erfahren, daß es sich bei der Ausgabe von 1910 um eine zweite Auflage handelte und das Buch schon 1903 erschienen war. Auch sei der betreffende Patient schon vor 1903 hospitalisiert gewesen. (*GW* 8, § 318 f., Anm. 5)

DR. JUNG: Sie meinen, die Emotionen bringen eine bestimmte Äußerung hervor. Doch Emotionen führen immer zu Äußerungen. Sie können alle möglichen Dinge äußern, wenn Sie in Ihren Emotionen gefangen sind. Aber Sie stehen noch nicht darüber.

FRAU MEHLICH: Vielleicht fangen wir an zu denken?

DR. JUNG: Ganz richtig.

DR. REICHSTEIN: Es heißt, daß hier *Purusha*[179] geboren wird; hier würde sich also erstmals die Idee des Selbst vollständiger zeigen.

DR. JUNG: Ja, aber wie würde sich das in Psychologie zeigen? Wir müssen nun versuchen, diese Sache mit den psychologischen Tatsachen in Verbindung zu bringen.

DR. REICHSTEIN: Wir werden uns einer unpersönlichen Seite bewußt.

DR. JUNG: Ja, wir fangen an nachzudenken, zu urteilen, die Dinge zu betrachten, und das ist der Beginn einer Art des Sich-Zusammen-Ziehens oder des Rückzugs von der rein emotionalen Funktion. Statt wild unseren Impulsen folgen, fangen wir an, uns bestimmte Zeremonien auszudenken, durch die wir von unseren Emotionen Abstand nehmen oder sie tatsächlich überwinden können. Man hält in einer wilden Laune inne und fragt sich plötzlich: «Warum benehme ich mich eigentlich so?»

Die Symbolik dafür finden wir in diesem Zentrum. Im *Anāhata* erblicken Sie den *Purusha*, eine winzige Gestalt, die das göttliche Selbst verkörpert, das nicht identisch ist mit reiner Kausalität, Natur oder bloßem Loslassen von Energie, die ohne Sinn und Zweck blind abläuft.[180] Man verliert sich vollkommen in den Emotionen und erschöpft sich dabei, und schließlich verbrennt man und nichts bleibt übrig – nur ein Häufchen Asche. Beim Wahnsinn passiert dasselbe: die Menschen geraten in einen bestimmten Zustand und können nicht wieder herausgelangen. Sie verbrennen in ihren Emo-

179 WOODROFFE definierte *Purusha* als ein «Zentrum für das begrenzte Bewußtsein, d. h. für das mit der Prakriti und ihren Edukten (Seele und Stoff) assoziierte – und dadurch begrenzte – Bewußtsein. Im volksüblichen Sinne versteht man unter Purusha [...] ein mit einem Körper und mit Sinnesorganen behaftetes Lebewesen – d. h. organisches Leben.» (ARTHUR AVALON, *Die Schlangenkraft*, S. 36) SURENDRANATH DASGUPTA definierte *Purusha* als Geist (*Yoga as Philosophy and Religion*, London 1924, S. 3) und als das «Bewußtsein selbst». (Ebenda, S. 173)

180 In seinem Kommentar zu PATAÑJALIS *Yoga-Sūtras* stellt JUNG in bezug auf die Übersetzung des Begriffes *Purusha* fest: «Deussen bezeichnet ihn als ‹das von allem Objectiven freie Subject des Erkennens›. Ich habe Zweifel an dieser Definition – sie ist zu logisch, und der Osten ist nicht logisch; er ist beobachtend und intuitiv. Es ist also besser, den *Purusha* als den Urmenschen oder den Lichtmenschen zu beschreiben.» (*Modern Psychology* 3, S. 121)

tionen und explodieren. Es gibt jedoch eine Möglichkeit, sich davon zu lösen, und wenn man sie entdeckt, wird man wirklich Mensch. In *Manipūra* lebt man im Schoß der Natur, in einem rein automatischen Prozeß. In *Anāhata* aber kommt etwas Neues, nämlich die Möglichkeit, sich über das emotionale Geschehen zu erheben und es wahrzunehmen. Man entdeckt *Purusha*, den Däumling, im eigenen Herzen; er ist «kleiner als klein und größer als groß».[181] Im Zentrum von *Anāhata* finden wir wieder Shiva in Gestalt eines *Lingam*, und die kleine Flamme bedeutet das erste keimhafte Erscheinen des Selbst.

MR. DELL: Ist der Prozeß, den Sie beschreiben, in psychologischer Sprache der Beginn der Individuation?

DR. JUNG: Ja, es ist der Rückzug von den Emotionen, Sie sind nicht mehr mit ihnen identisch. Wenn es Ihnen gelingt, sich auf sich selbst zu besinnen, einen Unterschied zwischen sich und dem Ausbruch von Leidenschaft zu machen, entdecken Sie das Selbst; sie fangen an zu individuieren. In *Anāhata* beginnt daher die Individuation. Doch auch hier werden Sie wahrscheinlich wieder in eine Inflation geraten. Individuation heißt nicht, daß Sie ein Ich werden – dann wären Sie ein Individualist. Ein Individualist ist jemand, dem es nicht gelungen ist, zu individuieren; er ist ein philosophisch destillierter Egoist. Individuation bedeutet, das zu werden, was nicht Ich ist, und das ist sehr merkwürdig. Deshalb versteht niemand, was das Selbst ist; denn das Selbst ist das, was Sie nicht sind, was nicht das Ich ist. Im Verlauf des Individuationsprozesses entdeckt das Ich, daß es nur ein Anhängsel des Selbst und nur locker damit verbunden ist. Das Ich befindet sich immer tief unten in *Mūlādhāra* und wird plötzlich gewahr, daß es oben im vierten Stockwerk, im *Anāhata* etwas gibt, und das ist das Selbst.

Wenn nun jemand den Fehler macht zu glauben, er lebe im Keller und im vierten Stock zugleich, daß er also selber *Purusha* ist, dann ist er verrückt, das heißt, er ist von seiner gesunden Basis abgerückt. Er spinnt einfach. Wir dürfen den *Purusha* nur wahrnehmen, seine Füße da oben sehen. Aber wir sind nicht selber *Purusha*; er ist ein Symbol, das den unpersönlichen Prozeß umschreibt. Das Selbst ist etwas außerordentlich Unpersönliches, Objektives. Wenn Sie in Ihrem Selbst leben, sind Sie nicht Sie selbst – das ist es, was Sie fühlen. Es ist, als ob man sich selbst gegenüber fremd würde: man kauft,

181 *Kathaka Upanishad* 2,20–21; auch in *GW* 6 (1994) § 329 zitiert, wo *Purusha* als «Selbst» wiedergegeben wird.

als kaufe man nicht; man verkauft, als verkaufe man nicht. Oder, wie Paulus es ausdrückt: «Nun aber lebe nicht mehr ich, sondern Christus lebt in mir»; das bedeutet, daß sein Leben ein objektives Leben geworden ist, nicht sein eigenes, sondern das Leben eines Größeren, des *Purusha.*

Primitive Stämme, die auf einer etwas höheren Stufe der Zivilisation stehen, haben *Anāhata* meistens entdeckt. Das heißt, sie fangen an zu denken und zu urteilen; sie sind nicht mehr ganz wild. Sie haben ausgeklügelte Zeremonien, und je primitiver sie sind, desto ausgeklügelter sind ihre Zeremonien. Sie brauchen sie, um sich vor der *Manipūra*-Psychologie zu schützen. Sie haben alles Mögliche erfunden, Zauberkreise, Formen des Debattierens und des Verkehrs der Menschen untereinander; all diese seltsamen Zeremonielle sind spezielle psychologische Techniken, um einem Ausbruch von *Manipūra* vorzubeugen. Bei einem Palaver mit Eingeborenen ist es einfach unerläßlich, bestimmte Dinge zu tun – die in unseren Augen vollkommen überflüssig sind –, man kann mit ihnen nicht reden, ohne diese Regeln einzuhalten.

Es muß zum Beispiel eine unmißverständliche Hierarchie geben. Der Mann, der das Palaver einberuft, muß ein mächtiger Mann sein. Wenn ich zum Palaver rufe, muß ich einen Schemel haben, während die andern auf dem Boden sitzen; sie müssen sich sofort hinsetzen. Der Häuptling hat Männer mit Peitschen, die jeden niederschlagen, der sich nicht gleich setzt. Aber auch dann fängt man noch nicht an zu reden. Zuerst werden Geschenke herumgereicht – Streichhölzer, Zigaretten –, und der Häuptling muß natürlich viel mehr Zigaretten bekommen als seine Untertanen, weil die Hierarchie dieses Augenblicks hervorgehoben werden muß, um zu zeigen, wer hier die Autorität hat.[182] Das alles ist eine Zeremonie gegen *Manipūra,* und erst wenn das in Ruhe getan ist, kann der Mann, der das Palaver einberufen hat, zu sprechen anfangen. Ich sage dann, ich habe ein *shauri,* ein Anliegen. Das ist der Anfang. Ich muß also ein Mantra sagen, durch das jeder angesprochen wird – niemand darf reden, jeder hört zu. Dann sage ich mein *shauri,* und danach spricht auch mein Partner, mit dem ich zu tun habe, aber mit sehr leiser Stimme, kaum hörbar, und er darf nicht aufstehen. Wenn ein Mann zu laut redet, kommt jemand mit der Peitsche. Wenn er laut redete, würde das Emotion zeigen, und sobald Emotion da ist, besteht auch die Gefahr, daß gekämpft und getötet wird. Deshalb sind auch keine Waffen erlaubt. Wenn das Palaver

182 Zu JUNGS Bericht über seine Palaver unter den Elgonyi in Kenia 1925–1926, der sich mit seiner Schilderung hier deckt, siehe *ETG,* S. 268 ff.

aufhört, muß man sagen: *shauri kisha,* was bedeutet: «Jetzt ist das Palaver zu Ende.»

Ich war einmal aufgestanden, bevor ich das gesagt hatte, und mein Führer kam ganz aufgeregt zu mir und sagte: «Nein, stehen Sie nicht auf.» Da sagte ich «shauri kisha», und alles war in Ordnung. Wenn ich ein Mantra sagte, konnte ich gehen. Damit tue ich kund, daß der magische Kreis nun aufgelöst ist, und dann darf ich gehen, ohne den Verdacht zu wecken, daß jemand beleidigt oder in einer wilden Laune ist. Alles andere wäre gefährlich, denn es könnte ja ein Mord passieren, weil man verrückt sein muß, wenn man einfach aufsteht. Es geschieht manchmal, daß die Leute bei ihren Tänzen so aufgeregt werden, daß sie zu töten beginnen. Die beiden Basler Forscher SARASIN zum Beispiel wären auf Celebes von Eingeborenen, die ihnen eigentlich sehr freundlich gesinnt waren, beinahe umgebracht worden.[183] Die Eingeborenen zeigten ihnen ihre Kriegstänze und wurden dabei so kampflustig und rasend, daß sie ihre Speere nach ihnen warfen. Es war reines Glück, daß sie davonkamen.

Sie sehen also, *Anāhata* ist noch sehr schwach, während die *Manipūra*-Psychologie uns viel näher liegt. Wir gehen immer noch sehr höflich miteinander um, damit wir den Ausbruch der Energien von *Manipūra* vermeiden.

183 PAUL und FRITZ SARASIN veröffentlichten einen Bericht über ihre anthropologischen Expeditionen in ihrem Buch *Reisen in Celebes ausgeführt in den Jahren 1893-1896 und 1902–1903*, 2 Bände, Wiesbaden 1905.

DRITTE SEMINARSITZUNG

26. Oktober 1932

DR. JUNG: Ich möchte mit unserer Diskussion über die Chakren fortfahren. Wir haben das letzte Mal hauptsächlich von der Wandlung gesprochen, die sich aus dem Übergang von *Manipūra* zu *Anāhata* ergibt. In *Anāhata* wird nach vier Stufen etwas erreicht, das in *Mūlādhāra* begonnen hat. Wie könnte man diese vier Stufen auch nennen?

DR. REICHSTEIN: Es sind die vier Elemente.

DR. JUNG: Genau. Zu jedem der vier unteren Zentren gehört ein Element – *Mūlādhāra* ist die Erde, *Svādhishthāna* das Wasser, dann kommt das Feuer in *Manipūra* und schließlich die Luft in *Anāhata*. Man kann diese Stufenfolge als eine Art Transformation der Elemente betrachten, wobei das Luftige, eine flüchtige Substanz, zunimmt. Als nächstes gelangen wir zu *Vishuddha*[184]; es ist das Äther-Zentrum. Was ist nun Äther? Wissen Sie etwas darüber in physikalischer Hinsicht?

Bemerkung: Er durchdringt alles.

FRAU SAWYER: Man kann ihn nicht fassen.

DR. JUNG: Warum nicht? Wenn er doch alles durchdringt, warum findet man ihn dann nicht überall?

HERR DELL: Man kann ihn nicht messen; er ist ein Gedanke.

DR. JUNG: Ja, man findet den Äther nur im Gehirn, sonst nirgends; er ist ein Begriff für einen Stoff, der nichts mit den Eigenschaften zu tun hat, die Materie eigentlich haben müßte. Er ist Materie und doch wieder nicht; er muß also notgedrungen ein reiner Begriff sein. Welche Stufe erreicht man nun im *Vishuddha*-Zentrum jenseits der vier Elemente?

FRAU CROWLEY: Einen bewußteren Zustand, vielleicht das abstrakte Denken?

DR. JUNG: Ja, man kommt in eine Sphäre der Abstraktion. Hier geht man sozusagen über die empirische Welt hinaus und landet in der Welt der Be-

184 HAUER beschrieb das *Vishuddha*-Chakra als «das gereinigte oder reinigende» (*HS*, S. 69)

griffe. Was sind denn Begriffe? Wie nennen wir den Stoff, aus dem die Begriffe gemacht sind?

FRAU CROWLEY: Psychologie?

DR. JUNG: Oder vielmehr psychische Psychologie; das würde die Wissenschaft von den psychischen Dingen bezeichnen. Die Realität, die wir erreichen, ist eine psychische Realität; es ist eine Welt aus psychischer Substanz, falls wir das so nennen können. Ich denke, der Ausdruck «psychische Realität» ist zutreffend. Man könnte die Stufenfolge der Chakren auch als ein Aufsteigen von der grobstofflichen zur feinstofflichen, psychischen Materie betrachten. Die Vorstellung dieser Wandlung von der Erde bis zum Äther ist nun einer der ältesten Bestandteile der hinduistischen Philosophie. Das Konzept der fünf Elemente gehört zur vorbuddhistischen Sāmkhya-Philosophie, die allerhöchstens aus dem 7. Jahrhundert v. Chr. stammt. Alle nachfolgenden hinduistischen Philosophien wie etwa die *Upanishaden* haben ihren Ursprung in der Sāmkhya-Philosophie. Das Konzept der fünf Elemente geht also unendlich weit zurück, man kann sein Alter nicht bestimmen. Am hohen Alter dieser Anschauung sieht man, daß die Grundideen des Tantra-Yogas in eine ferne Vergangenheit zurückreichen. Die Idee der Wandlung der Elemente zeigt übrigens eine Verwandtschaft des Tantra-Yoga mit unserer mittelalterlichen alchemistischen Philosophie. Man findet hier genau dieselben Vorstellungen, die Wandlung der grobstofflichen Materie in die feinstoffliche des Geistes, was in der Alchemie als Sublimierung des Menschen verstanden wurde.

Indem ich über diesen alchemistischen Aspekt der Chakren spreche, möchte ich Ihre Aufmerksamkeit auf das Symbol von *Manipūra*, dem Feuer-Zentrum, lenken. Sie werden sich noch an die merkwürdigen Henkel oder Griffe im Feuer-Zentrum erinnern, von denen Professor HAUER glaubte, sie könnten vielleicht Teile der Swastika sein.[185] Ich muß nun aber sagen, daß ich noch nie ein Swastika-Symbol mit nur drei Gliedern gesehen habe. Es gibt die griechische Form des *triskelos*, aber ich weiß nicht, ob der auch in Indien vorkommt. Er wurde auf griechischen Münzen in Sizilien gefunden, die aus der Zeit zwischen 400 bis 200 v. Chr. stammen, als Sizilien zu Groß-Griechenland gehörte und eine blühende griechische Kolonie war. Der *triskelos* ist ein Wesen mit drei Beinen, aber die Swastika läuft auf vier Beinen. Darum denke ich, daß dem Dreieck von *Manipūra* Griffe beigefügt wurden, wie

185 Ebenda, S. 75.

Topfgriffe, um den Topf zu heben; und darauf ist noch ein Deckel, der ebenfalls einen Griff hat. Vom alchemistischen Aspekt her ist das gut zu verstehen, denn *Manipūra* ist der Bereich des Feuers, und das ist die Küche oder der Magen, wo das Essen gekocht wird. Man tut das Essen in den Topf oder in den Bauch, wo es vom Blut erhitzt wird. Auf diese Weise wird die Nahrung so zubereitet, daß man sie verdauen kann.

Das Kochen ist eine Vorwegnahme der Verdauung, eine Art Vorverdauung. Der afrikanische Papayabaum hat zum Beispiel die besondere Eigenschaft, daß seine Früchte und Blätter voll von Pepsin sind, demselben Stoff, der auch im Magensaft enthalten ist. Die Schwarzen wickeln das Fleisch für einige Stunden in Papayablätter, statt es zu kochen; so wird es schon teilweise verdaut beziehungsweise vorverdaut. Darum ist die ganze Kochkunst eigentlich auch eine Vorverdauung. Wir haben einen Teil unserer Verdauung in die Küche verlegt; die Küche ist der Magen des Hauses, die Mühe der Essensbereitung wird unserem Magen abgenommen. Der Mund ist ebenfalls ein Organ der Vorverdauung, denn der Speichel enthält Verdauungssäfte. Auch die Tätigkeit der Zähne dient der Vorverdauung, indem wir das Essen zerkleinern, so wie wir zum Kochen das Gemüse klein schneiden. Man kann also sagen, daß der Verdauungstrakt vom Körper in die Küche verlegt worden ist. Sie ist in der Alchemie der Ort, wo die Dinge gewandelt werden.

Manipūra wäre also ein Zentrum, in dem Materie verdaut und gewandelt wird. Als nächstes würde man den Abschluß der Wandlung erwarten. Und tatsächlich finden wir das betreffende Chakra direkt über dem Zwerchfell, das die Trennungslinie zwischen *Anāhata* und den Zentren im Unterleib markiert.

Denn auf *Manipūra* folgt *Anāhata*[186], wo ganz andere Dinge geschehen. Hier haben wir ein neues Element, die Luft, und keine grobe Materie mehr. Das Feuer kann ja in gewisser Weise noch als Materie verstanden werden. Es ist dicker und dichter als Luft, und es ist sichtbar, während man die Luft nicht sehen kann. Feuer ist extrem beweglich und dennoch deutlich faßbar; es ist im Gegensatz zur Luft, die sehr leicht und beinahe nicht zu fühlen ist – es sei denn als Wind –, fühlbar. Die Luft ist im Vergleich zum Feuer, das sich bewegt und brennt, relativ sanft.

186 HAUER sagte über das *Anāhata*-Chakra: «Dieser Lotus des Herzens ist das Chakra der grundlegenden Einsichten ins Leben; es ist das, was wir das schöpferische Leben im höchsten Sinne nennen.» (*HS*, S. 90 f.)

Beim Zwerchfell überschreiten Sie also die Schwelle zwischen dem Sichtbaren, Greifbaren und dem beinahe Unsichtbaren, Ungreifbaren. Dieses Unsichtbare in *Anāhata* ist das Psychische, denn hier haben wir den Bereich, den wir Gefühl und Geist (mind) nennen. Kennzeichnend für das Herz ist das Gefühl, und für die Luft ist es das Denken. Das Herz ist das Atem-Wesen; deshalb hat man schon immer die Seele und das Denken mit dem Atem gleichgesetzt.

In Indien ist es zum Beispiel Brauch, daß der älteste Sohn dabei sein muß, wenn der Vater stirbt, damit er ihn beobachten und seinen letzten Atem, seine Seele nämlich, einatmen und sein Leben weiterführen kann. Auf Suaheli bedeutet *roho* das röchelnde Atmen eines Sterbenden – auf deutsch bezeichnen wir dies als «röcheln» –; es bedeutet aber auch Seele. Das Wort ist ohne Zweifel mit dem arabischen Wort *ruch,* Wind, Atem, Geist, verwandt, das wohl den Klang des Röchelns wiedergeben soll. Die ursprüngliche Vorstellung von Geist oder Psyche leitet sich also von Luft oder Atem ab. Und wie gesagt, im Lateinischen heißt Geist *animus,* was wiederum mit dem griechischen Wort für Wind, *ánemos,* identisch ist.

Das Herz wird immer mit dem Gefühl verbunden, weil Gefühlszustände das Herz beeinflussen. Überall auf der Welt findet sich diese Assoziation. Wenn Sie kein Gefühl haben, haben Sie kein Herz; wenn Sie keinen Mut haben, sind Sie nicht «beherzt» – Mut ist ein bestimmter Gefühlszustand. Wir sagen auch: «Es geht uns etwas zu Herzen»; im Englischen lernt man etwas nicht auswendig, sondern «by heart». Natürlich lernt der Kopf, aber man behält nichts, wenn man es sich nicht «zu Herzen nimmt». Wenn also etwas nicht mit unserem Gefühl verbunden und in unseren Körper gesunken ist, bis es das *Anāhata*-Zentrum erreicht hat, ist es flüchtig; es fliegt leicht wieder weg. Es muß mit dem tieferen Zentrum verbunden sein, damit es behalten werden kann. Daher auch die Unterrichtsmethode mit der Peitsche, die ich letzte Woche erwähnt habe – das Gefühl von Wut und Schmerz bewirkt, daß die Schüler sich die Buchstaben merken. Das gilt besonders auch für die Primitiven, die nur auf diese Art lernen.

Die wirkliche Bedeutung von Werten und Ideen wird uns erst klar, wenn wir sie als für unser Leben verpflichtend erkennen. Bei den Primitiven beginnt diese Erkenntnis von Werten und Gedanken durch die Geheimlehren des Stammes, die bei der Pubertäts-Initiation unter Schmerzen und Qualen weitergegeben werden, damit sie im Gedächtnis bleiben. Zugleich werden auch bestimmte moralische Werte gelehrt, die dem Ausbruch der blinden Leidenschaften des *Manipūra*-Feuers vorbeugen sollen.

Anāhata ist tatsächlich das Zentrum, wo das Psychische beginnt, das Erkennen von Werten und Ideen. Wenn der Mensch kulturell oder in seiner persönlichen Entwicklung diese Ebene erreicht hat, könnte man sagen, er war in *Anāhata*; dort erahnt er zum erstenmal die Macht und die Wirklichkeit, das heißt die reale Existenz des Psychischen.

Das kann man auch in der Analyse sehen. Auf der Stufe von *Manipūra* ist der Analysand völlig die Beute seiner Emotionen und Leidenschaften. Wenn ich ihm sage: «Sie müssen ein bißchen Vernunft wahren. Sehen Sie denn nicht, was Sie tun? Sie verursachen endlose Probleme in Ihren Beziehungen», macht das überhaupt keinen Eindruck auf ihn. Doch dann entwickeln diese Argumente eine gewisse Kraft, und man weiß, jetzt wurde die Schwelle des Zwerchfells überschritten – er hat *Anāhata* erreicht. Werte, Überzeugungen, allgemeine Ideen sind psychische Tatsachen, die in den Naturwissenschaften nirgends zu finden sind. Man kann sie nicht mit einem Schmetterlingsnetz einfangen oder unter dem Mikroskop betrachten. Nur in *Anāhata* werden sie sichtbar. Nach dem Tantra-Yoga wird *Purusha* erstmals in *Anāhata* gesehen: Das Wesen des Menschen, der höhere Mensch, der sogenannte ursprüngliche Mensch wird sichtbar. *Purusha* ist also identisch mit der psychischen Substanz der Gedanken, Werte und Gefühle. Beim Erkennen von Gefühlen und Ideen sieht man den *Purusha.* Die erste dunkle Ahnung eines Wesens in unserem psychologischen oder psychischen Leben taucht hier auf – eines Wesens, das nicht wir sind, sondern in dem wir enthalten sind; es ist größer und wichtiger als wir und existiert allein auf der psychischen Ebene.

Wir könnten hier unsere Betrachtung abschließen. Wir könnten sagen, was wir bis hierher betrachtet haben, deckt sich in etwa mit der Entwicklung der Menschheit. Denn wir sind ja alle davon überzeugt, daß das Psychische ein gewisses Gewicht hat und daß die Menschheit im großen ganzen ungefähr *Anāhata* erreicht hat. Der Weltkrieg hat zum Beispiel praktisch jedermann gelehrt, daß das, was das größte Gewicht hat, die *imponderabilia* sind, die man nicht wägen kann, nämlich die öffentliche Meinung oder psychische Infektionen. Der ganze Krieg war ein psychisches Phänomen, er ist kein Produkt der menschlichen Vernunft, es gab keine ökonomischen Notwendigkeiten. Man könnte sagen, Deutschland brauchte vielleicht mehr Raum und mußte deshalb in den Krieg ziehen, oder Frankreich fühlte sich bedroht und mußte Deutschland niederwerfen. Aber niemand war bedroht – alle hatten genügend Wohlstand, der deutsche Außenhandel nahm von Jahr zu Jahr zu; Deutschland hatte die nötige Ausdehnung. Die vielzitierten ökonomischen Ursachen gab es nicht, sie können das Phänomen nicht erklären. Es war aus unbekannten psychischen Gründen einfach Zeit dafür. Jede große Bewegung der Menschheit hat immer aus psychischen Gründen angefangen; und es ist die Erfahrung die uns gelehrt hat, an das Psychische zu glauben. Mit Recht fürchten wir uns deshalb vor der Massenpsychologie; jeder zieht sie heute in Betracht. Früher glaubte zum Beispiel kein Mensch an den Nutzen von Inseraten – und nun schauen Sie, was daraus geworden ist. Oder hat man je daran gedacht, daß die kleinen Gazetten, die alle zwei Wochen erschienen und die wir heute Zeitungen nennen, einmal zu einer Weltmacht würden? Daß die Presse heute als Weltmacht gesehen wird, ist eine psychische Tatsache.

Man kann also sagen, unsere Zivilisation habe die Stufe von *Anāhata* erreicht – wir haben das Zwerchfell überschritten. Wir verlegen den Geist (mind) nicht mehr wie die alten Griechen zu HOMERS Zeiten ins Zwerchfell. Wir sind davon überzeugt, daß der Sitz des Bewußtseins irgendwo oben im Kopf sein muß. Wir haben in *Anāhata* schon ein größeres Gesichtsfeld, wir nehmen *Purusha* wahr. Aber wir trauen der Gewißheit einer psychischen Existenz noch nicht ganz, und darum haben wir *Vishuddha* noch nicht erreicht. Wir glauben noch an eine Welt, die aus Materie und psychischen Kräften zusammengesetzt ist, und können die psychische Existenz oder Substanz nicht mit der Vorstellung von etwas Kosmischem oder Physikalischem verbinden. Wir haben noch keine Brücke zwischen Physik und Psychologie gefunden.[187] Daher haben wir als Kollektiv die Entfernung zwischen *Anāhata* und *Vishuddha* noch nicht überbrückt.

Wenn wir nun als von *Vishuddha* sprechen, dann natürlich mit einer gewissen Zurückhaltung. Wenn wir versuchen wollen, dieses Zentrum zu verstehen, geraten wir in den glitschigen Bereich der Zukunft. Denn in *Vishuddha* gehen wir über unseren Begriff der Welt hinaus, wir kommen

187 JUNG versuchte eine solche Brücke in seiner Zusammenarbeit mit dem Physiker WOLFGANG PAULI in *Naturerklärung und Psyche,* Zürich: Rascher 1952 zu errichten. Zu diesem Thema siehe speziell *Wolfgang Pauli und C. G. Jung. Ein Briefwechsel,* herausgegeben von C. A. Meier, Berlin 1992.

gewissermaßen in die Äther-Region. Wir versuchen etwas, das mehr wäre als das, was Professor PICCARD gelungen ist.[188] Er war nur in der Stratosphäre – er kam wohl in eine sehr dünne Luftschicht, aber nicht in den Äther. Wir müßten eine riesenhafte Rakete bauen, die uns in den Weltraum schießt. Hier könnten wir die Welt der abstrakten Ideen und Werte finden, die Welt, in der die Psyche bei sich ist, wo die psychische Realität die einzige Wirklichkeit ist – oder wo Materie eine dünne Haut um einen riesigen Kosmos von psychischen Realitäten ist, ein trügerischer Saum, der das wirkliche Leben, das psychisch ist, umgibt.

Die Vorstellung des Atoms würde dem abstrakten Denken im *Vishuddha*-Zentrum entsprechen. Wenn unsere Erfahrung diese Stufe erreichen sollte, könnten wir eine außergewöhnliche Schau des *Purusha* haben. Denn hier ist *Purusha* tatsächlich das Zentrum der Dinge; er ist nicht mehr eine blasse Ahnung, sondern sozusagen die letzte Wirklichkeit. Diese Welt können wir erreichen, wenn es uns gelingt, eine symbolische Brücke zwischen den höchst abstrakten Anschauungen der Physik und den ebenso abstrakten Anschauungen der analytischen Psychologie zu entdecken. Wenn wir diese Brücke bauen können, haben wir zumindest das äußere Tor von *Vishuddha* erreicht. Das ist die Bedingung; das heißt, wir haben es dann kollektiv erreicht, der Zugang wird offen sein. Aber wir sind noch weit von diesem Ziel entfernt. Denn *Vishuddha* bedeutet genau das, was ich gesagt habe: die volle Erkenntnis des psychischen Seins als das grundlegende Wesen der Welt, und das nicht mittels Spekulation, sondern durch wirkliche *Erfahrung*. Es nützt nichts, über *Ājñā* und *Sahasrāra*[189] und wer weiß was zu spekulieren; man kann darüber nachdenken, aber ohne echte Erfahrung kommt man

188 Der Schweizer AUGUSTE PICCARD war Professor für Physik an der Universität Brüssel. Am 27. Mai 1931 stieg er zum ersten Mal mit einem Spezialballon in die Stratosphäre auf, um wissenschaftliche Beobachtungen zu machen. Seinen zweiten Flug startete er am 18. August 1932 vom Flugplatz Dübendorf bei Zürich aus. Siehe seinen Bericht *Au dessus des nuages*, Paris 1933 (s. a. Schweizer Aerorevue, *Auf 16 000 Meter – Meine Fahrten in die Stratosphäre*, Zürich 1933; sowie *Über den Wolken, unter den Wellen*, Wiesbaden 1954) und ders. *Zwischen Himmel und Erde*, Lausanne 1946.

189 HAUER sagte, daß das *Sahasrāra*-Chakra «das tausendspeichige oder tausendblütige Chakra» ist. (*HS*, S. 69) ELIADE schreibt: «Das ist der Ort der endlichen Vereinigung (*unmani*) von Shiva und Shakti, des Ziels des tantrischen *sādhana*; hier mündet die kundalini, nachdem sie die sechs unteren *cakra* durchquert hat. Dazu ist zu sagen, daß das *sahasrāra* nicht mehr zur Ebene des Körpers gehört, sondern schon die transzendente Ebene bezeichnet, woraus sich erklärt, daß man allgemein von der Doktrin der ‹sechs *cakra*› spricht.» (ELIADE, *Yoga*, S. 252)

nicht dorthin. Ich will Ihnen ein praktisches Beispiel für den Übergang von einer Stufe zur nächsten geben. Ich erinnere mich an den Fall eines Mannes, der im wahrsten Sinne des Wortes extravertiert war. Er meinte stets, die Welt sei da am besten, wo er gerade nicht war; nur dort könne er das wahre Glück finden, und er müsse sich auf den Weg machen. Natürlich war er die ganze Zeit hinter den Frauen her, weil für ihn immer die Frauen, die er noch nicht kannte, das Geheimnis von Leben und Seligkeit bargen. Nie konnte er ohne Eifersucht eine Frau mit einem anderen Mann sprechen sehen, weil gerade sie diese Frau hätte sein können. Er hatte natürlich nie Erfolg, Sie können sich das ja vorstellen. Es gelang ihm immer weniger, und er machte sich vollständig zum Narren. Je älter er wurde, desto geringer wurden die Chancen, der wahren Frau zu begegnen. Es war also Zeit für eine neue Erkenntnis. Er kam in die Analyse, aber es änderte sich nichts, bis folgendes passierte: Er ging spazieren, und ein junges Paar kam ihm entgegen, ganz in ein vertrautes Gespräch vertieft, und sofort spürte er wieder diesen Schmerz in seinem Herzen – das war die Frau! Doch plötzlich verging der Schmerz, und einen Moment lang hatte er einen absolut klaren Gedanken. Er realisierte: «Es ist alles in Ordnung, die beiden gehen ihren Weg, die Sache ist erledigt, ich muß mich Gott sei Dank nicht mehr darum kümmern.»

Was war geschehen? Er hatte einfach die Schwelle des Zwerchfells überschritten. In *Manipūra* macht die Leidenschaft uns blind. Wenn er da ein solches Paar sah, dachte er: «Ich will das, ich bin identisch mit dem Mann.» Und er *ist* in *Manipūra* identisch. Er ist mit jedem Büffel identisch und beklagt sich natürlich, wenn er nicht aus seiner Haut in diejenige eines anderen schlüpfen kann. Aber in *Anāhata* wird er sich plötzlich bewußt, daß er nicht jener Mann ist; er durchbricht den Schleier der Illusion, die mystische Identität, und weiß, daß er nicht dieser andere ist. Dabei ahnt er, daß er dennoch auf seltsame Weise mit ihm identisch ist. Dieser Mann verkörpert sein eigenes Leben und lebt es weiter – er geht also nicht verloren. Denn seine psychische Substanz lebt nicht nur in seinem persönlichen Selbst, sondern auch in diesem jungen Mann. Er kann nun ruhig weiterleben, muß sich nicht mehr darum kümmern, weil er nicht außerhalb dieses Lebenskreises steht, sondern ein Teil davon ist.

Sehen Sie, das ist das Bild einer psychischen Existenz über oder jenseits von *Manipūra*. Es ist nur ein Gedanke, in der sichtbaren Welt hat sich nichts verändert; kein Atom ist an einem anderen Platz als vorher. Doch etwas ist anders: die psychische Substanz ist auf den Plan getreten. Ein bloßer Gedanke oder ein nicht zu beschreibendes Gefühl – eine psychische Tatsache also – hat die ganze Situation, sein ganzes Leben verändert und den Übergang zum *Anāhata* ermöglicht, wo die Welt der psychischen Realität beginnt. Der Schritt von *Anāhata* zu *Vishuddha* geschieht auf ähnliche Weise, nur führt er viel weiter.

In *Anāhata* sind Denken und Fühlen noch mit Objekten identifiziert. Für einen Mann ist das Gefühl mit einer bestimmten Frau identisch, für eine Frau mit einem bestimmten Mann. Das Denken eines Wissenschaftlers ist identisch mit diesem oder jenem Buch – es ist dieses Buch. Es gibt also immer äußere Bedingungen für das Fühlen wie für den Geist (mind). Das Denken ist stets spezifisch – zum Beispiel wissenschaftlich, philosophisch oder ästhetisch –, weil es immer mit einem bestimmten Gegenstand identifiziert ist. Ebenso ist das Gefühl mit bestimmten Menschen oder Dingen identisch. Man ist beispielsweise ärgerlich, weil jemand das und das getan hat oder weil die Umstände so und so sind. Deshalb hängen unsere Emotionen, Werte, Gedanken und Überzeugungen eng mit Tatsachen zusammen, die wir Objekte nennen. Sie bestehen nicht an und für sich, sondern sind mit konkreten Tatsachen verwoben.

Manchmal ist es natürlich sehr gut, keinerlei Überzeugungen oder Gefühle zu haben, die nicht auf der Realität beruhen. Man muß die Menschen, die vor dem Übergang von *Manipūra* zu *Anāhata* stehen, sogar dazu erziehen, daß ihre Emotionen eine reale Basis haben sollten, daß sie nicht auf bloßen Verdacht hin Hölle und Verdammnis gegen jemanden ausrufen können und daß es eindeutige Gründe dafür gibt, warum sie kein Recht dazu haben. Sie müssen wirklich lernen, daß ihre Gefühle auf konkreten Tatsachen beruhen sollten.

Aber wenn wir von *Anāhata* zu *Vishuddha* übergehen, müssen wir umlernen. Wir müssen einsehen, daß all unsere psychischen Gegebenheiten nichts mit äußeren Tatsachen zu tun haben. Der Ärger zum Beispiel, den Sie gegen jemanden oder gegen etwas empfinden, wie gerechtfertigt er auch sein mag, wird nicht von solchen Äußerlichkeiten verursacht. Er ist ein Phänomen an sich. Wir nennen das die subjektstufige Betrachtungsweise. Nehmen wir an, jemand hat Sie beleidigt, Sie träumen von dieser Person und spüren denselben Ärger im Traum noch einmal. Dann sage ich: «Dieser Traum erzählt mir, was der Ärger in Wirklichkeit bedeutet.» Aber Sie verteidigen sich, weil die Person ja wirklich das und das gesagt hat und Sie deshalb mit Ihrem Ärger und mit Ihrer Haltung vollkommen im Recht sind. Nun, ich muß zugeben, daß dies alles wahr ist, und sage ganz bescheiden: «Wenn Sie Ihren Ärger überwunden haben und wieder vernünftig sind, wollen wir Ihren Traum näher betrachten, denn es gibt auch eine subjektstufige Deutung. Dieser Mann ist Ihr *bête noire,* Ihr schwarzes Schaf, aber in Wirklichkeit ist er ein Stück von Ihnen. Sie projizieren sich selbst auf ihn, Sie begegnen Ihrem Schatten in ihm, und das macht sie wütend. Natürlich fällt es uns zunächst schwer, eine solche Möglichkeit zu akzeptieren, doch nach einer Weile, wenn die Analyse erfolgreich verläuft, dämmert es uns, daß es sehr wahrscheinlich stimmt. Vielleicht sind wir sogar mit unseren ärgsten Feinden identisch, oder mit anderen Worten: unser schlimmster Feind könnte in uns selbst sitzen.

Wenn Sie diese Ebene erreicht haben, beginnen Sie *Anāhata* zu verlassen, weil es Ihnen gelungen ist, die innige Verbindung von äußeren Tatsachen mit inneren oder psychischen Gegebenheiten aufzulösen. Sie fangen an, das Spiel der Welt als Ihr eigenes Spiel und die Menschen, die von außen an Sie herantreten, als Exponenten Ihres eigenen psychischen Zustandes zu betrachten. Was immer Ihnen zustößt, welche Erfahrung Sie auch machen oder welches Abenteuer Sie in der äußeren Welt zu bestehen haben – es sind Ihre ureigensten Erfahrungen.

Eine Analyse hängt zum Beispiel nicht davon ab, wer der Analytiker ist. Es geht darum, daß Sie etwas über sich selbst erfahren. Was Sie in der Analyse erfahren, hat nichts mit mir zu tun, sondern mit dem, was Sie sind. Die Erfahrung, die Sie mit mir machen, machen Sie eigentlich mit sich selbst. Nicht jeder verliebt sich in mich, nicht jeder stößt sich daran, wenn ich eine scharfe Bemerkung mache, und nicht alle lachen darüber, wenn ich einen drastischen Ausdruck gebrauche. Die Analyse, in der ich immer derselbe Dr. Jung bin, verläuft bei den verschiedenen Leuten höchst unterschiedlich. Individuen sind sehr verschieden, und deshalb wird jede Analyse immer ganz anders erlebt, selbst von mir. Ich bleibe mir in allen Situationen treu, aber die Patienten wechseln, und demzufolge wechseln für mich die ganze Zeit auch die Erfahrungen in der Analyse. Aber der Patient glaubt natürlich, daß seine Analyse so und so verläuft, weil ich dabei bin. Er sieht nicht, daß es auch sein subjektives Erleben ist. Solange ein Patient die Analyse auf diese Art betrachtet – daß sie bloß ein Flirt oder ein persönliches Gespräch ist –, hat er durch sie nicht das gewonnen, was er hätte gewinnen sollen, weil er sich selbst nicht gesehen hat. Wenn er sie wirklich als seine eigene Erfahrung zu sehen beginnt, wird er gewahr, daß Dr. Jung, der Partner in diesem Spiel, nur relativ ist. Er ist das, was der Patient von ihm denkt. Er ist einfach ein Haken, an dem man seine Kleider aufhängen kann; er ist nicht so wesentlich, wie er zu sein scheint. Er ist auch eine subjektive Erfahrung des Patienten.

Wenn Sie das sehen können, sind Sie auf dem Weg zu *Vishuddha,* denn in *Vishuddha* wird das ganze Spiel der Welt zu Ihrer subjektiven Erfahrung. Die Welt wird zu einem Abbild der Psyche. Wenn ich zum Beispiel sage, daß die Welt nur aus seelischen Bildern besteht – alles, was Sie anfassen oder erfahren, ist ein Bild, weil Sie nichts anderes wahrnehmen können; wenn Sie diesen Tisch berühren, halten Sie ihn für Materie, aber was Sie tatsächlich erfahren, ist eine bestimmte Botschaft der taktilen Nerven Ihres Gehirns; und selbst das kann Ihnen verwehrt sein, wenn ich Ihnen die Finger abschneide, die Sie dann aber immer noch fühlen werden, weil abgechnittene Nerven nicht anders funktionieren können; auch Ihr Gehirn ist im Grunde nur ein Bild –, wenn ich also solche ketzerischen Dinge sage, bin ich auf dem Weg zu *Vishuddha.* Sollte es mir gelingen – was ich nicht hoffe –, Sie alle mit hinauf ins *Vishuddha* zu bringen, würden Sie sich bestimmt beklagen; Sie würden ersticken, Sie könnten nicht mehr atmen, weil es da nichts zum Atmen gibt. Hier ist Äther. In *Vishuddha* erreichen Sie den luftleeren Raum, wo es für das normale irdische Individuum keine Möglichkeit zu atmen gibt. Es scheint also ein sehr riskantes Abenteuer zu sein.

Wenn wir über die Chakren sprechen, dürfen wir die einzelnen Symbole nicht aus den Augen verlieren; sie lehren uns sehr viel. Ich möchte Sie deshalb auf die Tiersymbolik aufmerksam machen, über die wir noch nicht gesprochen haben. Wie Sie wissen, beginnt die Reihe der Tiere in *Mūlādhāra* mit dem Elefanten, der die Erde trägt. Er stellt den ungeheuren Drang dar, der das menschliche Bewußtsein unterstützt, die Macht, die uns dazu zwingt, eine bewußte Welt zu bilden. Bei den Indern symbolisiert der Elefant die domestizierte Libido, ähnlich wie das Bild des Pferdes bei uns. Er bedeutet die Kraft des Bewußtseins, die Willenskraft, die Fähigkeit zu tun, was man tun will.

Im nächsten Zentrum haben wir *Makara,* den Leviathan. Beim Übergang von *Mūlādhāra* zu *Svādhishthāna* zeigt die Macht, die uns bis dahin ernährt hat, ein völlig anderes Gesicht: was der Elefant in der bewußten Welt war, ist nun das Ungeheuer der Tiefe. Auf der Erde ist der Elefant das größte und stärkste Tier; der Leviathan ist das größte und schrecklichste Tier unten in den Wassern. Aber es handelt sich um ein und dasselbe Tier: die Macht, die uns zur Bewußtheit zwingt und die uns in der bewußten Welt unterstützt, erweist sich als der ärgste Feind, wenn wir zum nächsten Zentrum kommen.

Denn hier verlassen wir diese Welt, und alles, was uns dazu bringt, an ihr festzuhalten, wird zu unserem schlimmsten Feind. Der größte Segen in dieser Welt wird zum größten Fluch im Unbewußten. So ist *Makara* gerade das Gegenteil: der Wasserelefant, der Drachenwal, der uns verschlingt, ist das, was uns bisher genährt und unterstützt hat – gerade so wie die gute Mutter, die uns liebevoll großgezogen hat, im späteren Leben zu einer verschlingenden Mutter werden kann, die Sie wieder verschluckt. Wenn Sie sich nicht von ihr lösen können, wird sie zu einer äußerst negativen Figur; in der Kindheit und Jugend trägt sie uns, aber wenn wir erwachsen werden, müssen wir auf sie verzichten und die mütterliche Macht richtet sich gegen uns. Daher hat jeder, der versucht, diese Welt zu verlassen, um in eine andere Art von Bewußtsein, in die Wasserwelt oder das Unbewußte zu gelangen, den Elefanten gegen sich; der Elefant wird zum Ungeheuer der Unterwelt.

In *Manipūra* ist der Widder, der dem Feuergott Agni geweiht ist, das symbolische Tier. In der Astrologie gehört Aries, der Widder, zum Mars, dem feurigen Planeten der Leidenschaften, der Impulsivität, Heftigkeit und Gewalt. Der Widder als Symboltier des Agni ist ein passendes Symbol dafür. Er ist eigentlich wieder der Elefant in einer anderen Form. Er ist nicht mehr eine unbesiegbare Macht wie die heilige Macht des Elefanten. Der Widder ist ein Opfertier, ein relativ kleines Opfer – nicht das große Opfer des Stieres, sondern das kleinere der Leidenschaften. Das heißt, es ist nicht besonders schwierig, die Leidenschaften zu opfern. Das kleine schwarze Tier, das sich nun gegen uns richtet, ist nicht mehr das Ungeheuer der Tiefe wie im vorherigen Chakra; die Gefahr ist schon kleiner geworden. Unsere eigenen Leidenschaften stellen tatsächlich eine geringere Gefahr dar als die, im Unbewußten zu ertrinken. Es ist viel schlimmer, sich seiner Leidenschaften nicht bewußt zu sein, als unter ihnen zu leiden. Genau das wird mit Aries, dem Widder ausgedrückt; er ist ein kleines Opfertier, vor dem man sich nicht zu fürchten braucht, weil er nicht mehr die Kraft des Elefanten oder des Leviathan hat. Die schlimmste Gefahr ist überwunden, wenn man sich seiner tiefsten Begierden und Leidenschaften bewußt geworden ist.

Das nächste Tier ist die Gazelle, wiederum eine Umwandlung der ursprünglichen Kraft. Die Gazelle oder Antilope ähnelt dem Widder, da sie ebenfalls auf der Erde lebt – nur ist sie kein domestiziertes Tier wie das Schaf; sie ist auch kein Opfertier. Sie ist nicht angriffslustig, sondern ausgesprochen scheu und schwer zu fassen, ein Fluchttier, das im Nu verschwunden ist. Wenn man auf eine Antilopenherde stößt, ist man immer wieder erstaunt über ihr schnelles Verschwinden. Gazellen entfliehen mit großen Sprüngen einfach ins Nichts; manchmal machen sie Sprünge von fünf bis zehn Metern, als hätten sie Flügel. Sie sind anmutig und zart mit ihren überaus schlanken Beinen, die kaum den Boden zu berühren scheinen; der leiseste Windhauch läßt sie die Flucht ergreifen, wie Vögel. So haben sie etwas Vogelähnliches, da sie so leicht wie die Luft sind und die Erde nur hier und da berühren. Die Gazelle ist ein Tier, das auf der Erde lebt, aber sie ist beinahe schwerelos. Ein solches Tier wäre ein passendes Symbol für die Kraft, die Wirksamkeit und die Leichtigkeit des psychischen Wesens von Gedanken und Gefühlen. Sie hat schon einen Teil der Erdenschwere verloren. Sie zeigt auch an, daß in *Anāhata* das Psychische ein flüchtiger Faktor, nämlich schwer zu fassen ist. Sie hat die Eigenschaft, die wir Ärzte meinen, wenn wir sagen, es sei außerordentlich schwierig, die psychischen Auslöser einer Krankheit zu finden.

HERR DELL: Würden Sie die Gazelle mit dem Einhorn vergleichen?

DR. JUNG: Sie sind sich sehr ähnlich; wie Sie wissen, ist das Einhorn ein Symbol für den heiligen Geist – es wäre das wesentliche Gegenstück zur Gazelle.[190]

FRAU SAWYER: Das Einhorn stammt vom Nashorn ab, auch das wäre eine Analogie.

DR. JUNG: Ja, in der Legende vom Einhorn lebt das Rhinozeros weiter. Das Einhorn ist kein reales Tier, das Nashorn jedoch war in unserer Gegend sehr real. Das halbe Skelett eines Rhinozeros wurde zum Beispiel sehr gut erhalten in einem Ölschacht in Osteuropa – ich glaube in Polen – entdeckt. Es war ein europäisches Nashorn aus der Eiszeit. Das Einhorn ist also höchstwahrscheinlich ein schwaches Echo jener Zeit, als der Mensch hier noch Nashörner zu sehen bekam. Obwohl man das natürlich nicht beweisen kann, ist das eine sehr schöne Parallele zu unserem Thema – die Umwandlung des Elefanten in die zierliche, feine, leichtfüßige Gazelle.

Sie ist nun ein sehr passendes Symbol für den psychogenen Faktor. Und die Entdeckung des psychogenen Faktors in der Medizin ist tatsächlich mit dem Übergang von *Manipūra* zu *Anāhata* vergleichbar. Ich erinnere mich noch sehr gut an die Zeit, als unsere Professoren sagten: «Nun, es liegt auch eine psychische Störung vor, natürlich hat die Einbildungskraft etwas mit der Krankheit zu tun; eine verwirrte Psyche kann alle Arten von Symptomen

190 JUNG gab einen ausführlichen Kommentar zur symbolischen Bedeutung des Einhorns in *Psychologie und Alchemie*, GW 12, §§ 518–554.

hervorrufen.» Die Psyche wurde ursprünglich für eine Art Schaum oder Essenz gehalten, die der Körper produzierte; sie galt als nicht an und für sich existierend, und die sogenannte psychische Ursache gab es nicht wirklich; sie wurde mehr als Symptom betrachtet. Nicht einmal FREUD nimmt den psychogenen Faktor ernst. Die Psyche ist für ihn eher etwas Physiologisches, eine Art Nebenhandlung im Leben des Körpers. Er ist überzeugt, daß sehr viel Chemie dabei ist oder sein sollte, daß das ganze Psychische auf die Chemie des Körpers zurückzuführen ist, auf Hormone oder sonst etwas. Die Entdeckung eines wirklichen psychogenen Faktors (der bittesehr in der Medizin noch nicht klar erkannt worden ist!) ist ein großes, epochales Ereignis. Es würde die Anerkennung der Psyche als einen Faktor bedeuten, der natürlich mit dem Körper zusammenwirkt, der aber den Rang einer Ursache hätte. Wenn ein Arzt das zugibt, geht er sehr weit. Wenn er den psychogenen Faktor als Krankheitsursache mit Mikroben, Erkältungen und ungünstigen sozialen Verhältnissen, Vererbung usw. gleichsetzt, erkennt er damit die Psyche als existierend und tatsächlich wirksam an. Der logische medizinische Verstand vertraut nicht ganz darauf, daß sie wirklich etwas Greifbares ist, denn sie hat diese flüchtige Eigenschaft der Gazelle. Zudem wissen wir, daß sich die Psyche meistens gegen uns wendet, wenn sie sich in der Realität zeigt. Denn soweit sie nicht gegen uns ist, ist sie einfach identisch mit unserem Bewußtsein. Unser Bewußtsein ist nicht gegen uns, und wir betrachten alles als unser eigenes bewußtes Tun; der psychische Faktor aber ist immer etwas, das wir nicht für unser eigenes Tun halten. Wir versuchen ihn zu verleugnen und zu unterdrükken. Sagen wir, ich will einen mir sehr unangenehmen Brief schreiben. Ich habe dann sofort den psychischen Faktor gegen mich. Ich kann den Brief nicht wiederfinden – er ist wie weggezaubert. Dann entdecke ich, daß ich ihn unbewußt verlegt habe. Ich wollte ihn besonders gut aufbewahren, aber weil ich Widerstände gegen diesen Brief habe, tat ich ihn in die falsche Tasche oder in eine Ecke, wo ich ihn für Monate nicht wiederfinden würde. Man ist geneigt, von einem Kobold zu sprechen, der sich an ihm zu schaffen gemacht hat. Es ist etwas Dämonisches an der Art, wie einem die Dinge, die man so dringend braucht, abhanden kommen. Dasselbe spielt sich bei der Hysterie ab: gerade dort, wo es darauf ankäme, laufen die Dinge schief. Wenn es sehr wichtig wäre, das Richtige zu sagen, sagt man genau das Falsche; die Worte drehen sich einem im Munde um. Man muß die Tatsache hinnehmen, daß sich irgendein Teufel gegen uns stellt. Daher die alte Vorstellung, daß solche Leute vom Teufel besessen oder Opfer von Hexenzauber waren.

HERR BAUMANN: Es gibt ein sehr gutes Buch von FRIEDRICH THEODOR VISCHER, *Auch Einer.*[191]

DR. JUNG: Ja, es erzählt vom Kobold in den Dingen. Wenn Sie zum Beispiel Ihre Brille verlegen, dann immer an eine unwahrscheinliche Stelle, vielleicht auf einen Stuhl mit einem Muster, in das die Brille perfekt hineinpaßt. Und wenn Sie ein Butterbrot fallen lassen, können Sie darauf schwören, daß es immer auf die Butterseite fällt. Oder wenn Sie die Kaffeekanne auf den Tisch stellen, wird sie auf jeden Fall versuchen, die Tülle durch den Henkel der Milchkanne zu schieben, so daß Sie die Milch verschütten, wenn Sie die Kanne hochheben.

HERR DELL: Das ist die Tücke des Objekts.

DR. JUNG: Ja, und VISCHER hat in *Auch Einer* ein ganzes System daraus gemacht. Es ist natürlich total überspannt, aber er sieht den psychischen Faktor ganz richtig, weil wir einerseits selbst schuld sind, aber auch wiederum nicht; es passiert auf koboldhafte Art. Die Unfaßbarkeit des psychischen Faktors ist erstaunlich. Auch in der Analyse entwischt er uns immer, denn wenn Sie ihn packen wollen, streitet der Analysand ihn ab und sagt: «Aber ich wollte das; ich bin selbst schuld.» Er läßt den psychischen Faktor aus, weil er sich davor fürchtet. Er hat Angst, daß bei ihm eine Schraube locker ist; er denkt, dann wäre er verrückt.

Der Übergang von *Manipūra* zu *Anāhata* ist also wirklich sehr schwierig. Die Erkenntnis, daß die Psyche etwas Eigenständiges, Authentisches, nicht Ihrem Ich Zugehöriges ist, läßt sich ausgesprochen schwer zugeben. Denn das bedeutet, daß Sie mit dem Bewußtsein, was Sie «Ich» nennen, am Ende sind. In Ihrem Bewußtsein ist alles so, wie Sie es gewohnt sind; aber dann entdecken Sie, daß Sie nicht Herr in Ihrem eigenen Haus sind und nicht allein in Ihren Räumen wohnen, daß ein Spuk Ihre Realität verwüstet, und das ist das Ende Ihrer Alleinherrschaft. Aber wenn Sie das richtig einordnen, so wie es der Tantra-Yoga Ihnen zeigt, ist diese Erkenntnis des psychogenen Faktors nur das erste Gewahrwerden von *Purusha*. Es ist der Beginn einer großen Erkenntnis auf eine höchst groteske und lächerliche Weise. Und das ist es, was die Gazelle bedeutet.

Der Elefant erscheint, wie Sie wissen, in *Vishuddha* noch einmal. Hier begegnen wir nun der vollen Kraft, der unüberwindlichen Stärke dieses Tieres, wie sie in *Mūlādhāra* zu sehen war. Das bedeutet, wir begegnen hier der

191 FRIEDRICH THEODOR VISCHER, *Auch Einer.* Stuttgart und Leipzig 1884.

ganzen Macht, die uns ins Leben, in diese bewußte Welt hineinführte. Doch hier unterstützt sie nicht *Mūlādhāra,* die Erde. Sie unterstützt jetzt die Dinge, die wir für sehr luftig, höchst irreal und flüchtig halten, nämlich die menschlichen Gedanken. Es ist, als mache der Elefant nun aus unseren Begriffen eine Wirklichkeit. Wir sehen ein, daß unsere Begriffe nur Phantasien, Produkte unseres Gefühls und unseres Verstandes sind – Abstraktionen oder Analogien, die durch kein physikalisches Phänomen gestützt werden.

Das, was alles zusammenhält und ausdrückt, ist der Energiebegriff. In der Philosophie haben wir das Beispiel von PLATOs Höhlengleichnis.[192] Durch diese ziemlich plumpe Parabel versucht er die Subjektivität unseres Urteilens zu erklären; dahinter steht dieselbe Idee, die später in der Philosophiegeschichte Erkenntnistheorie genannt wird. PLATO spricht von Menschen, die in einer Höhle mit dem Rücken zum Licht sitzen und nur die Schatten an der Wand sehen, die Figuren, die sich außerhalb der Höhle bewegen, werfen. Das ist nun tatsächlich ein passendes Gleichnis, um das Problem zu erklären, doch dauerte es mehr als zwei Jahrtausende, bis das Erkenntnisproblem in KANTS *Kritik der reinen Vernunft* auf philosophisch-abstrakte Art formuliert wurde.

Wir haben immer den Eindruck, als wären solche philosophischen oder wissenschaftlichen Konzepte wie der Energiebegriff – nennen wir sie Theorien oder Hypothesen – vollkommen unnütze Dinge, die sich schon morgen ändern können, wie ein Atemzug, der vergeht. Und doch sind das offenbar die Dinge, die der Elefant in *Vishuddha* stützt und vorantreibt; als ob er eine Realität aus Konzepten machen würde, die reine Verstandesprodukte sind. Das ist unser Vorurteil: zu *denken,* diese Erzeugnisse seien nicht in Wirklichkeit.

Die ganze Sache hat aber einen Haken, das Ganze ist nicht so einfach. Unsere Spekulationen führen zu Abstraktionen, von denen uns ganz klar ist, daß sie nur unsere Schlußfolgerungen sind. Sie sind künstlich, man weiß nie sicher, ob es sie in Wirklichkeit gibt. Sollten Sie aber per Zufall tatsächlich die Erfahrung machen, daß Ihre Schlußfolgerung stimmt, dann sagen Sie: «Das ist also nun real, mein Gedanke erfaßt die Realität.» Sie sagen beispielsweise: «Morgen gibt es ein Gewitter.» Das ist in dieser Jahreszeit nicht sehr wahr-

192 PLATO, *Der Staat,* Hauptwerke, ausgewählt und eingeleitet von Wilhelm Nestle, Leipzig 1931, S. 205-207.

scheinlich, aber aus allen meteorologischen Daten ziehen Sie diesen Schluß, obwohl Sie es selbst auch für eher unwahrscheinlich halten. Nun haben wir morgen tatsächlich ein Gewitter, und Sie sagen sich: «Ist es nicht wunderbar, daß ich zu diesem Schluß gekommen bin? Mein Gefühl muß richtig gewesen sein.» So bestätigt sich das Denken in der Realität, und diese Realität ergreift den ganzen Menschen. Sie berührt uns durch und durch, wir werden vom Regen durchnäßt, hören den Donner, wir können vom Blitz getroffen werden – wir durchleben das Ganze.

Der Symbolik der Chakren gemäß geschieht etwas Ähnliches in *Vishuddha.* Die Kraft des Elefanten kommt den psychischen Realitäten zu Hilfe, die unser Verstand als bloße Abstraktionen betrachten möchte. Doch neigt sich die Elefantenkraft nie den reinen Verstandesprodukten zu, weil diese nie überzeugend sind; sie brauchen immer die Bestätigung in der äußeren Realität. Für rein psychische Dinge gibt es aber keine Möglichkeit einer solchen Bestätigung. Wir wissen zum Beispiel, daß es unmöglich ist, in der äußeren Wirklichkeit einen Gottesbegriff zu begründen, weil er kein physikalisches Konzept ist. Er hat nichts mit Raum und Zeit zu tun, und daher kann man keine entsprechende Wirkung erwarten. Doch wenn man eine psychische *Erfahrung* macht, die sich uns als psychische Tatsache aufdrängt, dann verstehen wir den Gottesbegriff, und dann können wir ein Konzept daraus machen. Die Abstraktion beziehungsweise der Begriff von Gott stammt aus der Erfahrung. Es handelt sich nicht um unser intellektuelles Konzept, obwohl es auch intellektuell sein kann. Die Hauptsache an dieser Erfahrung ist hingegen, daß sie eine psychische Tatsache ist. Und psychische Tatsachen sind in *Vishuddha* Realität. Deshalb unterstützt die unbezwingbare Kraft der Realität nicht mehr die Gegebenheiten dieser Welt, sondern die psychischen Gegebenheiten.

Vielleicht möchten Sie sehr gerne etwas Bestimmtes tun, aber Sie spüren, daß es einfach nicht sein soll, als gäbe es ein absolutes Verbot. Oder Sie fühlen sehr stark, daß Sie etwas nicht tun wollen, doch der psychische Faktor fordert es, und Sie wissen, dagegen gibt es keinen Widerspruch – Sie müssen diesen Weg ohne zu zögern gehen. Das ist die Macht des Elefanten, die Sie womöglich sogar in den sogenannten Absurditäten spüren. Das sind alles Erfahrungen der Wirklichkeit des *Vishuddha,* wie sie sich in der Symbolik zeigt.

Wir sind erst beim fünften Chakra angelangt und schon völlig außer Atem – wortwörtlich, denn wir haben hier keine Luft zum Atmen; wir reichen nun in eine ferne Zukunft der Menschheit oder unserer selbst. Jeder von uns hat zumindest potentiell die Fähigkeit, das zu erfahren, was in zweitausend, vielleicht zehntausend Jahren eine kollektive Erfahrung sein wird. Was wir jetzt behandeln, gab es schon vor wir wissen nicht wie vielen Millionen von Jahren, in grauer Vorzeit, bei primitiven Medizinmännern oder bei den alten Griechen und Römern – es wurde alles schon vorweggenommen. Und wir selbst nehmen Tausende von Jahren vorweg und reichen also in eine Zukunft, die wir noch nicht besitzen. Es ist daher ziemlich gewagt, vom sechsten Chakra[193] zu sprechen, das natürlich vollkommen jenseits unseres Begreifens liegt, weil wir noch nicht einmal bei *Vishuddha* angekommen sind. Da wir aber diese Symbolik haben, können wir wenigstens theoretische Konstruktionen darüber machen.

Das *Ājñā*-Zentrum sieht wie ein geflügelter Same aus und enthält kein Tier. Das bedeutet, daß es dort keinen psychischen Faktor gibt, nichts, was sich gegen uns richten könnte. Das ursprüngliche Symbol, der *Lingam*, wiederholt sich hier in einer neuen Form, nämlich ganz in Weiß. Statt im dunklen keimhaften Zustand finden wir ihn hier im vollen strahlend weißen Licht, voll bewußt. Mit anderen Worten: Der Gott, der in *Mūlādhāra* schlafend dalag, ist nun voll erwacht und die einzige Wirklichkeit. Deshalb wurde dieses Zentrum der Ort der Vereinigung mit Shiva genannt. Man könnte sagen, es ist das Zentrum der *unio mystica* mit der Gottesmacht, die diese absolute Wirklichkeit verkörpert, wo wir nichts als psychische Realität sind, jedoch als Gegenüber einer psychischen Realität, die nicht wir sind. Und das ist Gott. Gott ist das ewige psychische Objekt; Gott ist einfach ein Wort für das Nicht-Ich. In *Vishuddha* stand der psychischen Realität noch die physische Wirklichkeit gegenüber. Deshalb war die Unterstützung durch den weißen Elefanten nötig, um die Realität der Psyche zu stützen. In uns spielte sich immer noch Psychisches ab, obwohl es schon ein Eigenleben hatte.

Im *Ājñā*-Zentrum bekommt die Psyche jedoch Flügel – hier wissen Sie, daß Sie nichts als Psyche sind. Und doch ist hier eine andere Psyche, ein Gegenstück zu unserer psychischen Realität, das Nicht-Ich, das nicht einmal Selbst genannt werden kann. Und wir wissen, daß wir darin völlig verschwinden werden. Das Ich verschwindet vollständig; das Psychische ist

193 Vom *Ājñā*-Chakra sagt HAUER: «Der Gott, die männliche Kraft, ist auf dieser Stufe verschwunden, doch eine differenzierte weibliche Kraft ist noch am Wirken und verschwindet erst im letzten Chakra. Ich bin nicht sicher, ob Sie dafür psychologische Parallelen finden werden.» (*HS*, S. 90)

nicht mehr ein Inhalt in uns, sondern wir werden selbst zu seinen Inhalten. Dieser Zustand, in dem der weiße Elefant im Selbst verschwunden ist, ist beinahe unvorstellbar. Er ist trotz seiner Stärke nicht mehr wahrnehmbar, weil er sich nicht mehr gegen Sie stellt. Sie sind vollkommen mit ihm identisch. Sie träumen nicht einmal mehr davon, etwas anderes als das zu tun, als was diese Macht von Ihnen fordert; und sie fordert nicht, weil Sie es schon tun. Denn Sie sind die Macht, die schließlich zu ihrem Ursprung, Gott, zurückkehrt.

Es ist müßig, über das dann folgende *Sahasrāra*-Zentrum, den tausendblättrigen Lotus, zu sprechen; es ist ein rein philosophisches Konzept, das für uns keine Bedeutung hat, da es jenseits jeglicher Erfahrungsmöglichkeit liegt. In *Ājñā* gibt es noch die Erfahrung des Selbst, das offensichtlich vom Objekt, Gott, unterschieden ist. In *Sahasrāra* begreift man, daß es diesen Unterschied nicht mehr gibt; da ist Gott nicht mehr, sondern nur noch Brahman. Weil alles eins ist, kann man es nicht mehr erfahren; es gibt kein Gegenüber, keine Zwei. Es ist im Schlafzustand, es ist nicht, es ist *Nirvāna*. Dies ist ein vollkommen philosophisches Konzept, ein rein logischer Schluß aus den durch die unteren Chakren gegebenen Prämissen, und hat für uns keinen praktischen Wert.

Frau Sawyer: Ich möchte gern wissen, ob man im Osten annimmt, daß man während des Weges durch die Chakren jedesmal, wenn ein neues Zentrum erreicht ist, wieder zu *Mūlādhāra* zurückkehren muß?

Dr. Jung: Solange Sie leben, sind Sie natürlich in *Mūlādhāra*. Es ist ganz selbstverständlich, daß Sie nicht ständig in der Meditation oder in Trance leben können. Man muß sich in der Welt bewegen, bewußt werden und die Götter schlafen lassen.

Frau Sawyer: Ja, aber man könnte das von zwei Seiten betrachten: man tut all das gleichzeitig, oder aber der Weg führt mal nach oben, mal nach unten.

Dr. Jung: Die Symbole der Chakren haben dieselbe Bedeutung wie die Bilder der Nachtmeerfahrt, der Besteigung eines heiligen Berges oder einer Initiation. Sie drücken eine kontinuierliche Entwicklung aus, kein Auf und Ab. Das einmal Erreichte kann nicht mehr verlorengehen. Sagen wir, Sie sind in *Mūlādhāra* gewesen und kommen zum Wasser-Zentrum; nachher kehren Sie anscheinend zu *Mūlādhāra* zurück. Aber das tun Sie nicht; die Rückkehr ist eine Illusion, denn Sie haben etwas von sich selbst im Unbewußten zurückgelassen. Niemand berührt das Unbewußte, ohne ein Stück seines Wesens zurückzulassen. Sie können es vergessen oder verdrängen, aber dann sind Sie nicht mehr ganz. Wenn Sie gelernt haben, daß zwei mal zwei vier ist, dann gilt das für die Ewigkeit – es wird nie eine Fünf daraus. Nur die Leute kehren zurück, die meinten, sie hätten das Unbewußte berührt, jedoch nur Illusionen darüber hatten. Wenn Sie es wirklich erfahren haben, können Sie diese Erfahrung nicht verlieren. Zuviel von Ihrem Wesen, von Ihrem Fleisch und Blut ist dort geblieben. Man kann in den vorherigen Zustand zurückkehren und vergessen, daß man ein Bein verloren hat; aber immerhin hat der Leviathan das Bein abgebissen. Viele Menschen, die in das Wasser gegangen sind, sagen, daß sie nie wieder dahin gehen würden. Aber sie haben etwas zurückgelassen, etwas von ihnen ist dort geblieben. Und wenn Sie durch das Wasser gegangen und in das Feuer Ihrer Leidenschaften gekommen sind, können Sie nicht wirklich zurückkehren, weil Sie die Verbindung zu Ihren Leidenschaften, die Sie in *Manipūra* erlangt haben, nicht wieder verlieren können.

FRAU DIEBOLD: Ist das nicht wie bei Wotan, der ein Auge hergeben mußte?

DR. JUNG: Ganz genau. Auch Osiris, der ägyptische Gott der Unterwelt, verlor ein Auge. Wotan mußte ein Auge der Quelle des Mimir, der Quelle der Weisheit, die das Unbewußte ist, opfern. Ein Auge wird in der Tiefe bleiben oder sich ihr zuwenden.[194] Ähnlich beschreibt es auch JAKOB BÖHME in seiner Schrift *Das umgewandte Auge,* wo er schildert, wie er ins «Zentrum der Natur» gezaubert wird. Eins seiner Augen wurde nach innen gedreht; es blickte weiterhin in die Unterwelt, was dem Verlust des Auges gleichkommt. Für diese Welt standen ihm nicht mehr zwei Augen zur Verfügung. Wenn Sie also ein höheres Chakra erreichen, kehren Sie nie wirklich ins vorherige zurück; Sie bleiben dort. Ein Teil von Ihnen kann sich abspalten, aber je höher wir in der Abfolge der Chakren kommen, desto mehr wird uns die scheinbare Rückkehr in den Anfangszustand kosten. Wenn Sie dahin zurückgehen und die Erinnerung an die Verbindung mit dem entsprechenden Chakra vergessen, sind Sie wie ein Gespenst; Sie sind dann nur ein Schatten, ein Nichts, Ihre Erfahrungen sind leer.

FRAU CROWLEY: Soll man also die Chakren, die man durchlaufen hat, alle gleichzeitig erleben?

DR. JUNG: Gewiß. Wir haben festgestellt, daß wir in unserer tatsächlichen psychologischen Entwicklung als Menschheit etwa *Anāhata* erreicht haben.

194 Zu JUNGS Analyse von Wotan, in der er sich nicht speziell mit diesem Motiv befaßt, siehe «Wotan» (1936), in *GW* 10.

Von hier aus können wir *Mūlādhāra* und all die früher durchlaufenen Chakren durch die Kenntnis von Berichten, Überlieferungen und ebenfalls durch unser Unbewußtes kennenlernen. Nehmen wir einmal an, jemand habe das *Ājñā*-Zentrum, den Zustand der völligen Bewußtheit, nicht nur des Selbst-Bewußtseins, erreicht. Das würde ein außerordentlich ausgedehntes Bewußtsein bedeuten, das alles umfaßt – selbst die Energie –, ein Bewußtsein also, das nicht nur weiß: «Das bist Du», sondern auch jeden Baum, jeden Stein, jeden Lufthauch, jeden Rattenschwanz kennt – alles das sind Sie, es gibt nichts, das Sie nicht selbst sind. In einem solchen erweiterten Bewußtsein werden alle Chakren gleichzeitig erlebt, weil es der höchste Bewußtseinszustand ist; er wäre nicht der höchste, wenn er nicht alle früheren Erfahrungen mit einschließen würde.

VIERTE SEMINARSITZUNG[195]

2. November 1932

Dr. Jung: Wir haben hier eine Frage von Herrn Allemann:

«Ich verstehe nicht, weshalb unser tägliches Leben sich ausschließlich in *Mūlādhāra* abspielen soll. Wäre *Mūlādhāra* nicht eher das Dasein von Tieren und von Primitiven, die in vollkommener Harmonie mit der Natur leben? Sollte man unser kultiviertes Leben nicht eher als den *Stūhla*-Aspekt der höheren Chakren betrachten, während das Erwachen der Kundalini einem bewußten Verstehen des *Sūkshma*-Aspektes gleichkäme? Das würde bedeuten, daß wir, um die Kundalini zu wecken, bis zu den Wurzeln der Dinge, zu den Müttern hinuntersteigen und zu allererst bewußt den *Sūkshma*-Aspekt von *Mūlādhāra,* der Erde, begreifen müßten.»

Herr Allemann hat ein höchst kompliziertes Problem aufgeworfen. Ich verstehe seine Schwierigkeiten, denn es ist die Schwierigkeit unseres westlichen Standpunktes, wenn er mit den indischen Ideen konfrontiert wird. Wir stehen vor dem Paradoxon, daß für uns das Bewußtsein ganz oben lokalisiert ist, sozusagen im *Ājñā*-Chakra, und dennoch liegt *Mūlādhāra,* unsere Realität, im untersten Chakra. Ferner ist ein zweiter anscheinender Widerspruch in die Augen springend: *Mūlādhāra* ist, wie wir gesehen haben, unsere Welt. Wie kann sie also, nach dem Chakrensystem, im Becken lokalisiert sein?

Ich will daher versuchen, noch einmal eine zusammenfassende Erklärung zu geben. Wir müssen aber dafür zunächst die *Symbolik* der Chakren und die *Philosophie* des *Stūhla-Sūkshma*-Aspektes ganz auseinanderhalten. Die drei Aspekte *Stūhla, Sūkshma* und *Para* sind philosophische Sichtweisen, ideelle Standpunkte der Betrachtung. Jedes Chakra kann theoretisch von allen drei Aspekten aus betrachtet werden. Die Chakren aber sind *Symbole,*

195 [Anmerkung zur englischen Ausgabe von 1932: dieses Seminar wurde von Toni Wolff für den Bericht über das deutsche Seminar arrangiert, mit zusätzlichem Material von Dr. Jung.]

bildliche Zusammenfassungen von komplizierten und vielfältigen Zusammenhängen und Tatbeständen.

Das Wort Symbol kommt von dem griechischen Verb *symballein,* das heißt zusammenwerfen. Es handelt sich also um zusammengetragenes, auf einen Haufen zusammengeworfenes Material, welches wir, wie der Ausdruck zeigt, als ein zusammengehöriges Ganzes empfinden. Man könnte das Wort Symbol übersetzen mit «Zusammengeschautes» oder «Zusammenschau». Wir brauchen ein Symbol immer dann, wenn es sich um eine Mannigfaltigkeit von Aspekten oder um eine Vielheit von Dingen handelt, die ein zusammenhängendes Ganzes bilden, in allen Einzelheiten aufs engste miteinander verflochten, so daß wir keine Teile davon abtrennen und abgesondert erklären dürfen, wenn wir den Zusammenhang nicht zerstören und den Sinn des Ganzen nicht verlieren wollen. Die moderne Philosophie hat diese Art der Betrachtung in dem Begriff der *Gestalt*theorie[196] formuliert. Das Symbol ist eine lebendige Gestalt, die Totalität eines höchst komplexen Tatbestandes, der zunächst unser intellektuelles Formulierungsvermögen übersteigt und anders als durch ein Bild gar nicht ausgedrückt werden kann.

Nehmen Sie als Beispiel wieder das Problem der Erkenntnis, dessen große und mannigfaltige Schwierigkeiten die Denker seit den Anfängen der Philosophie beschäftigt hat; PLATO zum Beispiel konnte es noch nicht meistern. Er mußte bei dem Symbol der Höhle bleiben und es durch *Anschauung* beschreiben. Es brauchte zweitausend Jahre, bis KANT eine *Erkenntnistheorie* formulieren konnte.

So sind auch die Chakren Symbole für weitverzweigte und komplexe psychische Tatbestände, die wir anders als bildlich noch gar nicht ausdrücken können. Die Chakren sind darum so wertvoll für uns, weil sie einen wirklichen Versuch darstellen, eine symbolische Theorie der Psyche zu geben. Die Psyche ist etwas so ungeheuer Kompliziertes, sie besteht aus so weiten Gebieten uns unbekannter Faktoren, ihre verschiedenen Aspekte greifen dermaßen ineinander über und sind miteinander so verflochten, daß wir beständig Symbole brauchen müssen, um darzustellen, was wir davon wissen. Jede Theorie darüber wäre verfrüht, weil sie nur an Einzelheiten hängen bleiben und den Zusammenhang aus dem Auge verlieren würde.

Gerade die Auslegung der Chakren, die ich zu geben versuchte, zeigt Ihnen, um welch schwer zugängliche Inhalte und komplexen Tatbestände es

196 Siehe KURT KOFFKA, *Principles of Gestalt Psychology,* New York 1935.

sich handelt, wenn wir uns mit der Gesamtheit der Psyche beschäftigen, und nicht nur mit dem Bewußtsein. Deshalb sind die Chakren für uns eine wertvolle Wegbegleitung in dieses dunkle Gebiet; denn der Osten, und speziell Indien, hat immer versucht, das Ganze der Psyche zu verstehen. Er hat eine Institution des Selbst, deshalb sind ihm das Ich und das Bewußtsein nur mehr oder weniger unwesentliche Teile davon. Uns erscheint das alles sehr fremd; es kommt uns vor, als ob Indien vom Hintergrund des Bewußtseins fasziniert sei, denn wir sind ganz identisch mit unserem Vordergrund, mit dem Bewußtsein. Der Hintergrund wird aber jetzt auch bei uns lebendig, und weil er so schwer zugänglich und so dunkel ist, sind wir genötigt, ihn zunächst symbolisch darzustellen. So ist zum Beispiel der paradoxe Tatbestand, daß *Mūlādhāra* im Becken lokalisiert ist und zugleich unsere Welt bedeutet, nur in symbolischer Darstellung ausdrückbar. Ebenso der anscheinende Widerspruch, daß unser Bewußtsein ganz oben im Kopf sitzt und wir dennoch im untersten Zentrum, eben in *Mūlādhāra*, leben.

Mūlādhāra ist, wie wir im ersten englischen Seminar[197] gesehen haben, das Symbol für unseren seelischen Zustand, in dem wir in der irdischen Kausalverknüpfung leben. Es stellt die Verknüpftheit und Abhängigkeit unseres bewußten Lebens dar, *so wie es ist.* Nicht etwa nur die äußere Welt, sondern unser gesamtes Bewußtsein aller äußeren und inneren persönlichen Erfahrungen ist *Mūlādhāra.* Wir sind in unserem täglichen bewußten Leben wie hochentwickelte Tiere, verhaftet, verknüpft, bedingt von der Umwelt. Unser westliches Bewußtsein aber sieht das keineswegs so. Da leben wir in unserer Welt im Gegenteil ganz oben. Im Vergleich zu den Tieren leben wir im *Ājñā*-Zentrum. Unser Bewußtsein ist im Kopf lokalisiert, wir haben ein Kopfgefühl, wir denken und wollen; wir sind Herren über die Natur und die Umweltbedingungen und über die blinden Gesetze, von denen die Primitiven abhängen. Da sind wir ganz oben und schauen hinunter auf die Tiere und auf die Natur. Von uns aus gesehen ist der «Urmensch» ein Neanderthaler, nicht viel besser als ein Tier. Wir sehen nicht, daß Gott auch als Tier erscheint. Tier heißt für uns «tierisch». Was über uns sein sollte, erscheint unter uns als ein Zurück und Hinunter. Darum «gehen wir ins *Svādhishthāna* hinunter», oder «fallen» in die Emotionalität des *Manipūra.* Weil wir mit dem Bewußtsein identisch sind, reden wir vom Unterbewußtsein. Wir steigen auf eine tie-

197 Das Visions-Seminar hatte am selben Tag wieder angefangen. Zu Jungs Bemerkungen über *Mūlādhāra* siehe *The Visions Seminar* Bd. 7, S. 10.

fere Stufe hinunter, wenn wir ins Unbewußte gehen. Wir können daher sagen, die Menschheit im allgemeinen sei etwa im *Anāhata*-Chakra angelangt, insofern sie sich den unpersönlichen Werten von *Anāhata* verpflichtet fühlt. Alle Kultur schafft unpersönliche Werte. Ein Denker, dessen Ideen eine vom Alltag unabhängige Aktivität haben, kann sogar sagen, er sei im *Vishuddha*- oder beinahe im *Ājñā*-Zentrum.

Aber das alles ist nur der *Stūhla*-Aspekt. Der *Stūhla*-Aspekt ist der persönliche Aspekt. Uns persönlich scheint es so, als ob wir oben wären. Weil unser Bewußtsein und die allgemeine unpersönliche Kultur etwa im *Anāhata*-Zentrum sind, meinen wir, wir seien überhaupt dort. Wir sind mit unserem Bewußtsein identifiziert und sehen darum nicht, daß außerhalb des Bewußtseins auch noch etwas da ist, und daß dieses Etwas nicht oben ist, sondern unten.

Wir können aber durch die Psychologie oder die tantrische Philosophie einen Standpunkt bekommen, der uns zeigt, daß es unpersönliche Geschehnisse gibt. Die Betrachtung vom unpersönlichen Standpunkt aus ist der *Sūkshma*-Aspekt. Wir können diesen Standpunkt bekommen, weil wir, insoweit wir Kultur schaffen, unpersönliche Werte schaffen. Damit fangen wir an, den *Sūkshma*-Aspekt zu sehen. In der Kultur haben wir die Ahnung von anderen psychologischen Möglichkeiten, weil in ihr das Unpersönliche erscheint. In der Kultur manifestiert sich das Chakrensystem, darum kann sie eingeteilt werden in verschiedene Stufen: in Bauch-, Herz- und Kopf-Zentren. Darum können wir im Individuum oder in der Menschheitsentwicklung die verschiedenen Zentren erleben und nachweisen. Wir fangen im Kopf an, wir sind mit unseren Augen und unserem Bewußtsein identisch; losgelöst und objektiv überblicken wir die Welt. Das ist *Ājñā.* Aber wir können nicht beständig in der reinen Sphäre unbeteiligter Betrachter verweilen, wir müssen unsere Gedanken verwirklichen, wir sprechen sie aus und vertrauen sie damit der Luft an. Wenn wir der Erkenntnis Worte geben, sind wir in der Kehlkopfregion von *Vishuddha.* Sobald wir aber etwas sagen, das besonders schwierig ist oder das uns positive oder negative Gefühle verursacht, bekommen wir Herzklopfen, und dann beginnt *Anāhata* zu wirken. Und noch einen Schritt weiter: wenn zum Beispiel die Auseinandersetzung mit dem andern erregt wird, wenn wir ärgerlich und zornig werden und außer uns geraten, sind wir schon in *Manipūra.*

Wenn man noch weiter hinuntergeht, so wird die Situation unmöglich, denn dann beginnt der Körper zu sprechen. In England besteht deshalb ein

Tabu für alles, was unter dem Zwerchfell liegt. Die Deutschen geraten immer etwas darunter und werden leicht affektiv. Die Russen leben überhaupt unterhalb des Zwerchfells, sie bestehen nur aus Emotionen. Die Franzosen und Italiener tun zwar so, als ob sie unterhalb des Zwerchfells wären, sie wissen aber ganz genau, daß sie es nicht sind, und es glaubt ihnen auch niemand.

Es ist auch wirklich sehr heikel und peinlich davon zu sprechen, was in *Svādhishthāna* geschieht. Wenn zum Beispiel eine Emotion eine große Intensität erreicht, drückt sie sich nicht mehr durch Worte aus, sondern physiologisch. Sie verläßt den Körper nicht durch den Mund, sondern auf andern Wegen, beispielsweise durch die Blase. *Svādhishthāna* ist der Anfang des psychischen Lebens überhaupt. Erst als diese Schicht anfing zu wirken, wachte die Menschheit aus dem Schlafzustand von *Mūlādhāra* auf und lernte die ersten Regeln des körperlichen Anstandes. Der Anfang der moralischen Erziehung bestand darin, die Bedürfnisse an passenden Orten zu verrichten, wie es in der Erziehung des kleinen Kindes noch geschieht. Auch die Hunde haben dies gelernt, sie leben bereits in *Svādhishthāna,* indem sie ihre Visitenkarte an Bäumen und Straßenecken abgeben. Die nachfolgenden Hunde lesen die Botschaft und wissen dann, wie das Land ausschaut, ob der vorausgehende Hund zu essen hatte oder nicht, und ob es ein großer oder kleiner Hund war, was in der Brunstzeit besonders wichtig ist. So können sie einander alle möglichen Nachrichten geben und sich danach richten.

Dieser erste und unterste Ausdruck psychischen Lebens wird auch von Menschen noch gebraucht, zum Beispiel von ganz primitiven Verbrechern. Sie wissen, was man unter *grumus merdae* versteht; der Dieb deponiert seine Exkremente an dem Ort, den er geplündert hat, und will damit sagen: das ist meine Unterschrift, dieser Ort gehört mir, wehe dem, der mir in die Quere kommen möchte. Es ist also eine Art apotropäischen Zaubers und ein archaisches Relikt. Denn in primitiven Umständen kommt dieser Zeichensprache tatsächlich eine große, sogar vitale Bedeutung zu. Die Losung der Tiere ist eine höchst wichtige und notwendige Indikation: Der Mensch entnimmt daraus, ob gefährliche oder nützliche Tiere diese Spur hinterlassen haben, und ob sie frisch oder alt ist. Dasselbe gilt natürlich von menschlichen Spuren; wenn feindliche Stämme in der Nähe sind, so bedeuten frische menschliche Exkremente ein Alarmsignal. Je primitiver die Lebensbedingungen, um so mehr kommt das Psychische auf dieser Stufe zur Geltung. Sie ist auch die erste Sprache der Natur. *Svādhishthāna*-Psychologie findet sich daher auch häufig in unseren Träumen, und gewisse Witze und die drastischen Späße des Mittelalters sind voll davon.

Über *Mūlādhāra* wissen wir nichts, denn hier ist alles psychische Leben im Schlafzustand. Herr Allemann hat daher ganz recht zu sagen, *Mūlādhāra* wäre das Dasein von Tieren und von Primitiven, die in vollkommener Harmonie mit der Natur leben, während unser kultiviertes Leben als der *Stūhla*-Aspekt der höheren Chakren zu betrachten sei. Das Erwachen der Kundalini käme dann einem bewußten Verstehen des *Sūkshma*-Aspektes gleich. Das ist durchaus so. Wie machen wir es nun aber, um bewußt den *Sūkshma*-Aspekt von *Mūlādhāra*, der Erde, zu begreifen?

Hier kommen wir wieder an die große Schwierigkeit und an das Paradoxale, daß wir mit unserem Bewußtsein in *Ājñā* sind, und dennoch in *Mūlādhāra* leben. Das ist der *Stūhla*-Aspekt. Wie können wir aber einen anderen Aspekt gewinnen? Man kann bekanntlich eine Sache nicht verstehen, solange man ganz darin aufgeht und mit ihr identisch ist. Nur wenn man einen Standpunkt außerhalb einnimmt, kann man das ganz begreifen, worin man vorher war, wie man zum Beispiel die Nation, den Kontinent oder die Rasse, der man angehört, erst dann objektiv beurteilen kann, wenn man eine Zeitlang in der Fremde, in einem anderen Erdteil, lebt und den eigenen so von außen sehen kann.

Wie können wir also unseren persönlichen Standpunkt, eben den *Stūhla*-Aspekt, aufheben und uns in einen anderen, unpersönlichen begeben und damit erkennen, wo wir in dieser Welt eigentlich sind, nämlich eben in *Mūlādhāra*? *Mūlādhāra* ist ja der psychische Schlafzustand; also haben wir dort kein Bewußtsein und können nichts über ihn aussagen. Ich habe am Anfang gesagt, daß wir durch die Kultur unpersönliche Werte schaffen, dadurch eine Ahnung von anderen psychologischen Möglichkeiten bekommen und einen anderen Zustand erreichen können. Durch das Schaffen von unpersönlichen Werten fangen wir mit dem *Sūkshma*-Aspekt an. So sehen wir die Dinge im *Sūkshma*-Aspekt, wenn wir Symbole schaffen. Wir können auch unsere Psyche im *Sūkshma*-Aspekt sehen; die Symbole der Chakren sind der *Sūkshma*-Aspekt der Psyche. Ich kann Ihnen diesen Standpunkt auch nur in einem Symbol beschreiben. Es ist, wie wenn wir unsere Psychologie und die Psychologie der Menschheit vom Standpunkt der vierten Dimension aus anschauten, nicht beschränkt von Raum und ausgebreitet in der Zeit. Von diesem Standpunkt aus ist das Chakrensystem geschaffen. Es ist ein überzeitlicher und überindividueller Standpunkt.

Ein solcher überpersönlicher Standpunkt ist der geistige Standpunkt Indiens überhaupt. Die Inder fangen nicht wie wir mit der Erklärung der Welt beim Wasserstoffatom an und beschreiben nicht die Entwicklung der Menschheit oder des Individuums von unten nach oben, von tiefer Unbewußtheit zu höchster Bewußtheit. Sie sehen die Menschheit nicht vom *Stūhla*-Aspekt. Sondern sie reden nur vom *Sūkshma*-Aspekt aus und sagen daher: «Am Anfang war das Eine, Brahman, ohne ein Zweites. Es ist das *eine* unzweifelhaft Reale, seiend und nicht-seiend.»[198] Sie beginnen in *Sahasrāra*, sie reden die Sprache der Götter, sie denken den Menschen von oben herunter, vom *Sūkshma*- oder *Para*-Aspekt aus. Die innere Erfahrung ist für sie Offenbarung, sie haben sie geschaut, und sie würden nie sagen: ich habe es gedacht.

Wir sehen den Osten natürlich ganz anders; wir können mit Recht sagen, die kollektive Kultur Indiens sei in *Mūlādhāra*, verglichen mit unserer bewußten *Anāhata*-Kultur. Wir brauchen uns bloß die Lebensbedingungen Indiens vorzustellen, seine Armut, seinen Schmutz, seinen Mangel an Hygiene und alles, was es nicht kennt an wissenschaftlichen und technischen Errungenschaften. Vom *Stūhla*-Aspekt aus gesehen ist die kollektive Kultur Indiens auch tatsächlich in *Mūlādhāra*, während die unsere in *Anāhata* angelangt ist. Die indische Auffassung aber begreift die Menschheit vom *Sūkshma*-Aspekt aus, und von ihm aus gesehen ist alles gerade umgekehrt. Unser persönliches Bewußtsein kann zwar in *Anāhata* oder gar in *Ājñā* lokalisiert sein; unsere psychische Totalsituation befindet sich aber dennoch unzweifelhaft in *Mūlādhāra*.

Wenn wir daher mit der Welterklärung in *Sahasrāra* beginnen und zum Beispiel eine Vorlesung mit den Vedānta-Worten eröffnen würden: «Diese Welt war am Anfang nur Brahman allein; dieses, da es allein war, war nicht entfaltet. Es wußte allein sich selbst, und es erkannte: Ich bin Brahman. Dadurch ward es zu diesem Weltall» – so würde man uns mit Recht für verrückt halten oder zum mindesten glauben, wir befänden uns in einer Erweckungsversammlung. Wir fangen daher, wenn wir vernünftig sind und in der Realität leben, immer bei den alltäglichen banalen Begebenheiten und beim Praktischen und Konkreten an, um eine Sache zu schildern. Wir beginnen im *Stūhla*-Aspekt. Für uns ist das unzweifelhaft Reale unser Beruf, der Ort, wo wir wohnen, unser Bankkonto, unsere Familie und unsere gesellschaftlichen

198 JUNG liefert einen ausführlichen Kommentar zu Brahman in «Das Typenproblem in der Dichtkunst», in *GW* 6, 1994, §§ 326–347.

Beziehungen. Wir müssen diese Realitäten auch unbedingt als unsere Prämissen annehmen, wenn wir überhaupt leben wollen. Ohne das persönliche Leben, ohne das Hier und Jetzt können wir nicht zum Unpersönlichen gelangen. Das persönliche Leben muß sich vollenden, damit der Prozeß des Unpersönlichen eingeleitet werden kann.

Das Unpersönliche ist, wie Sie wissen und wie wir aus den Visionen unseres Seminars immer wieder sehen, ein Geschehen außerhalb des Ich und jenseits des Bewußtseins. Es handelt sich in den Phantasien unserer Patientin immer um Symbole und Erlebnisse, die nicht sie als Frau Soundso angehen, sondern die aus der allgemeinen Menschheitsseele in ihr stammen und daher allgemeinen Inhalts sind. In der Analyse wird der unpersönliche Prozeß erst eingeleitet, wenn alles persönliche Leben wahrgenommen worden ist. Die Psychologie erschließt so einen Standpunkt und Erfahrungen jenseits des Ichbewußtseins. Dasselbe geschieht in der tantrischen Philosophie, nur mit dem Unterschied, daß das Ich dort gar keine Rolle spielt. Dieser Standpunkt und diese Erfahrung geben Antwort auf die Frage, wie wir uns aus den erdrückenden Realitäten der Welt, das heißt unseres mit der Welt verstrickten Bewußseins, befreien können. Sie erinnern sich zum Beispiel an die Symbole des Wassers und des Feuers, an ein Bild, in dem die Patientin in den Flammen steht.[199] Das ist das Hineintauchen in das Unbewußte, in das Taufwasser von *Svādhishthāna*, und das Erleiden des *Manipūra*-Feuers. Wir verstehen jetzt, daß das Hineintauchen in das Wasser und das Stehen im Feuer nicht ein Hinunter ist, kein Fallen in niedrigere Schichten, sondern ein Hinauf. Denn es ist eine Entwicklung über das bewußte Ich hinaus, eine Erfahrung vom Persönlichen weg ins Unpersönliche, eine Erweiterung des Individuums zum Allgemeinmenschlichen. Die Assimilierung des kollektiven Unbewußten ist nicht auflösend, sondern kulturschaffend.

Erst von diesem Standpunkt aus, erst wenn man das Taufwasser von *Svādhishthāna* berührt hat, kann man erkennen, daß unsere bewußte Kultur trotz aller Höhe noch in *Mūlādhāra* ist. Mit unserem persönlichen Bewußtsein können wir *Ājñā* erreicht haben, unsere Rasse kann allgemein in *Anāhata* sein; aber das ist alles noch persönlich, noch *Stūhla*-Aspekt, denn es gilt nur für unser Bewußtsein. Und solange das Ich mit dem Bewußtsein identisch ist, ist es in dieser Welt verstrickt, und diese Welt ist die Welt des *Mūlād-*

199 [Anmerkung zur Ausgabe von 1932: English Seminar print no. 27.] Jung hatte dieses Bild früher an diesem Tag kommentiert (*The Visions Seminar*, Bd. 7, S. 11).

hāra-Chakra. Daß sie es aber ist, sehen wir erst, wenn wir eine Erfahrung und somit einen Standpunkt jenseits des Bewußtseins haben. Erst wenn wir mit den weiten Bezirken der Psyche bekannt werden und nicht mehr innerhalb der Bewußtseinsschranken bleiben, können wir wissen, daß unser Bewußtsein in der *Mūlādhāra*-Welt verstrickt ist.

So geben uns auch die Symbole der Chakren einen Standpunkt außerhalb des Bewußtseins. Sie sind Intuitionen über die Psyche als Ganzes, über ihre verschiedenen Zustände und Möglichkeiten. Sie symbolisieren die Psyche von einem kosmischen Standpunkt aus; es ist, wie wenn ein Überbewußtsein, ein allumfassendes göttliches Bewußtsein, von oben herunter die Psyche überschaute. Von diesem vierdimensionalen Bewußtsein aus können wir erkennen, daß wir tatsächlich noch in *Mūlādhāra* leben. Das ist der *Sūkshma*-Aspekt. Von ihm aus gesehen, steigen wir in das Unbewußte hinauf, denn es erlöst uns von dem Nur-Persönlichen, vom Tagesbewußtsein. In diesem sind wir tatsächlich unten, verstrickt, verwurzelt, Täuschungen unterworfen, abhängig, nicht viel freier als die höheren Tiere. Wir haben zwar Kultur, aber die Kultur ist immanent, es ist Kultur in *Mūlādhāra*. Wir können unser Bewußtsein zwar bis ins *Ājñā*-Zentrum entwickeln, aber unser *Ājñā* ist persönliches *Ājñā* und darum in *Mūlādhāra*. Wir wissen trotzdem nicht, daß wir in *Mūlādhāra* sind, wie die Indianer nicht wissen, daß sie in Amerika leben. Unser *Ājñā* ist in der Welt gefangen. Es ist der Lichtfunke, der in der Welt gefangen ist, und wenn wir denken, so denken wir bloß aus ihm.

Der Inder aber denkt aus dem großen Licht der Welt. Er denkt nicht vom persönlichen, sondern vom kosmischen *Ājñā* aus. Er denkt von Brahman aus, und wir denken vom Ich aus. Wir denken vom Einzelnen ins Weite, der Inder vom Weiten ins Einzelne. Vom *Sūkshma*-Aspekt aus ist alles umgekehrt. Da sehen wir, daß wir überall in die Kausalwelt eingeschlossen sind, daß wir gar nicht oben sind, sondern ganz unten. Da sitzen wir im Loch, im Becken der Welt. Unsere *Anāhata*-Kultur ist ein *Anāhata* in *Mūlādhāra*. Es ist nur unsere Bewußtheit, gefangen in *Mūlādhāra*. Vom *Sūkshma*-Aspekt aus gesehen ist alles noch in *Mūlādhāra*.

Auch das Christentum basiert auf dem *Sūkshma*-Aspekt. Auch für es ist die Welt nur eine Vorbereitung auf einen höheren Zustand, und das Hier und Jetzt, das Verhaftetsein an diese Welt, ein Irrtum und eine Sünde. Die Sakramente und Riten der frühen Kirche hatten alle den Sinn, den Menschen aus dem nur persönlichen Zustand zu erlösen und ihn des höheren Zustandes symbolisch teilhaftig werden zu lassen. Im Mysterium der Taufe – im Ein tauchen in *Svādhishthāna* – stirbt der «alte Adam» und der geistige Mensch wird geboren. Die Verklärung und Himmelfahrt CHRISTI ist die symbolische Darstellung und Antizipation des Herausgehobenwerdens über das Persönliche in das Unpersönliche; denn in der alten Kirche hat CHRISTUS die Bedeutung des Mystagogen und damit die Verheißung dessen, was der Myste oder Initiant ebenfalls erreichen kann.

Für den westlichen Nichtchristen aber ist das Hier und Jetzt zunächst das einzig Reale. Der *Stūhla*-Aspekt, das Verwurzeltsein in *Mūlādhāra*, muß zuerst völlig gelebt werden, damit wir nachher darüber hinauswachsen können. Bevor wir so weit sind, dürfen wir gar nicht wissen, daß wir in *Mūlādhāra* gefangen sind. Nur auf diese Weise entwickeln wir unser persönliches Bewußtsein bis in die Höhe des *Ājñā*-Zentrums, und nur so erschaffen wir Kultur. Es ist zwar noch eine immanente Kultur. Aber hinter der Kultur steht die Gottheit, das Unpersönliche. Und damit gelangen wir in den *Sūkshma*-Aspekt. Dann erst sehen wir, daß das, was uns als Gipfel vorkommt, nur persönlich ist, nur der Lichtfunke von Bewußtsein. Dann sehen wir, daß, vom Ganzen der Psyche aus gesehen, nur unser persönliches Bewußtsein *Ājñā* erreicht hat, daß wir aber, vom kosmischen Chakrensystem aus gesehen, noch in *Mūlādhāra* sind.

Man kann dies am besten durch ein Bild illustrieren: Stellen Sie sich das kosmische Chakrensystem als einen ungeheuren Wolkenkratzer vor, der tief in die Erde hinunterreicht und dessen unterirdischer Teil sechs übereinanderliegende Keller enthält. Man kann dann vom ersten bis in den sechsten Keller hinauffahren, aber man befindet sich immer noch im Schoß der Erde. Dieses ganze Kellersystem ist das kosmische *Mūlādhāra*, und wir befinden uns immer noch darin, auch wenn wir bis zum sechsten Keller, unserem persönlichen *Ājñā*, hinaufgelangt sind. Das müssen wir uns immer vor Augen halten. Sonst geraten wir in das theosophische Mißverständnis, das Persönliche mit dem Kosmischen, den individuellen Lichtfunken mit dem göttlichen Licht zu verwechseln, und dann sind wir gar nirgends mehr, sondern haben bloß eine ungeheure Inflation.

Vom kosmischen Chakrensystem aus sehen wir also, daß wir ganz unten sind, daß unsere Kultur eine Kultur in *Mūlādhāra* ist, eine nur persönliche Kultur, wo die Götter noch schlafen. Darum müssen wir die Kundalini erwecken, um dem individuellen Bewußtseinsfunken das Licht von den Göttern klarzumachen. In der Gedankenwelt und im Psychischen können wir diesen anderen Zustand erreichen, wir können uns vom *Sūkshma*-Aspekt aus betrachten, aber dann dreht sich alles um. Dann sehen wir, daß wir im Loch sitzen, und daß wir nicht ins Unbewußte hinuntersteigen, sondern daß es eine Entwicklung hinauf bedeutet. Das Unbewußte aktivieren heißt, das Göttliche, die Kundalini erwecken, die unpersönliche Entwicklung im einzelnen einleiten, um das göttliche Licht anzuzünden. Kundalini, die erweckt werden muß in der schlafenden *Mūlādhāra*-Welt, ist das Unpersönliche, das Nicht-Ich, die Totalität der Psyche, durch die allein wir kosmisch oder metaphysisch in die höheren Chakren gelangen. Darum ist Kundalini auch der *Soter*, die Erlösungsschlange. Diese Betrachtungsweise ist *Sūkshma*-Aspekt. Der *Sūkshma*-Aspekt ist die innere, kosmische Bedeutung des Geschehens, der «subtle body», das Unpersönliche.

Der *Para*-Aspekt, den Professor HAUER den metaphysischen nannte, ist für uns eine reine theoretische Abstraktion; der westliche Geist kann nichts damit anfangen. Für das indische Denken sind solche hypostasierten Abstraktionen viel konkreter und substantieller. Für den Inder ist zum Beispiel Brahman oder *Purusha* die unzweifelhafte Gegebenheit. Für uns ist es das letzte Ergebnis einer äußerst kühnen Spekulation.

FRAU BAYNES: Was versteht Professor HAUER unter dem metaphysischen Aspekt?[200]

DR. JUNG: Das ist wieder der *Sūkshma*-Aspekt. Wir können nur in Symbolen davon sprechen. Solche Symbole sind zum Beispiel das Wasser, das Feuer, die *katabasis* in das Unbewußte.

FRAU CROWLEY: Besteht eine Beziehung zwischen den *Samskāras* und dem Schöpferischen? Und ist hier ein Zusammenhang mit dem *Puer aeternus?*[201]

DR. JUNG: Die *Samskāras* können mit *Mūlādhāra* verglichen werden, denn sie sind die unbewußten Bedingungen, in denen wir leben. Die *Samskāra* sind ererbte Keime, unbewußte Determinanten, präexistente Qualitäten des Kommenden, das Leben in den Wurzeln. Der *Puer aeternus* aber ist der Schößling, der aus den Wurzeln sprießt, der Versuch zur Synthese und zur

200 HAUER definierte sein Konzept des Metaphysischen folgendermaßen: «Ich mache einen Unterschied zwischen der Theologie des Tantra Yoga [...] das heißt ihrer Art, die Götter zu sehen, der Art, wie sie sie gestaltet usw., und der Metaphysik, die der philosophische Aspekt dieser Theologie ist.» (*HS* S. 25–26) Hierin schloß er die Unterschiede zwischen dem *Stūhla*-, dem *Sūkshma*- und dem *Para*-Aspekt ein.

201 Zum *Puer aeternus* siehe MARIE-LOUISE VON FRANZ, *Der Ewige Jüngling*, München: Kösel 1987; und *Puer Papers*, herausgegeben von James Hillman, Dallas 1979.

Befreiung aus *Mūlādhāra.* Denn einzig durch eine Synthetisierung der präexistenten Bedingungen können wir uns von diesen befreien.

DR. REICHSTEIN: Sind die *Samskāras* die Archetypen?

DR. JUNG: Ja, die erste Form unserer Existenz ist ein Leben in den Archetypen. Die Kinder leben darin, bevor sie «Ich» sagen können. Diese Welt des kollektiven Unbewußten ist so herrlich, daß sie immer wieder dorthin zurückgezogen werden und sich nur schwer davon trennen können. Es gibt Kinder, die die Erinnerung an diesen über alle Maßen wunderbaren psychischen Hintergrund nie verlieren. Diese Erinnerungen leben noch in Symbolen. Die Inder nennen sie «Juwelenwelt» oder *Manidvipa,* die Juweleninsel im Nektarmeer. Aus dieser Wunderwelt des kollektiven Unbewußten gelangt dann das Kind durch eine plötzliche Erschütterung in den *Stūhla*-Aspekt oder, anders ausgedrückt, nach *Svādhishthāna.* Sobald es seinen Körper spürt, sich unbehaglich fühlt und schreit, wird es seines eigenen Lebens, seines Ich bewußt, und damit hat es *Mūlādhāra* verlassen. Nun beginnt sein eigenes Leben; sein Bewußtsein fängt an, sich von der Ganzheit der Psyche abzulösen, und die Welt der urtümlichen Bilder, die Wunderwelt des Glanzes liegt für immer hinter ihm.

FRAU CROWLEY: Besteht ein Zusammenhang zwischen *Citta*[202] und Kundalini?

DR. JUNG: *Citta* ist der bewußte und unbewußte psychische Bereich, die

202 WOODROFFE stellte fest: «Chitta ist seiner Wesenseigentümlichkeit nach eine Fähigkeit (vritti), durch die hauptsächlich der Geist sich all das ins Gedächtnis zurückruft (smaranam), das zuvor Anubhava oder Pratyaksha Jñāna, d.h. unmittelbare Erkenntnis gewesen ist.» (Avalon, *Die Schlangenkraft,* S. 44) Für HAUER ist «citta absolut alles, was in unserer inneren Welt ist. [...] Alles steht unter der Macht von citta, und deshalb ist citta ‹Seele› in dem Sinne, daß er den kompletten inneren Kosmos verkörpert. [...] Wenn ich Dr. Jungs Psychologie tief genug verstehe, fühle ich, daß sein Begriff der Seele etwas vom Begriff des citta hat.» (*HS,* S. 33) ZIMMER definierte *Citta* als «alles, was durch den Geist erfahren und getätigt wird.» (HEINRICH ZIMMER, *Philosophie und Religion Indiens,* Zürich: Rhein 1961, S. 290) SURENDRANATH DASGUPTA meinte: «Die Zustände oder vrittis von citta werden auf fünf Arten beschrieben: (1) als richtige Erkenntnis, (2) illusionäres Wissen, (3) Imagination, (4) Schlaf und (5) Erinnerung.» (DASGUPTA, *Yoga Philosophy in Relation to Other Systems of Indian Thought,* Kalkutta 1930, S. 273) FEUERSTEIN schreibt: «Das Wort *citta* ist das Partizip Perfekt Passiv der Wurzel des Verbums cit, das ‹erkennen, beobachten, wahrnehmen› bedeutet, und auch ‹hell sein, leuchten›. Es wird immer dann gebraucht, wenn geistig-seelische Erscheinungen in Verbindung mit bewußter Aktivität ausgedrückt werden sollen.» (GEORG FEUERSTEIN, *The Philosophy of Classical Yoga,* Manchester 1980, S. 58) Ein Kommentar zu den Schwierigkeiten, diesen Begriff zu übersetzen, findet sich ebenda und bei AGEHANANDA BHARATI, *Die Tantra-Tradition,* Freiburg/Breisgau: Aurum 1977, S. 46–49.

kollektive Mentalität, die Sphäre, in der die Erscheinung der Kundalini stattfindet. *Citta* ist einfach unser Erkenntnisorgan, das empirische Ich, in das die Kundalini einbricht.[203] Kundalini ist ihrem Wesen nach ganz verschieden von *Citta*. Daher ist ihre plötzliche Erscheinung das Auftauchen eines dem *Citta* ganz fremden Elementes. Wäre sie nicht vom *Citta* völlig verschieden, so könnte sie gar nicht wahrgenommen werden.

Wir sollten aber über diese Begriffe nicht zu viel spekulieren, denn sie beziehen sich auf Vorstellungen, wie sie nur dem indischen Denken eigentümlich sind. Daher müssen wir in ihrer Verwendung sparsam sein. Im allgemeinen sind unsere psychologischen Termini für unseren Gebrauch völlig genügend. Es ist am besten, wenn wir die indischen Anschauungen nur dort als *Termini technici* verwenden, wo unsere eigene Terminologie unzureichend ist. So sind wir genötigt, zum Beispiel die Begriffe *Mūlādhāra* oder *Stūhla*- und *Sūkshma*-Aspekt aus dem Indischen zu übernehmen, da unsere Sprache keine Ausdrücke für die entsprechenden psychischen Tatsachen hat. Einen Begriff wie *Citta* aber brauchen wir nicht. Auch der Begriff der Kundalini hat für uns nur dann einen Zweck, wenn wir ihn benützen, um unsere eigenen Erfahrungen mit dem Unbewußten zu bezeichnen, die mit der Einleitung des unpersönlichen Prozesses zu tun haben. Erfahrungsgemäß tritt dabei das Schlangensymbol sehr häufig auf.

203 In seinem Kommentar zu Patañjalis Yoga-Sūtra übersetzte Jung *Citta* als Bewußtsein. (*Modern Psychology* 3, S. 122)

ANHANG

1. INDISCHE PARALLELEN[204]

11. Oktober 1930

An diesem letzten Seminartag soll ein Begriff gegeben werden von dem, was das Gesehene bedeutet, wie es aufzufassen ist. Diese Bilderfolge ist nicht als ein Rezept demonstriert worden. Wir dürfen nicht die europäische Welt und unsere eigenen Tatsachen überspringen und aus einem solchen Prozeß eine therapeutische Methode machen wollen. Das Aufleben der inneren Bilder muß sich organisch entwickeln.

Es könnte nun der Einwand erhoben werden, ob dieser Fall auch so verlaufen wäre, wenn Dr. Jung, der selbst um diese Dinge weiß, nicht dabei gewesen wäre. Mit anderen Worten, ob nicht doch irgendeine Form von Gedankenübertragung, von Beeinflussung subtilster Art stattgefunden habe. Dem läßt sich nur entgegnen, daß mit dem Schicksal bekanntlich nicht experimentiert werden kann. Wie ein Ereignis sich abgespielt haben würde, wenn dieses oder jenes Moment anders gewesen wäre, läßt sich nie feststellen. Im Fall einer geistigen Entwicklung kann man den subjektiven Faktor nur dadurch ausschließen, daß man erforscht, ob andernorts und zu anderen Zeiten die Dinge auch so verlaufen sind. Solche Parallelen versuchte Dr. Jung aufzufinden. Sie können in der Literatur aller Epochen nachgewiesen werden. Auch besitzt Dr. Jung selbst verschiedene Serien entsprechender Bilderentwicklungen, die von Menschen anderer Weltteile stammen. Dies wären Beweise. Aber es gibt noch einen viel schlagenderen: eine große Kultur besitzt diese Inhalte und Symbole seit mehr als zweitausend Jahren als kulti-

204 Zur Quelle dieser Vorlesung siehe Vorwort S. 10. JUNGS Manuskripte mit der Überschrift «Tantrismus» und «Chakren» stimmen größtenteils mit dem Bericht über dieses Seminar überein. Die erste Seite des ersten Manuskripts besteht aus einer Liste von WOODROFFES Publikationen und Hinweisen sowie Zitaten aus ZIMMERS *Kunstform und Yoga im indischen Kultbild*, S. 20–66. Das legt nahe, daß diese Werke JUNGS Hauptquelle für seine allgemeine Auffassung des Tantra-Yoga bildeten. Die Seiten 2 und 3 entsprechen im ganzen den einleitenden Abschnitten dieses Seminars. An einigen wenigen Stellen ist die Terminologie in diesem Seminar der Terminologie, die in den vorhergehenden Seminaren verwendet wurde, angeglichen worden.

sche und philosophische Lehre, nämlich Indien. Hier finden wir die historische Parallele zu den Bilderserien, wie sie im Kreise der Jungschen Patienten spontan entstanden sind. Damit ist auch der Beweis gegeben, daß diese inneren Prozesse nicht von Dr. Jungs Auffassungen beeinflußt sind, sondern einer urtümlichen Struktur der Psyche entsprechen.

Vor allem in dem indischen *Tantrismus* finden sich diese Parallelen (Tantra = Buch). Der Tantrismus ist eine Bewegung, die zu jener Zeit entstand, als der mittelalterliche Buddhismus sich stark mit hinduistischen Elementen durchsetzte; als nämlich der Hīnayāna-Buddhismus (das «kleine Fahrzeug») in Indien unterging und sich in Tibet und in der Mongolei zum Mahāyāna-Buddhismus, dem «großen Fahrzeug», entwickelte. – Jene Zeit des Buddhismus, als die Mahāyāna-Richtung sich abspaltete, ist die Zeit eines eigentümlichen Synkretismus: der Hinduismus gestaltete den Buddhismus durch Meditationspraxis so um, daß zahlreiche Zwischenformen kaum mehr als Buddhismus zu erkennen sind. – Die Religionsform des Shivaismus enthält hauptsächlich die tantrischen Vorstellungen. Die mittelbuddhistische Yogapraxis teilt sich in zwei Richtungen: *Sādhana* und *Vajrayāna.*

In den magischen Riten der *Sādhana*-Praxis spielen die Mantras (Machtwörter) eine Rolle. Mittels der Mantras kann man den Gott hervorrufen. Die Entstehung der Vision des Gottes wird durch ein Yantra[205] (Mandala) unterstützt. Ein Yantra ist ein Kultbild, in dessen Zentrum der Gott dargestellt ist. Durch intensive Betrachtung des Gottes wird dieser lebendig. Der Betrachter geht in den Gott ein, der Gott ist im Betrachter (Identifizierung mit dem Gott, Deifikation des Betrachters). Diese Methode kann zur Einswerdung mit dem All, aber auch zu Zauberei mit weltlichen Zwecken (Fakirkunststücke) angewandt werden.

Im Gegensatz dazu steht die *Vajrayāna*-Richtung. *Yāna* bedeutet Vehikel, Weg. *Vajra* ist ambivalent und hat sowohl göttliche wie phallische Bedeutung. Es kann stehen für: Blitz, Kraft, Libido, göttliche Energie, Intelligenz, Bewußtseinskraft. Oder aber es ist der Donnerkeil und steht mystisch für den *Lingam.* Sein weibliches Gegenstück ist *Padma-Lotus,* die mystisch für *Yoni* steht. Im Kult findet sich häufig das Symbol der Vereinigung von *Vajra* und *Lotus.*

205 Über das Yantra schrieb ZIMMER: «Das Wort yantra bezeichnet ganz allgemein ein Gerät oder Werkzeug, einen Apparat oder Mechanismus, dessen sich der Mensch zu einer spezifischen Arbeitsleistung bedient. Das Kultbild ist ein zu psychisch-sakralen wie magischen Funktionen zweckmäßig konstruierter Apparat.» (*Kunstform und Yoga,* S. 25 f.)

Der ambivalenten Bedeutung von *Vajra* folgend, hat sich eine *Schule der rechten* und eine *der linken Hand* gebildet. Die erstere sieht in *Vajra* die göttliche Energie, vertritt die philosophische Richtung und versteigt sich zeitweilig in übertriebene Geistigkeit. Die Schule der linken Hand, die ziemlich verachtet ist, ist die Vertreterin der sexuellen Auffassung; *Vajra* ist für sie der Ausdruck für die Erfüllung persönlicher Sexualität. (Man wird in dem Widerstreit dieser beiden Anschauungen unschwer die Parallele zu den Schwierigkeiten innerhalb der heutigen psychologischen Wissenschaft erkennen.)

Die Mahāyāna lehrt: Alle Dinge sind Embryonen des BUDDHA, sie sind Embryonen des *Tathāgata*, des Vollendeten. Alle Dinge sind aus der gleichen Energie geformt; *Vajra* ist allem immanent. So ist auch der vierte Körper (subtle body) des BUDDHA eine Manifestation der Kraft des Blitzes in der Form der Wonne; er ist *Vajrasattva* oder *Ānanda*, das heißt Wonne. (Nietzsche: «[...] denn alle Lust will Ewigkeit, will tiefe, tiefe Ewigkeit.»)[206] In diesem Zustand der Wonne und in der *Vajra*form umarmt der ewige *Tathāgata* seine *Shakti*. Dies ist die ewige Kohabitation des Gottes mit seiner weiblichen Form, seinem Geschöpf, seiner Emanation, der Materie. – Diese Auffassung findet sich vor allem im Shivaismus.[207] – Der Kultgott ist *Shiva*, der vielarmige. Er ist der Jäger auf den Bergen, der Blitz, die latente Kraft vor der Schöpfung. Er ist rein kontemplativ. Seine Gattin ist *Shakti*, die Emanation der Kraft, die aktiv schöpferische Kraft. – Diese Idee entspricht einer alten Upanishadenvorstellung von dem *Purusha* und der *Prakriti*. (Shiva und Shakti = *Purusha*; und *Prakriti* = *Lingam* und *Yoni*.) Shiva wird auch aufgefaßt und in Kultbildern dargestellt als *Shiva-Bindu* (Bindu = Punkt), das heißt als die latente punktförmige Schöpferkraft. Um *Shiva-Bindu*, um das Zentrum herum, lagert sich die Shakti in Form eines Rades oder Chakra. Dies ist die Urform des Mandala. Ein solches Chakra wird auch *Padma-Lotus* genannt. Hieran knüpfen die mystischen Silben «Om mani padme hum», die am besten etwa zu übersetzen sind mit «Oh beim Kleinod im Lotos». Sie bedeuten höchste Vollendung und erster Anfang zugleich. Es ist darin alles inbegriffen, was gesagt werden kann. Für uns sind solche Spekulationen das Letzte, zu dem man vordringen kann, für den Inder bedeuten sie

206 FRIEDRICH NIETZSCHE, *Also sprach Zarathustra*, München: Wissenschaftliche Buchgesellschaft Darmstadt 1966, S. 473 (Das andere Tanzlied 3).

207 [Anmerkung zur Ausgabe von 1932: 1910 gab es etwa drei Millionen Anhänger, vor allem in Südindien.]

den Anfangs- und Ausgangspunkt schlechthin. Er beginnt mit dem Innen, während wir ständig im Außen leben. Die sichtbare Welt ist ihm *Māyā*, Schein, Illusion, *Māyā-Shakti*, nämlich das Produkt der Shakti.[208] Bewußtsein ist Māyā, ein Schleier, der aus der Projektion früherer Erfahrungen *(Samskāras)* besteht. Die tabula rasa des kindlichen Bewußtseins ist präjudiziert durch die Erfahrungen der Ahnen – durch das kollektive Unbewußte, würden wir sagen. Der Inder aber sagt, daß die Shakti in sich selbst Bewußtsein habe. (Hier liegt ein Schlüssel für Ungeahntes! Die ersten Kinderträume enthalten die *Samskāras*, die Archetypen; es ist also keineswegs erstaunlich, wenn wir deutliche Chakren, Mandalas, unter Kinderzeichnungen finden.[209] Kleine Kinder sind sehr alt; ältere werden schon jünger. Im mittleren Alter sind wir am jüngsten; zu jener Zeit nämlich, wenn wir den Zusammenhang mit dem kollektiven Unbewußten, den *Samskāras* ganz oder fast ganz verloren haben. Älter werden wir erst dann wieder, wenn wir mit zunehmenden Jahren die *Samskāras* neu erinnern.

Innerhalb der *Vajrayāna*-Richtung hat sich eine besondere Form der Yogapraxis, der Shakti- oder Kundalini-Yoga, entwickelt. (Kundala = aufgerollt; shak = Kraft haben, vermögen.) Shakti-Kundalini oder *Devī*-Kundalini ist eine Göttin; sie ist das weibliche Prinzip, die sich manifestierende Kraft, die das Kleinod der Mitte umlagert. Sie ist *Shabdabrahman*, das Schöpferwort. Als eine Schlange rollt sie sich rings um das Zentrum, den Goldkeim, das Juwel, die Perle, das Ei.[210] Die Schlange Kundalini ist aber auch *Devī*-Kundalini, eine Kette von funkelnden Lichtern, der Weltverwirrer (world bewilderer).[211] Verwirrung stiftend produziert sie die Welt des Bewußtseins, den Schleier der *Māyā*. Es ist die Anima, die *Devī-Shakti*, die

208 [Anmerkung zur Ausgabe von 1932: Verstiegene Geistigkeit sowohl wie bloße Sexualität sind dem Einsichtigen Māyā, Schein. Darum beginnt Buddha eine seiner Predigten damit, daß er von den zwei Wegen spricht, die es gibt, den der Weltlichkeit und den der Askese. Aber beide sind falsch; richtig ist der Mittelweg, der achtfache Pfad des rechten Denkens und des rechten Tuns. Was aber das jeweils «Rechte» sei, sagt er nicht, da es sich nur aus der jeweiligen Situation ergeben kann.]

209 [Anmerkung zur Ausgabe von 1932: Dazu Projektion einer Kinderzeichnung aus dem Rothe-Kreis, über den Frau SIGG-ZOLLIKON einen Vortrag hielt.]

210 [Anmerkung zur Ausgabe von 1932: Orphische Mysterien: die Weltenschlange umgürtet das Ei.]

211 [Im Original auf Englisch] In seinem Exemplar von ARTHUR AVALONS *The Serpent Power* (London 1919) hatte JUNG auf S. 37 die Wendung «the Devi Kundali [...] the world bewilderer» unterstrichen. (Die Devi-Kundali [...] die Weltverwirrerin. Übers. v. W. K.)

die Welt ausgedacht hat.[212] (Dies ist natürlich eine Anschauung, die der männlichen Psychologie entspricht; von der Frau aus gesehen, erdenkt der Animus die Welt.)

Shiva emaniert Shakti. Shakti erzeugt *Māyā*. *Māyā* ist Begehren, also Irrtum: sie ist das Feuer des Irrtums. Das begehrende Bewußtsein steht dem bloß schauenden Bewußtsein gegenüber. Die bildliche Darstellung dieser Emanation kann sowohl horizontal wie vertikal geschehen. Im ersten Fall entstehen die schon erwähnten Mandalas; Māyā wird darauf als ein lodernder Feuerkreis abgebildet (Waberlohe). Im zweiten Fall findet man Darstellungen, in denen die Dunkelheit und Verwirrung unten, die reine Kraft, das Licht, oben angezeigt wird.[213] Dieser vertikalen Gliederung der Bewußtseinsstufen im Kultbild entspricht die Lehre von den verschiedenen Chakren im menschlichen Körper.[214] In den ältesten *Upanishaden* ist das Herz (4 Kammern!) der Sitz der Seele oder der Erkenntnis, des Wachbewußtseins. Es ist die Wurzel aller Glieder und der Sitz von *Prāna*, dem Lebensodem. *Prāna* ist *Vāyu*; *Vāyu* kommt von *Mūlādhāra*, das heißt Wurzelstütze. – Die *Hanma-Upanishaden* lehren: in der Herzregion ist ein achtblättriger Lotus. Die acht Blätter entsprechen dem Kompaß und stellen sowohl moralische Qualitäten wie psychische Zustände dar. Im Zentrum wohnt *Vairāgya*, die Leidenschaftslosigkeit, das Desinteresse, die Abgeschiedenheit (Meister ECKHART).

Nach einer anderen Lehre kann Brahman von vier Kardinalpunkten aus erreicht werden; diese erscheinen einzeln im Kopf, Hals, Herz und Nabel. In den *Dhyānabindu-Upanishaden* heißt es: «Der große Mächtige mit den vier Armen, das heißt Wishnu, soll im Nabel verehrt werden.» In den Chakren werden die Elemente gereinigt mit Hilfe von Kundalini. – Im Kundalini-Yoga werden sechs Chakren, das heißt Zentren unterschieden. Das erste Chakra liegt etwa im Perineum und heißt *Mūlādhāra*. Das zweite wird *Svādhishthāna* genannt und befindet sich im kleinen Becken.

212 In seinem Exemplar *The Serpent Power* hatte JUNG den folgenden Abschnitt markiert: «Kundali Shakti is Cit, or consciousness, in its creative aspect of power. As Shakti it is through Her activity that the world and all human beings therein exist» (S. 254). («Kundali Shakti ist Cit oder Bewußtsein in seinem schöpferischen Aspekt als Macht. Als Shakti geschieht es durch Ihre Aktivität, daß die Welt und die Menschen darin existieren.» Übers. v. W. K.)

213 [Anmerkung zur Ausgabe von 1932: Ägypten: unten verschlungene Schlange, oben Isis mit Lichtkrone.]

214 [Anmerkung zur Ausgabe von 1932: a. Bei den *persischen Sufis* werden drei Chakren unterschieden: 1) die Mutter des Gehirns oder das kugelförmige Herz, 2) das Zedernherz, 3) das Lilienherz. – b. Vergl. die mexikanischen Sagenbücher *(Popol Vuh)*.]

Das dritte hat seinen Sitz in der Nabelgegend: es ist *Manipūra. Anāhata* ist in Herz und Zwerchfell lokalisiert. Im Hals liegt *Vishuddha.* Das oberste Zentrum, *Ājñā,* befindet sich im Kopf an der Stelle zwischen den Augenbrauen. Höher noch als diese körperlichen liegen einige metaphysische Chakren; so das *Manas*-Zentrum und darüber das *Soma*-Chakra. – Diese Lehre von den Chakren sollte nicht konkret, körperlich mißverstanden werden, wie dies etwa heute die Theosophen tun. Jene Zentren sind keine körperlichen Gegebenheiten; wenn von ihnen die Rede ist, so ist das aufzufassen, «als ob» sie etwa im Nabel gelegen wären. – Vom *Mūlādhāra*- zum *Ājñā*-Chakra führen zwei Schlangenlinien.[215] Und zwar beginnt die eine am linken Testikel und führt um die Chakren herum zum rechten Nasenloch; die andere nimmt ihren Anfang am rechten Testikel und endet an der linken Nasenöffnung. Diese beiden Bahnen heißen *Idā* und *Pingalā.* (*Idā* = Mond, weiblich; *Pingalā* = Sonne, männlich). Die links gelegene ist der Mond- oder Wasserstrom, die rechte der Sonnen- oder Feuerstrom. Außerdem gibt es noch einen mittleren Strom *Sushumnā* (vergleiche das letzte Bild der Patientin).[216] Auf diesen Bahnen geht die Befreiung durch Wissen und Erkenntnis vor sich. Der Erkennende wird zu Brahman.

DIE EINZELNEN CHAKREN (Abb. 2–7 S. 52–57)

Mūlādhāra ist das unterste, das Erd-Zentrum. Es hat seinen Sitz im Perineum. Was in *Mūlādhāra* ist, ist unbewußt, latent, ist schlafend. *Shiva-Bindu* liegt im Mittelpunkt; um ihn herum hat sich Kundalini-Shakti als Schlange aufgerollt. *Bindu* entspricht dem aus sich selbst erzeugten *Lingam,* um den sich die Schlange legt. Eine Schale umfaßt beide; diese Schale ist *Māyā.* Wenn Kundalini erwacht, entsteht Bewußtsein, die Welt. In sich selbst ist Shakti allerdings

215 JUNG bezieht sich auf die Nādīs. Zur Diskussion der Nādīs siehe ELIADE, *Yoga,* S. 246 ff.; und GEORG FEUERSTEIN, *Yoga: The Technology of Ecstasy,* Wellingborough 1990, S. 259 ff.

216 *Bericht über das Deutsche Seminar von Dr. C. G. Jung 6.–11. Oktober 1930 in Küsnacht-Zürich* (Stuttgart 1931), Abb. 30. In den vorangegangenen Seminaren hatte JUNG die Visionen von Christiana Morgan kommentiert. Die betreffende Illustration (im *Visions Seminar* nicht wiedergegeben) stellt eine nackte Frau dar, die auf einem Bergkamm mit ausgestreckten Armen unter einem Lichtstrom steht, der vom zunehmenden Mond ausstrahlt. Eine vertikale schwarze Linie zieht sich von ihren Genitalien bis zu ihrem Scheitel. JUNG sagt dazu: «Dieser Streifen beschreibt den Weg der Schlange, der Kundalini» (S. 92).

auch zuvor schon bewußt; sie erschafft die Welt durch Imagination entsprechend den Vorlagen der *Samskāras.* Kundalini erwacht aber erst dann, wenn Hunger sie treibt. Dieser Hunger entsteht infolge geistiger Disziplinierung, durch die Stillegung der Gegensatzpaare.[217] Wenn der äußere Prozeß einmal zur Ruhe gekommen ist, beginnt der innere. Kundalini-Shakti springt auf, ihr Kopf wird dabei zu Licht. Dies ist der Vorgang der Bewußtwerdung.[218] Das symbolische Tier des *Mūlādhāra*-Chakra ist der Elefant, das Bild der Festigkeit und Stärke, der Erde. *Yoni* wird in dem *Mūlādhāra*-Mandala dargestellt als *Traispura,* ein weibliches Dreieck vereint mit dem *Lingam,* der auch als das Blatt bezeichnet wird.[219]

Das zweite Zentrum ist *Svādhishthāna,* der Sitz des Irrtums und des Begehrens. Es ist im kleinen Becken lokalisiert entsprechend der Genitalregion. *Svādhishthāna* entspricht der Wassersphäre und regiert die Blase. Sein Tier ist ein Wasserungeheuer. Das Mandala weist einen roten, sechsblättrigen Lotus und den Mond auf.

Das *Manipūra*-Chakra hat seinen Sitz in der Nabelgegend. Hier ist der Ort des Feuers und der Gegensatzpaare. Diese erzeugen die Emotionen und Leidenschaften. Durch Konzentration auf den Nabel wird der Ärger unterdrückt. «Das *Manipūra* glänzt wie ein Edelstein.»[220] *Manipūra* ist zugleich das Zentrum der Fleischregion, des körperlichen Menschen, des Fleischfressers. (Shakti Lākinī mit Brüsten rot vom Blut und triefend vom Fett der Tiere.) Der Widder, das Reittier des Agni, ist sein Tier.

Anāhata ist das vierte Zentrum; es ist dem Herzen oder besser dem

217 [Anmerkung zur Ausgabe von 1932: Im Mysterienspiel der Patientin steht der Indianer unberührt zwischen Feuer und Wasser mitten inne.] Siehe Interpretation in *Visions Seminar,* Bd. 1, 8. Dez. 1930, S. 147 und *Bericht über das Deutsche Seminar 1930,* Abb. 6.

218 [Anmerkung zur Ausgabe von 1932: «Wenn ein Yogi, der seinen Geist unter Kontrolle hat, den Mond und auch die Sonne an ihrem je eigenen Platz eingrenzen kann, dann werden Sonne und Mond begrenzt, und dadurch kann der Mond seinen Nektar nicht vergießen, und die Sonne kann ihn nicht trocknen. (...) Dann erwacht die Kundalini vor Hunger und zischt wie eine Schlange. Danach, wenn sie die drei Knoten durchbrochen hat, läuft sie zu Sahasrāra und beißt den Mond, der dort in der Mitte ist.»]

219 [Anmerkung zur Ausgabe von 1932: siehe die Abbildungen der Chakra-Mandalas (Abb. 2–7).
Ein junger Mohammedaner, den Dr. Jung auf seine Korankenntnisse prüfte, nannte drei Erscheinungsformen des Chidher. 1. erscheint er als Mann, 2. als weißes Licht, 3. ist er in allem, was um dich ist und was du berührst, im Stein, im Holz und auch hierin. Und damit wies der Eingeborene auf ein junges, sprossendes Grün.]

220 Woodroffe, *The Serpent Power,* S. 119.

Zwerchfell zugeordnet. Hier, in der Luftregion, hat *Vāyu Prānashakti* (*Prāna* = Pneuma) seinen Sitz, hier wohnt der *Purusha*, der Bewußtseinsmensch. Von dort aus sieht man den *Ātman*, und der Yogin weiß jetzt: «Ich bin Er.» In *Anāhata* wird der vorausschauende Geist geboren, es beginnt die Bewußtheit. – Das zugehörige Symbol ist der Baum *Kalpataru*, der alle Wünsche erfüllt; unter ihm befindet sich der Altar *Manipitha.*[221]

Das fünfte Chakra ist *Vishuddha*; es liegt im Hals, insbesondere im Kehlkopf. Hier ist der Sprachsitz und damit das geistige Zentrum. Es ist das «purpurne Zentrum des weißen Äthers (*Ākāsha*), der auf dem weißen Elefanten sitzt». Shakti-Shākinī ist nun weiß, und Shiva erscheint in androgyner Form, halb weiß, halb golden; sie feiern zusammen die mystische Vereinigung. – *Vishuddha* ist die Mondregion und zugleich «das Tor der großen Befreiung», durch das der Mensch die Welt des Irrtums und der Gegensatzpaare verläßt. – *Ākāsha* bedeutet die Fülle der Archetypen; es handelt sich um ein Aufgeben der Bilderwelt, um eine Bewußtwerdung der ewigen Dinge.[222]

Ājñā ist das sechste und oberste körperliche Zentrum (*Ājñā* = Wissen, Verstehen, Befehl). Es ist zwischen den Augenbrauen lokalisiert.[223] Hier wird der Befehl des Führers, des Guru, von oben empfangen. Im *Ājñā*-Mantra ist der Lotus mit zwei weißen Blättern dargestellt.[224] Das *Yoni*-Dreieck ist umgekehrt, es ist weiß, und in seiner Mitte leuchtet *Itāra-Lingam* wie der Blitz; *Ātman* scheint hier wie eine Flamme. Es ist die reine, universelle Kraft in der Form des Phallus. Das dem *Ājñā*-Zentrum beigegebene Mantra ist *Om.* – Im sechsten Chakra ist der Sitz von *Mahat* (mind)[225] und *Prakriti.* Hier entwickelt sich der «subtle body»[226], der diamantene Körper

221 [Anmerkung zur Ausgabe von 1932: «Deine glückselige Gestalt, o Königin, zeigt sich in Anāhata und wird vom nach innen gerichteten Geist der Gesegneten erfahren, deren Haar aufrecht steht und deren Augen vor Freude weinen.»]

222 [Anmerkung zur Ausgabe von 1932: Der anthroposophische Ausdruck *Ākāsha-Chronik* ist irreführend, da es sich nicht um die Tradition bestimmter einmaliger Erlebnisse handelt, sondern um die Vererbung der psychischen Möglichkeiten zu solchen Erlebnissen.]

223 [Anmerkung zur Ausgabe von 1932: Vergleiche die Vision der Patientin, S. 54. Ebenso *Das Geheimnis der Goldenen Blüte* von C. G. Jung und Richard Wilhelm.] In der betreffenden Vision trifft ein Lichtstrahl die Stirn eines Kindes und prägt einen Stern darauf. Siehe *The Visions Seminar,* vol. 1, 9. Dezember 1930, S. 151.

224 [Anmerkung zur Ausgabe von 1932: Vision eines Yogin: Weißes Feuer, das ins Gehirn aufsteigt und darüber emporflammt als ein Schein, dessen Flügel zu beiden Seiten des Kopfes austreten.]

225 Im Original auf Englisch.

226 Im Original auf Englisch.

(vergl. *Das Geheimnis der Goldenen Blüte*), jenes Wesen, das GOETHE «Faustens Unsterbliches» nennt. Es bildet sich individuell als *Taijasa* und kollektiv als *Hiranyagarbha,* der Goldkeim (orphisch: das Weltei), das «große Selbst». *Prāna* wird vom Yogin in dēr Todesstunde in das *Ājñā*-Chakra versetzt, von wo er in die Gottheit übergeht, ins Zeitlose, ins Nirvāṇa – in jene Chakren, die über den leiblichen gelegen sind, in das «Haus ohne Fundament», auf das «Eiland im Ozean von Nektar».

Es folgte noch die Projektion einer Reihe von unbewußten Bildern, die von verschiedenen Patienten gemalt wurden und die westliche Parallelen zu den obigen Ausführungen über indische Psychologie darstellen.

2. JUNGS KOMMENTARE IN HAUERS DEUTSCHEN VORLESUNGEN 5.–8. OKTOBER 1932

5. Oktober 1932

Dr. Jung möchte einige Bemerkungen über die Meditationstechnik machen:

Der Vorgang der Meditation hat eine deutliche Parallele in der psychologischen Analyse, mit dem Unterschied allerdings, daß uns Professor Hauer ein fertiges Begriffsgebäude gibt, von oben gesehen wie im Äther schwebend. Wenn wir es auf eine Basis stellen, die uns zunächst durch eigene Erfahrung gegeben ist, so wird es uns eher verständlich. Es ist allerdings schwer, die düsteren, erdennahen Gestalten unseres Unbewußten mit der indischen Darstellung zu vergleichen. Um über die Chakren zu meditieren, müssen wir zuerst das Urerlebnis herausarbeiten; die fertigen Gestalten des Yoga dürfen wir daher nicht übernehmen, und es bleibt noch die Frage, ob unsere Erfahrungen überhaupt in die tantrischen Formen hineingehen. Alles hängt davon ab, ob und daß wir diesen Stoff besitzen, den Indien schon hat. Daher müssen wir eigene Methoden ausfindig machen, die uns entsprechende Inhalte nahebringen können.

Vor zehn bis fünfzehn Jahren, als mir die ersten «Mandalas» von Patienten gebracht wurden, wußte ich noch gar nichts vom Tantra-Yoga. Er war zu jener Zeit auch den Indologen nicht bekannt, oder wenn er bekannt wurde, so wurde er nicht nur von den Europäern, sondern auch in weiten Kreisen Indiens verachtet. Man rümpfte über die anscheinenden Absonderlichkeiten nur die Nase. Aber dieses Nasenrümpfen müssen wir jetzt verlernen.

Es ist eine Tatsache, daß bei uns diese Dinge individuell und unmittelbar aus der Erde hervorkommen, aber als kleine, lächerliche Anfänge, die wichtig zu nehmen uns schwerfällt.

Beispiel: Es handelt sich um eine Patientin, bei der ich nach sechsjähriger sporadischer Analyse schließlich, wenn auch sehr zögernd, den «Yogaweg» beschreiten mußte. Sie war eine praktizierende Katholikin. Katholiken haben ein totgeborenes Unbewußtes, denn die Kirche hat das Wesen des Unbewußten schon vollkommen gestaltet, reguliert und ausgedrückt. Belege dafür finden wir schon sehr früh. Der Erzbischof Athanasius von Alex-

ANDRIA[227] gibt zum Beispiel in seiner Biographie des HL. ANTONIUS seinen Mönchen Anweisungen darüber, was aus dem Unbewußten gut und was schlecht sei. Er sagt, daß die Teufel auch «Worte der Wahrheit» sprechen und von den Dingen reden, welche wahr sind. Aber «es wäre eine Schande für uns, wenn die, welche sich gegen Gott empörten, unsere Lehrer werden sollten. Laßt uns wappnen mit dem Panzer der Gerechtigkeit und laßt uns den Helm der Erlösung anziehen, und im Augenblick des Kampfes laßt uns aus einem gläubigen Sinne geistige Pfeile abschießen. Denn die Teufel sind gar nichts, und auch, wenn sie etwas wären, ihre Stärke hätte nichts in sich, das der Macht des Kreuzes widerstehen könnte.»[228]

Auch die Exerzitien des IGNATIUS VON LOYOLA[229] sind christliche Gegenstücke zu indischen Meditationen oder zu unseren Phantasien aus dem Unbewußten. Die Exerzitien sind Meditationen nach kirchlicher Vorschrift; ihre Absicht ist die Einübung der Glaubenssymbole. Damit wird das Unsichtbarwerden aller Gedanken und Phantasien, die dogmatisch unzulässig sind, bewirkt.

Durch eine solche Einstellung entstand bei meiner Patientin eine vollständige Lähmung – alles war außen schon da, und daher innen unsichtbar geworden. Ich habe sechs Jahre lang versucht, sie gewissermaßen in die Kirche zurückzuanalysieren, bis sie gestand, was sie keinem Beichtvater gesagt hätte, daß sie nämlich weder an Gott noch an den Papst glaube, aber dennoch im Schoße der Kirche sterben werde. Trotz ihres Alters (sie war damals fünfundfünfzig Jahre alt) litt sie daran, daß alles in ihr tot und dunkel war, denn sie lebte eben immer noch, und dieses Leben machte seine Rechte geltend. Ich war in der Klemme; denn ich sah, der lebendige Geist wollte sich trotz allem durchsetzen, und nun kam das Urerlebnis.

Ich wies sie also an, zu beobachten, ob etwa vor dem Einschlafen Bilder kämen, und fragte sie nach Träumen. Bisher hatte sie geträumt, aber von dem Augenblick meiner Frage an träumte sie nicht mehr. Ich sagte ihr daher, sie

227 [Anmerkung zur Ausgabe von 1933: Siehe JUNG, *Psychologische Typen*, 2. Aufl., § 78 ff.] (*GW 6*, überarbeitete Auflage 1994, § 82 f.)

228 In *GW 6*, 1994 (Anm. 36 zu § 82) wird dieser Abschnitt aus «Life of St. Anthony», in: *The Book of Paradise* by PALLADIUS, Hieronymus etc., herausgegeben von E. A. Wallis Budge (London 1904) zitiert.

229 1939–1940 widmet JUNG seine Seminare an der Eidgenössischen Technischen Hochschule einem Kommentar zu den Exerzitien von IGNATIUS VON LOYOLA, was sich aus seinem Kommentar zu den östlichen Texten ergab. Siehe *Modern Psychology* 4.

solle sich hinlegen und die Augen schließen, und da hatte sie eine Vision: Sie sah eine dunkle Wand. – Dieses Bild mußte sie festhalten, sich darauf konzentrieren *(Dhāranā)*, es betrachten – «trächtig machen», damit es sich beleben konnte.

Indem sie dies tat, gliederte sich die Wand in Bäume, ein dunkler Urwald wurde daraus, dann regten sich Gestalten unter den Bäumen. Es war in New Mexico, und die Gestalten waren ein ganzer Stamm von Indianern. Der indianische Archetypus des Amerikaners hatte sich in ihr belebt.

Vor dem Walde zeigte sich ein See. (Der Wald, die Urheimat der Menschheit, stellt das Unbewußte dar – auch der See mit seiner glatten, für das Auge undurchdringlichen Fläche, ist dafür ein Bild.) Die Indianer machten Kanus vom Ufer los, luden Weiber und Kinder hinein und fuhren über den See. Auf der anderen Seite war eine Wüste; dort schlugen die Indianer Zelte auf, machten Feuer, kochten, aßen und zogen sich dann in die Zelte zurück. Sie gingen offenbar schlafen, trotzdem es heller Tag war und die Sonne unbeweglich am Himmel stand. Nur der Häuptling blieb draußen und wandte sein Gesicht der Sandwüste zu.

Hier sehen Sie die Welt des *Citta* – Figuren, die die Patientin nicht gemacht hat und die ihr eigenes Leben nach eigenen Gesetzen – «eigensinnig» – leben.

Die Patientin konzentrierte sich nun wiederholt auf den Häuptling, aber er rührte sich nicht. Es passierte überhaupt nichts mehr. Die Patientin war offenbar an die dogmatische Mauer gestoßen, die vor das individuelle Erleben des Unbewußten alle Strafen der Hölle stellt.

Immerhin war die Erleichterung groß genug, daß sie ein Jahr lang durch die Wirkung des Bildes, das sie nun nicht mehr aus den Augen verlor, leben konnte. Daneben entstanden auch Versuche abzubrechen – sie sah zum Beispiel Lastfuhrwerke im Sandsturm oder Reiter im Schneesturm. Diese Bilder sind eine Seitenbeleuchtung der Gefahr, in der sie durch den Kontakt mit dem Unbewußten schwebte. Ein solches Abbrechen darf aber nicht sein, weil die Geschichte zu Ende geführt werden muß. Die Patientin muß dabei bleiben und versuchen, mit dem Indianer weiterzukommen.

Nach einem Jahr kam sie in die Analyse zurück; und da war sie eines Tages besonders beeindruckt von der ruhigen, trockenen und klaren Wüstenluft, in der der Indianer stand. Plötzlich fühlte sie eine ganz kleine Feuchtigkeit in der Luft, die vorher nicht dagewesen war. Etwas hatte sich endlich gerührt, und dadurch wurde sie so bewegt, daß sie wieder ein Jahr lang damit weiterleben konnte.

Als sie nach dieser Zeit wieder zu mir kam, erzählte sie mir, der Indianer sei nun nicht mehr da, er sei verblichen. Wo war er hingekommen? Sie hatte eine zweite Vision gehabt, und die erste war in der zweiten aufgelöst worden: In Glanz und unerschütterlicher Majestät erschien ihr eine weiße Schlange, mit Federn und einem Diadem bekleidet.

Persönlich war ihr keineswegs bewußt, was dieses Bild bedeutet. Es ist die bekannte Darstellung des mexikanischen Luft- und Windgottes Quetzalcoatl in seiner Form als gefiederte Schlange. Er ist der Erlösergott des Indianers, der für die Psyche des amerikanischen Menschen den unbewußten Geist verkörpert.

Diese Vision machte meiner Patientin ungeheuren Eindruck und gab ihr den Mut, nach zehn Jahren endlich ihre Generalbeichte bei mir abzulegen, womit der therapeutische Effekt natürlich erreicht war.

Was war eigentlich geschehen? Die Feuchtigkeit war als Tau herniedergekommen und hatte die Hülle des Indianers befruchtet und gesprengt. Er zeigte ihr nun seinen eigentlichen Sinn, sein undogmatisches Heidengesicht. Vom kirchlichen Standpunkt aus gesehen war es die Erscheinung eines Teufels, der sich die Erlösergestalt nur anmaßt, um den Christen zu täuschen. So haben schon die spanischen Eroberer Yukatans die Kreuze, die sie überall im Lande fanden, als eine Verführung des Teufels interpretiert. Auch die frühen Christen, die die Ähnlichkeit des Dionysosmythos mit dem Leben CHRISTI erkannten, haben geglaubt, daß der Teufel diese *Antizipatio* CHRISTI eigens erfunden habe, um sie zu verwirren.

Was die Patientin während ihrer Analyse tat, war eigentlich *Pūjā* – Anhalten im Gebet –, das dann die Verwandlung bewirkte. *Laya,* die Rückauflösung der Gestalten, würde bei uns dem intellektuellen Prozeß des Verstehens entsprechen. Die Patientin muß wissen, was ihr geschehen ist, sie muß ihren eigenen Mythos verstehen. Das Bild würde uns einfangen und festhalten, wenn wir es nicht durch Begreifen auflösen würden. Erst wenn wir es zur Bewußtseinshöhe assimiliert haben, können neue Gestalten erscheinen.

6. Oktober 1932

Dr. Jung: Was man von psychologischer Seite hier etwa noch beifügen könnte, wären rein empirische Ergebnisse der Analyse.[230] In jedem typischen Verlauf einer Analyse entsteht größere Bewußtheit, indem Verdrängungen, Projektionen etc. realisiert werden. Der analytische Prozeß bewirkt also eine Ausweitung des Bewußtseins, aber noch bleibt die Beziehung des Ich zu seinen Gegenständen bestehen. Das Ich ist mit den Gegenständen konflikthaft verflochten – man ist immer noch ein Teil, Partei eines Prozesses. Erst in der weiteren Fortsetzung der Analyse setzt die Analogie mit dem Yoga ein, indem das Bewußtsein von seinen Gegenständen losgelöst wird *(Geheimnis der Goldenen Blüte).* Dieser Vorgang ist mit dem Individuationsprozeß verknüpft, der damit anhebt, daß das Selbst sich als Einzigartiges von den Gegenständen und vom Ich loslöst. Es ist, wie wenn das Bewußtsein von den Objekten und vom Ich getrennt und ins Nicht-Ich auswandern würde – in das andere Zentrum, in das Fremde und doch Ur-Eigene. Diese Loslösung des Bewußtseins ist die Befreiung von *Tamas* und *Rajas,* eine Befreiung von den Leidenschaften und von der Verhängung ins Gegenständliche. Dies ist etwas, das ich philosophisch nicht weiter beweisen kann. Es ist eine psychische Erfahrung, die sich praktisch als ein Erlösungsgefühl ausdrückt. Was einen zuvor in eine Panik versetzt hat, ist keine Panik mehr; man kann die Gegensatzspannung der Welt ohne Aufregung sehen. Man wird nicht teilnahmslos, aber befreit von Verhängung. Das Bewußtsein wird in eine Sphäre der Gegenstandslosigkeit abgerückt. Diese Erfahrung wirkt sich praktisch im Leben aus, und zwar in der handgreiflichsten Art. Am schönsten vielleicht ist sie veranschaulicht in der Erzählung des Buddha, der von *Māra* bedroht wird. *Māra* und alle seine Dämonen fallen über ihn her, aber der Thron des Buddha ist leer – er sitzt gar nicht mehr dort. Oder, wie es in *Rigveda* I, 164 heißt: «Zwei engverbundene Freunde umarmen einen und denselben Baum. Der eine ißt die süße Beere, der andere schaut gelassen nur herab.»[231]

*

230 Diese Bemerkungen folgen auf eine Diskussion über den Entwicklungsprozeß des Bewußtseins beim Yoga. (*Tantra Yoga,* S. 50–51.)

231 Siehe *Der Rig-Veda,* übersetzt von K. F. Geldner, London 1951.

Dr. Jung: Man muß hier die Unterschiede der betreffenden Fälle beachten; denn es ist ganz vom individuellen Bewußtseinszustand des einzelnen abhängig, was die Symbole bedeuten.[232] Der Baum ist der Lebensbaum; wenn er nun aufrecht steht, ist dies ein Hinweis auf ein sich entfaltendes und fortschreitendes Leben. Wenn der «Yogaweg» beschritten wird, kann man am Anfang dieses Symbol finden. Es tritt auch auf, wenn Zweifel über den Wert des Weges vorhanden sind. Der «Yogaweg» ist der Weg der Pflanze – eine Pflanzenfunktion im Gegensatz zur animalischen. Das Ichbewußtsein ist gewissermaßen wie ein Tier, das sprechen und sich frei bewegen kann. Der Baum aber bedeutet das Nichtausweichenkönnen und Verwurzeltsein der Pflanze. Wenn jemand das realisiert, hat er plötzlich das Gefühl: Jetzt bin ich gefangen. Das Bild des aufrechtwachsenden Baumes versöhnt dann seine Angst, die in dem Unausweichlichen etwas Schreckhaftes sieht.

Wenn aber der Weg schon beschritten ist und die Überzeugung des Wachstums sich gefestigt hat, dann kommt das christliche Vorurteil: was wächst, *muß* aufwärts wachsen. Dann kann das Bild des Baumes mit der Wurzel nach oben erscheinen und zeigen, daß das Wachstum nicht in den Himmel, sondern hinunter in die Tiefe geht.

Drittens haben wir den Baum mit den Wurzeln oben und unten. Hier wird betont, daß man auf die Wurzelregion stoße, wohin man auch immer gehe. Das träumt ein Mensch, der zuviel wünscht oder hofft. Ihm wird gesagt: Alles um dich ist Erde, und mit der Erde sollst du verwachsen.

Umgekehrt kann der Baum Kronen oben und unten haben; hier ist alles Blatt und Blüte und Frucht. «Himmel oben, Himmel unten.» Auch wenn die Entwicklung anscheinend nach unten führt, wird der Baum doch Blüten und Früchte tragen. Ich könnte dies für jeden der Fälle belegen.

8. Oktober 1932[233]

Dr. Jung: Professor Zimmer hat uns das Material als verhältnismäßig einfach geschildert. Ich finde es höchst kompliziert – ein Ozean von indivi-

232 Hauer und Gustav Heyer hatten von Träumen berichtet, in denen Bäume vorkamen. (*Tantra Yoga*, S. 52.)

233 Zimmer hatte über Yoga-Praxis als Prozeß der Selbsttransformation berichtet. (*Tantra Yoga*, S. 97–100.)

duellen Verschiedenheiten, so unbestimmt, daß man nirgends anfassen kann! Individuelle Probleme lassen sich als einzigartige nicht begreifen, daher ist man dankbar für alle Hinweise, wie das Buch von ZIMMER über *Kunstform und Yoga im indischen Kultbild,* oder die Übersetzungen der tantrischen Texte von AVALON, aus denen man sehen kann, daß es Menschen mit solcher Problematik immer gegeben hat. So war für mich die indische Vorstellungswelt ein Mittel zur Klärung eigener Erfahrungen.

1906 fand ich bei einer geisteskranken Patientin zum ersten Male das Bild einer Schlange, die ihr über den Rücken hinaufkroch und deren Kopf sich in eine Gabel spaltete. 1909 hielt ich noch ohne eine Ahnung von der allgemeinen Bedeutung sogar einen Vortrag über diesen Fall.

Erst nach dem Kriege kam ein Mädchen von achtundzwanzig Jahren zu mir, die in zehn Stunden geheilt sein wollte. Sie sagte, sie habe eine schwarze Schlange im Bauch. Wegen dieser Schlange kam sie zu mir, denn sie glaubte, man sollte sie wecken. Ihr Notstand war, daß sie sich nicht auf der Erde befand. Sie war nur intuitiv, ganz ohne Wirklichkeitssinn; sie lebte in einem geheimen Bordell ohne es zu merken, sie hörte ihre eigenen Schritte nicht und hatte ihren Körper noch nie gesehen. Sie träumte sich in oder auf Ballons, von wo ich sie herunterschießen mußte. Eines Tages kam sie und sagte, die Schlange in ihrem Bauch habe sich bewegt, sie habe sich umgedreht. Dann kam die Schlange langsam höher herauf, zuletzt aus ihrem Mund heraus, und da sah sie, daß der Kopf golden war. Dies ist der kürzeste Kundalini-Weg, der mir vorgekommen ist. Allerdings war er auch gar nicht erlebt, sondern nur intuiert, aber schon dies wirkte vorläufig heilend. Dieser Fall ist ein einfaches Beispiel für das spontane Auftreten der Kundalini.

Die Kenntnis der Chakren erhielt ich erst später; aber auch dann sagte ich viele Jahre nichts davon, um den Prozeß bei meinen Patienten nicht zu stören.

Die Chakren sind Symbole für menschliche Bewußtseinsstufen im allgemeinen. Wir können ethnisch und psychologisch drei verschiedene psychische Lokalisationen unterscheiden, von denen die erste etwa *Mūlādhāra-Svādhishthāna,* die zweite *Manipūra* und *Anāhata,* und die dritte *Vishuddha* und *Ājñā* entspricht. Die Psychologie der unteren Zentren ist analog derjenigen der Primitiven – unbewußt, triebhaft und in *participation mystique* befangen. Das Leben erscheint hier als ein Geschehnis sozusagen ohne Ich. Man ist sich nicht bewußt, daß man etwas will oder tut, alles geschieht gewissermaßen in der dritten Person.

Die nächste Lokalisation ist in der Zwerchfellregion, also *Manipūra-Anāhata,* mit Schwankungen nach oben und nach unten, über und unter dem Zwerchfell. Unter dem Zwerchfell ist alles Geschehen selbstverständlich. In *Manipūra* ist der emotionale Mensch, der immer wieder überflutet, immer zum Opfer seiner Leidenschaften wird.

Erst über dem Zwerchfell heißt es: Ich will. Im Herzen – *Anāhata* – ist die erste Ahnung des Selbst, des absoluten Zentrums, der Substanz, auf welche das Leben bezogen wird. Diese Ahnung des Selbst ist die Flamme im *Anāhata.* Hier fangen die rationalen Funktionen an. Wir haben Sprachfiguren, die das noch jetzt ausdrücken. Wir sagen «Hand aufs Herz», oder wir schlagen uns auf die Brust, wenn wir uns selbst meinen. Der Pueblo-Indianer denkt im Herzen, wie der homerische Mensch, dessen Geist im Zwerchfell sitzt (*phren* – die emotionale und denkende Seele). Unsere psychische Lokalisation ist zwar im Kopf, aber die Geste ist noch archaisch, und wenn Emotionen hereinfließen, rutscht unsere Psychologie nach *Manipūra* hinunter.

Meist merken wir das zwar nicht. Wir bilden uns ein, im *Ājñā*-Zentrum zu leben; wir haben die Überzeugung, Herren im eigenen Hause zu sein. Wenn wir aber glauben, unsere Gedanken seien unsere Epiphänomenologie und *wir* hätten sie gehabt, so vergessen wir nur zu leicht, wie oft unsere Gedanken *uns* haben. Indem wir denken, Psyche und Gehirn seien identisch, werden wir gottähnlich, aber unsere Emotionen bringen die tieferen Zentren in uns wieder zur Wirkung.

Auch in der Geschichte können wir den Kundalini-Prozeß beobachten: Zuerst entstand das Bauchbewußtsein des primitiven Menschen, der nur bemerkte, was ihm auf dem Bauche oder im Magen lag. Noch PAULUS hat gesagt: «Der Bauch ist euer Gott.» Dann entwickelte sich das Zwerchfellbewußtsein des homerischen Menschen, der seine Emotionen fühlte, was sich in Spannungszuständen der Atmung und in Veränderungen des Herzschlags äußerte.

Erst der moderne westliche Mensch hat gemerkt, daß auch der Kopf affiziert werden kann. Vorher war dieser nicht viel mehr als ein Knopf auf einem fühlenden Körper. Wie sehr dies tatsächlich der Fall war, sehen wir deutlich an den Menschendarstellungen der Neger auf Felsbildern, die LEO FROBENIUS zum Beispiel in seinem Buche *Erythräa* wiedergegeben hat.[234] Sie finden dort Bilder von Menschen mit außerordentlich langen Körpern, auf

234 LEO FROBENIUS, Erythräa: *Länder und Zeiten des heiligen Königsmordes,* Berlin 1931.

denen zum Teil ganz klein, zum Teil nur andeutungsweise Menschen- oder Tierköpfe sitzen.

Erst der heutige Mensch kann sagen: Nun denke ich. Das *Vishuddha*-Zentrum drückt das *Wort* aus, und was darüber hinaussteigt, wäre das Zentrum der Abstraktion.

Auf eine wichtige Analogie möchte ich noch hinweisen. In allen Fällen, wo es sich um derartige Symbole handelt, dürfen wir den Sonnenlauf als Hauptmotiv nicht vergessen. Die Analogie zur Kundalini ist die Sonnenschlange, die später in der christlichen Mythologie mit dem CHRISTUS identifiziert wird. Die zwölf Jünger werden als Stationen des Jahreskreislaufs von der Zodiakalschlange getragen gedacht. All das sind Symbole für die Veränderung der Schöpferkraft. Im *Mūlādhāra* ist die Nachtsonne, unter dem Zwerchfell der Sonnenaufgang. Die oberen Zentren von *Anāhata* an symbolisieren den Umschwung des Mittags bis zum Sonnenuntergang. Der Sonnentag ist der Gang der Kundalini – Aufstieg und Abstieg –, Evolution und Involution mit geistigem Vorzeichen. Der Sonnenlauf ist die Analogie zum Lebenslaufe der Menschen.

Die Chakren sind ferner, wie alle symbolischen Stufenbildungen, auch die Mysterienstufen, wo der Initiant ins Dunkel steigt *(katabasis)*, und als *deus sol* über sieben Stufen wieder heraufkommt, wie es Apuleius im «Goldnen Esel» beschreibt.

Die größte Schwierigkeit für das Verständnis bereiteten mir der Gott im *Bindu* und die Shakti. Die Anima erscheint bei uns zuerst immer so grotesk und banal, daß es schwerfällt, die Shakti in ihr zu erkennen. Was aber ist dann der Gott? Er ist ein Abglanz des ewig unsichtbaren Zentralgottes im *Bīja*, den man nicht fassen kann, der wie der Hase ist, welchen der Jäger nie erjagt. Das ist das Selbst – unfaßbar, weil es größer ist als das Ich. Dieses Selbst hat einen leisen Nachklang in uns, das ist der Gott im *Bindu*. Der Gott im *Bindu* ist unsere Beziehung zum Selbst, der Wille im Ich, der Daimon, der uns zwingt, den Weg aus Not zu gehen – der kleine individuelle Gott, der innere Shiva.[235]

235 HAUER merkte an, daß er JUNGS Bericht über die psychophysischen Zentren als korrekt ansah, daß aber der metaphysische Aspekt ausgelassen worden sei. (*Tantra Yoga*, S. 103)

3. HAUERS ENGLISCHE VORLESUNG

8. Oktober 1932

PROF. HAUER: Möchten Sie Fragen zur gestrigen Diskussion stellen?

DR. SHAW: Mir scheint, wenn wir die Kundalini nur erwecken können, indem wir auf dem Weg durch die Chakren[236] zum Beginn der sechsten Stufe gehen, wo wir sie nicht sehen können, dann sind wir ebensoweit von der Realität entfernt wie der Osten. Wir sollten etwas Einfacheres haben, eine erdhafte Mischung.

PROF. HAUER: Mein Konzept beruht, wie gesagt, auf dem klassischen Text des *Sat-Chakra-Nirūpana* und auf einigen *Upanishaden*, wo es für mich ganz klar ist, daß das volle Erwachen erst stattfinden kann, nachdem der Yogin *Vishuddha* durchlaufen hat – also gereinigt ist — und den Beginn von *Ājñā* erreicht, den Zustand der großen Erkenntnisse.

Gestern nannte ich das eine Hypothese. Sie dürfen nicht anhand von AVALON oder modernen indischen Autoren an ihrem Verständnis arbeiten, sondern Sie müssen die ursprünglichen Texte nehmen, die uns die historische Entwicklung von etwa tausend Jahren zeigen. Die meisten uns vorliegenden Schriften sind viel späteren Datums, so daß die ursprüngliche Bedeutung verborgen ist. Im Laufe der historischen Entwicklung sind alle möglichen Dinge hinzugekommen und haben das Original überlagert. Ich versuche immer, an das Original zu kommen, weil ich sicher bin, daß es uns näher steht als der in Indien entwickelte Yoga, wie er sich jetzt darstellt oder vor hundert Jahren zeigte.

Beim klassischen Yoga ist es dasselbe. Ich muß seine Lehre mit Hilfe von

236 HAUER hatte erklärt: «Hinsichtlich der Frage, wann sie [Kundalini] erweckt werden soll, sind die Texte meiner Meinung nach nicht nur im Westen, sondern auch im Osten von den Kommentatoren mißverstanden worden. Sie reden alle so, als könnte sie von Anfang an zu irgendeinem Zeitpunkt erweckt werden. Aber so ist es nicht. Kundalini kann nur erweckt werden, nachdem der Yogin alle Glieder des Yoga bis zum *Samādhi* gemeistert hat, die acht Glieder oder Schritte des Yoga. Nur wenn er den ganzen Ablauf beendet und alle inneren Wandlungen vollendet hat, die durch Yoga erarbeitet werden müssen, nur dann kann er Kundalini erwecken.» (*HS*, S. 96)

VYĀSAS Kommentar, dem *Yogaabhāsya*, den *Yoga-Sūtras*[237] entnehmen. Was ich Ihnen vorgestellt habe, ist Kundalini-Yoga auf der höchsten Stufe. Bei der Entwicklung des Yogin vereinigen sich immer männliche und weibliche Kraft. Diese Vereinigung wird durch das Dreieck und den *Lingam* symbolisiert, wie Sie ja bereits wissen. Tatsache ist, daß die weibliche Kraft beim Anwachsen des Wissens immer durch die männliche Kraft wirkt, aber nur bei drei Stufen erscheint der Aspekt der weiblichen Kraft im Symbol des Dreiecks. Das heißt, daß es in unserer inneren Entwicklung Abschnitte gibt, in denen die weibliche Kraft eine wesentliche Rolle spielt. Und ganz bestimmt hat der erotische Aspekt der weiblichen Kraft etwas mit dem Erwachen des Wissens zu tun. Ich nenne das die grobe Kundalini – anstelle der sehr erhabenen, feinen, spirituellen Kundalini. Gewisse Yogatexte, der Hatha-Yoga zum Beispiel, und die Yogin selbst meinen tatsächlich das Erwachen dieses kreativen Elementes in der weiblichen Kraft, welche die männliche Kraft durch alles hindurch begleitet, wenn vom Erwachen der Kundalini die Rede ist. Im *Sat-Chakra-Nirūpana* jedoch wird, wie ich gezeigt habe, nur die feine, erhabene weibliche Kraft durch die Kundalini symbolisiert. Für den Westen, und sogar für das heutige Indien, können wir sagen, daß das Erwachen der Kundalini einfach im Erwachen der Macht besteht, die den Menschen durch seine ganze Entwicklung hindurch beeinflußt; aber das ist nicht *die* Kundalini. Wir müssen uns vor Augen halten, daß es die beiden Aspekte der weiblichen Kraft gibt; wenn die Kundalini eine bestimmte Strecke hinaufgekrochen ist, haben wir noch nicht die wirkliche Kundalini erweckt.

FRAU CROWLEY: Das erklärt alles! Ich konnte nicht verstehen, warum die beiden Prozesse nicht gleichzeitig verlaufen – weil ich dachte, daß sie durch das Aufrichten erweckt wird.

PROF. HAUER: Ich möchte nochmals betonen, daß das Erwachen der Kundalini, das wir meinen, nur das Vorstadium zu dem Erwachen ist, das in *Ājñā* wartet. Von der Entwicklung unseres allgemeinen psychischen Zustandes aus gesehen sind wir noch weit davon entfernt, aber wir bewegen uns auf dieses Ziel hin.

Die Rückkehr der Kundalini nach ihrer Vereinigung mit Shiva (die, wie Sie wissen, die Vereinigung mit dem inneren Selbst bedeutet) symbolisiert die

237 Das bezieht sich auf die *Yoga-Sūtras* des PATAÑJALI, die HAUER in seinem Buch *Der Yoga als Heilweg*, Stuttgart 1932, übersetzt hat.

Tatsache, daß der Mensch eine Ahnung von den großen Erkenntnissen bekommt; wenn die Vereinigung der beiden Kräfte in *Ājñā* stattgefunden hat, sind alle Bereiche des psychischen Lebens von dieser Kraft durchdrungen. Die Kundalini kann nun sogar in den untersten, den erotischen Bereich hinabsteigen. Es ist etwas ganz anderes, wenn ein Mensch sein Erdenleben lebt, nachdem er die Kundalini erweckt hat. Es mag so aussehen, als sei es dasselbe, aber *es ist vollkommen anders als seine früheren Erfahrungen* – es ist ein ganz neuer Zustand. Schauen wir uns eine japanische Parallele an. Kennen Sie SUZUKIS Buch *Die Übungen des Zen?* Wir finden darin «Die zehn Bilder vom Rinderhirten». Der Ochse ist hier das Symbol der letzten Wirklichkeit. Nach langem Suchen findet der Schüler seinen Ochsen wieder; das heißt er ergreift die innerste Wirklichkeit. Höchst erstaunlich und wesentlich ist es nun aber, daß er sich danach nicht mehr um den Ochsen kümmert; dieses Merkmal wurde im Yoga nicht ausgearbeitet. Der Schüler legt sich schlafen; er denkt nicht mehr an den Ochsen, und doch weiß er, daß er da ist.

Nachdem er also die Erkenntnis der höchsten Wirklichkeit hatte, beachtet er sie nicht mehr, er läßt sie ins Unbewußte zurücksinken, als wäre nichts gewesen. Nun schläft er, die Sonne steht hoch am Himmel. Schließlich erhebt er sich und geht in die Stadt:

> «*Eintritt in die Stadt mit segnenden Händen.* Geschlossen ist das Tor seines strohgedeckten Hauses, auch die Allerklügsten kennen ihn nicht. Die Gefilde seines Innern sind tief verborgen. Er geht seinen Weg und folgt nicht den Schritten früherer Weiser. Mit der Kürbisflasche kommt er auf den Markt und kehrt auf seinen Stab gestützt in die Hütte zurück. Unter Weintrinkern und Fleischessern ist er zu finden, und sie alle sind wie er selbst in Buddhas verwandelt.
>
> Mit nackter Brust kommt er barfuß zum Markte.
> Schmutzbedeckt und mit Asche beschmiert,
> lacht er doch breit übers ganze Gesicht.
> Ohne Zuflucht zu göttlichen Kräften
> bringt er verdorrte Bäume schnell zum Blühen.»[238]

238 D. T. SUZUKI, *Zazen. Die Übungen des Zen. Grundlagen und Methoden der Meditationspraxis im Zen,* Bern/München/Wien: O. W. Barth – Scherz 1988, S. 206, und derselbe, *Die Große Befreiung. Einführung in den Zen-Buddhismus,* mit zehn Bildern vom Rinderhirten, Leipzig 1939, S. 136 ff.

Vielleicht möchte Dr. Jung jetzt etwas über den psychologischen Aspekt sagen?

DR. JUNG: Ich bin tatsächlich hierher gekommen, um gewisse Fragen zu beantworten. Natürlich fühle ich mich nicht kompetent, die Dinge des Spezialgebietes zu klären, über das Professor HAUER spricht; doch wenn Sie Fragen in bezug auf die psychologischen Gesichtspunkte haben, werde ich sie gerne beantworten. Ich weiß nicht, was Ihnen klar ist und was nicht. Es ist natürlich sehr schwierig, diese spezielle Terminologie und Weltanschauung mit unserer psychologischen Sprache und den entsprechenden Prozessen zu verbinden.

Nehmen wir zum Beispiel Ihre Frage: «Wie kann die Kundalini erweckt werden?» Es kommt Ihnen so vor, als ob man schon etwas besitzen müsse, das man erst hinterher haben kann, um die Kundalini zu erwecken.

DR. SHAW: Es ist, als täten wir etwas, das wir Dr. Jungs Ansicht nach nicht tun sollten. Er betont immer wieder den Wert der Erde, die Notwendigkeit von beidem, dem Spirituellen und dem Irdischen.

DR. JUNG: Ja, aber das sagt der Yoga auch – die Erfahrung findet im Körper statt, nicht in der Luft.

PROF. HAUER: Natürlich, im Tantra-Yoga haben wir eine Gegenreaktion zum klassischen Yoga. Der klassische Yoga möchte aufhören, wenn die höchste Schau erreicht ist; er hat insgesamt die Tendenz, die Welt loszulassen, während der Tantra-Yoga die Vorstellung dagegenhält, daß die Kundalini zu *Mūlādhāra* zurückkehren muß. Man muß auch historisch denken, um die Gefahr und die Notwendigkeit dieses hohen spirituellen Lebens zu verstehen.

FRAU CROWLEY: Ich möchte gern Dr. Jungs Meinung über den Unterschied zwischen *Purusha* und *Ātman* hören, den Sie uns vorgeführt haben.[239]

DR. JUNG: Vom psychologischen Standpunkt aus kann man kaum einen Unterschied zwischen den beiden machen. Eine ganze Welt kann zwischen ihnen liegen, doch wenn wir sie psychologisch betrachten, sind sie dasselbe.

239 HAUER hatte erklärt, daß *Ātman* wie *Purusha* Begriffe waren, die mit dem Ausdruck Selbst übersetzt werden können. Der Begriff *Ātman* wurde in den *Upanishaden* und im tantrischen Yoga verwendet, *Purusha* im klassischen Yoga: «Der *Purusha* im klassischen Yoga ist einfach eine Wesenheit in sich; es gibt auf der Welt unzählige *Purushas*, und das göttliche Ich ist nur einer von ihnen [...] während er im tantrischen Yoga einen etwas anderen Aspekt hat; im Ātman ist ein Teil des Absoluten, er ist die Erscheinung des Absoluten in einem Punkt des Ganzen.» (*HS*, S. 43 f.)

Sogar in der Philosophie wurden diese Begriffe auf dieselbe Art verwendet. Wenigstens ist der Unterschied zwischen ihnen zu subtil, um in der Psychologie eine Rolle zu spielen.

Frau Crowley: Wird die letzte Erfahrung von *Ātman* (dem Selbst) intuitiv vor dem *Purusha* wahrgenommen?

Dr. Jung: Wenn Sie in diesen hinduistischen Begriffen denken, verlieren Sie sich in tausend Aspekten; es ist eine außerordentlich komplizierte Sache. Sie vom psychologischen Standpunkt aus zu betrachten, ist viel einfacher. In Worte gefaßt tönt es sogar zu vereinfacht, denn wenn Sie ihn wirklich selbst durchmachen, sehen Sie erst, wie schrecklich kompliziert und verwickelt der ganze Prozeß ist – Sie fangen an zu begreifen, warum die Inder so viele Symbole erfunden haben, um diese scheinbar einfache Sache zu erklären. Psychologisch aber drücken wir es ganz anders aus. Das erste, was die Analyse macht, ist eine Reduktion. Sie analysiert Ihre Einstellung. Sie müssen sich viele Widerstände und persönliche Dinge bewußt machen, die Ihre echte geistige Aktivität und Ihre psychischen Prozesse unterdrücken. All diese Hindernisse sind Unreinheiten, und Ihr Geist muß zuerst gereinigt werden, bevor der Prozeß der psychischen Wandlung beginnen kann.

Deshalb sagt der Yoga, daß man zuerst seinen *Citta* (Geist) reinigen muß, bevor man überhaupt daran denken kann, den Weg der Kundalini anzutreten. In der Analyse ist es dasselbe. Um vollkommen objektiv zu sein und einsehen zu können, daß sich etwas in Ihrem Geist (mind) unabhängig von Ihrem Willen bewegt – ehe Sie also eine Phantasie objektiv anerkennen können –, müssen Sie Ihren Geist (mind) klären. Sie müssen eine ganze Menge Hindernisse wegräumen, bevor Sie das einsehen können; vorher kann kein objektiver psychischer Prozeß stattfinden. Doch wenn Sie zugeben können, daß die psychischen Inhalte autonom sind, daß Ihnen ein Gedanke nicht deshalb kommt, weil Sie ihn erfunden haben, sondern aus eigenem selbständigem Antrieb, dann können Sie sehen, wie die Dinge in Gang kommen. Dann kann später das Selbst, der *Purusha*, erweckt werden.

Frau Crowley: Genau das meine ich. Zwischen diesen beiden Wegen besteht ein großer Unterschied.

Dr. Jung: Es gibt den vorbereitenden Weg und danach das wirkliche Erwachen. Sie sprechen von der Verwirklichung des *Ātman*, aber das ist das Ergebnis. Aus praktischen Gründen würde ich raten, keinen Unterschied zwischen *Purusha* und *Ātman* zu machen.

Frau Crowley: Außer daß es, wie Sie erklären, einen sehr genauen Unterschied gibt.

Dr. Jung: Ich habe von der *Citta* gesprochen. Zuerst geht es um die Verfeinerung der *Citta,* der zweite Schritt ist das Erwecken der Kundalini, und erst bei ihrem Erwachen erscheint das Selbst – nämlich auf den nachfolgenden Stufen des psychischen Prozesses, die mit Ihrer Fähigkeit zur Objektivierung beginnen. Dort erscheint der *Purusha,* nicht im ersten Teil.

Prof. Hauer: Es gibt keinen wirklichen Unterschied zwischen *Ātman* und *Purusha*; es sind synonyme Begriffe. Der einzige Unterschied – und hierin liegt die Schwierigkeit – ist der, daß das Selbst auf verschiedene Weise gespiegelt wird; das ist im großen ganzen das, was Dr. Jung meinte. Sie können das Selbst in *Citta* zunächst nicht deutlich sehen. Es ist, als spiegele es sich im fließenden Wasser. Aber dann wird es immer klarer, und in *Anāhata* erscheint dann das Selbst, das schon unten ab und zu aufblitzte; jetzt besteht kein Zweifel mehr daran. Weiter unten, wo sich der Wasserspiegel bewegte, konnten noch Zweifel bestehen, doch nun wissen Sie, daß es da ist; Sie können es nicht mehr verlieren, obwohl es noch von schöpferischer Aktivität, der roten Farbe, umgeben ist, durch die Sie noch hindurchgehen müssen. Darüber spiegelt es sich in vollkommener Ruhe; es ist absolut klar. *Citta* ist in Wirklichkeit nichts anderes als ein Spiegel des *Purusha.* Auf dieser Stufe gibt es keine *Klesha.* Dort erleben wir die absolute Gegenwart, die wirkliche Gegenwart des Selbst, und die Identität von *Ātman* und *Paramātman* wird offenbar. Das Ganze ist eine Frage der unterschiedlichen Spiegelung in einem sich entwickelnden *Citta.*

Frau Hannah: Ich habe ein furchtbares Durcheinander wegen des Unterschieds zwischen dem westlichen und dem östlichen Weg. Der Osten geht offenbar durch den Schlund des Ungeheuers, des *Makara.*

Dr. Jung: Professor Hauer hat Ihnen ein ganz deutliches Bild davon gegeben, wie der Osten dieses Problem anpackt[240], und wenn Sie die analytische Psychologie studieren, dann wissen Sie, wie es im Westen angepackt wird.

240 Hauer hatte gesagt: «Im Verlaufe dieses Lebens stoßen Sie auf dieses Seeungeheuer, den Makara; irgendwann stehen Sie Auge in Auge mit einer schrecklichen Gefahr und können nicht an ihr vorbeigehen. Dieses Ungeheuer bedeckt in der Chakra-Darstellung die ganze Breite des Halbmondes (der Halbmond in *Svādhishthāna* steht für Shiva), und die Kiefer des Monsters sind geöffnet. Wenn Sie nun von rechts kommen, können Sie es von hinten angreifen. Sie fallen nicht in seinen Rachen und sind vielleicht fähig, mit ihm zu ringen; wenn Sie jedoch von links kommen, fallen Sie in seinen Schlund. Es ist eine Frage des richtigen Weges.» (*HS,* S. 84)

FRAU SAWYER: Ich denke, die Verwirrung kommt daher, daß die Leute versuchen, den Osten und den Westen, Yoga und Analyse, einander anzupassen.

DR. JUNG: Meine Bezeichnung für den Prozeß, den der Tantra-Yoga das Erwachen der Kundalini nennt, ist psychische Objektivität. Die Visionen zum Beispiel, die wir im englischen Seminar behandeln, sind die Erfahrungen auf einer anderen Ebene: sie sollen nicht vom *Stūhla*-Aspekt aus betrachtet werden, sondern vom *Sūkshma*-Aspekt. Solche Dinge ereignen sich im Nirgendwo; sie sind universell und unpersönlich – wenn Sie sie nicht als unpersönlich verstehen, fallen Sie schlicht in eine Inflation, weil Sie sich mit dem Universellen identifizieren. Der ganze Prozeß beginnt also damit, daß gewisse Inhalte des Geistes (mind) als rein unpersönlich erkannt werden. Wir sind für ihre Existenz nicht verantwortlich; sie fallen vom Himmel herab oder kommen aus der Hölle, wir können nicht dafür geradestehen. Bestimmte Phantasien und Träume stammen ganz klar aus einer unpersönlichen Sphäre und werden nicht von einer persönlichen zweckhaften Absicht hervorgebracht. Es sind Inhalte, die nur erfahren werden können, wenn Sie davon ausgehen, daß Sie sich selbst dissoziieren und eine Rolle spielen können.

Darum führen die Leute gerne Mysterienspiele auf, um aus dem gewöhnlichen Rahmen ihres Lebens herauszutreten und eine Rolle anzunehmen. Sogar die primitivsten Eingeborenen in Mittelaustralien haben die sehr differenzierte Vorstellung, daß sie bei der Durchführung ihrer Totemriten nicht als sie selbst auftreten, sondern als ihre Vorfahren aus der Alcheringa-Zeit. Sie identifizieren sich mit den göttlichen Helden. Ich bin nicht mehr Dr. Jung, sondern Zarathustra, und dann kann ich die unerhörtesten Dinge sagen, weil ich mit der Stimme der Jahrhunderte spreche – ich rede unter dem Deckmantel eines großen Vorfahren, und nachher mache ich meine Farbe wieder ab und bin ein ganz normaler Bürger. So etwas gäbe es niemals, wenn damit nicht ein psychologisches Bedürfnis erfüllt würde; es geht einfach um eine andere Wirklichkeit, denn es wirkt. Unser rationaler Verstand kann natürlich nicht verstehen, wie das möglich ist, aber es wirkt.

Es gibt beispielsweise die Vorstellung, daß jeder Mensch ein normales Leben führen und mindestens zwei Kinder haben sollte. Aber viele Leute haben keine zwei Kinder, oder sie haben mehr, oder sie denken gar nicht daran, Kinder in die Welt zu setzen. Das wirkliche Leben ist also sehr regelwidrig, und es gibt vieles, das es nicht geben sollte – Mönchsklöster, Nonnenklöster – all das lebt, und auch noch ganz fruchtbar, obwohl es gegen den bürgerlichen Rationalismus des neunzehnten Jahrhunderts ist.

Diese unpersönliche Art der Erfahrung, wo Sie sich als jemand anderen erleben können wie in einem Bühnenstück, ist das wesentliche Element in allen Mysterienspielen; dieser Zustand wird künstlich hergestellt. Sie kennen ja die Mithrasmysterien, bei denen die Leute sich während der Initiation in *milites,* die Soldaten des Gottes, in Löwen und in die *heliodromoi,* die Sonnenläufer des Gottes, verwandeln.[241] Dies waren einfach die verschiedenen Stufen der unpersönlichen Erfahrung. Ein römischer Schankwirt beispielsweise, der zu einem *milēs* gemacht wurde, ist nachher mehr als das – er ist, was er immer war, aber er hat sich selbst auf einer höheren Ebene erlebt, die nicht identisch war mit der bekannten dreidimensionalen Welt: es war eine unpersönliche Ebene, von der aus er wie aus dem Fenster in eine andere Dimension, nämlich in die psychische Wirklichkeit schauen durfte.

Der Beweis für diese Überlegung ist, daß sie aus sich selbst wirkt; es überfällt uns wie das Feuer von Sodom und Gomorrha und kann sogar unser Leben zerstören. Sie glauben, es sei alles in Ordnung mit Ihnen und die Welt sei in Ordnung, aber plötzlich können Sie nicht mehr über die Straße gehen, weil Sie eine Agoraphobie haben. Sie haben Sie nicht erfunden, sie hat Sie einfach gepackt. Und wer oder was tut Ihnen das an? Man kann es schlicht eine Krankheit nennen, aber das ist nur ein Wort. Genausogut kann man sagen, ein böser Geist habe die Angst verursacht. Dies ist ein Beispiel für die Autonomie der psychischen Welt und der Beweis dafür, daß es diese Dinge dort gibt. Darum rate ich allen Leuten, die eine solche Neurose haben: Gehen Sie jetzt da hinein, leben Sie sie, denn dann haben Sie sie in der Hand und sind nicht länger von ihr besessen.

Der Kundalini-Yoga ist nun eine symbolische Formulierung der unpersönlichen Erfahrung auf östliche Art. Es würde uns sehr viel Mühe bereiten, auf unsere westliche Art zu verstehen, was der Osten uns durch seine Symbolik zu vermitteln versucht. Professor HAUER wäre sicherlich der letzte, uns dazu zu ermutigen, diese Dinge wörtlich zu nehmen. Der Kundalini-Yoga wird nur lebendig, wenn man ihn auf westliche Art versteht, da er dann weniger einfach, aber auch weniger verworren ist. Wenn Sie gewisse Dinge nicht verstehen, sagen Sie immer, daß alles ganz einfach ist. Die einfachsten Leute auf der Welt sind in Wirklichkeit die großen Weltverwirrer. Diese

241 Siehe JUNG, *Analytische Psychologie,* S. 130 ff.

Dinge sind natürlich überhaupt nicht einfach, aber es ist gut, wenn Sie irgendeine verläßliche psychologische Analogie haben, die Ihnen hilft, die Verbindung zwischen der östlichen und der westlichen Erfahrung zu sehen.

Frau Hannah: Die östliche Art erscheint mir ein bißchen dogmatisch.

Dr. Jung: Bedenken Sie, daß Tausende von Jahren, Tausende von Individuen und Tausende von sehr klugen Köpfen daran gearbeitet haben. Da wird es natürlich dogmatisch.

Frau Hannah: Ist die Psychologie auch schon dogmatisch?

Dr. Jung: Ja, wenn die Leute behaupten, es gäbe so etwas wie das Unbewußte nicht, und wenn Sie sagen: «Das ist Häresie», dann werden Sie insgeheim dogmatisch, ohne es zu merken – wie das «going black» in Afrika.[242]

Frau Thiele: Professor Hauer sagte gestern, daß kein Europäer je die Kundalini in einem höheren Sinne erweckt hat, außer vielleicht Suso[243]; aber wäre es mit der Hilfe des analytischen Prozesses nicht möglich, zu der Stufe zu kommen, wo man sie erwecken könnte?

Prof. Hauer: In tausend Jahren vielleicht.

Dr. Jung: Sie dürfen nie vergessen, daß Indien ein ganz besonderes Land ist. Der primitive Mensch hat dort seit undenklichen Zeiten gelebt und sich in vollkommener Kontinuität entwickelt. Unsere Entwicklung ist nicht kontinuierlich verlaufen. Wir wurden von unseren Wurzeln abgeschnitten. Zudem gehören die Inder einer ganz anderen Rasse an. Sie sind nicht nur Arier, sondern auch zu einem großen Teil von den drawidischen Ureinwohnern beeinflußt. Deshalb finden wir im Tantra-Yoga sehr alte chthonische Züge. Wir müssen daher einräumen, daß diese spezielle Yoga-Philosophie unserem Blut sehr fremd ist, und was immer wir dabei erfahren, wird eine ganz andere Wendung nehmen. Wir können diese Formen niemals wörtlich übernehmen. Das wäre ein schrecklicher Fehler, denn für uns sind es künstliche Prozesse.

Bemerkung: Ich dachte, ein Teil des Prozesses nach unserer westlichen Auffassung wäre dem indischen Yoga ähnlich.

242 Zu Jungs Angst vor dem «going black» während seines Besuches in Afrika siehe *ETG*, S. 265 u. 276.

243 Als Antwort auf Dr. Shaws Frage: «Meinen Sie, daß niemand die Kundalini erweckt hat?» erwiderte Hauer: «Im Westen niemand, denke ich, aber ich weiß es nicht [...] Ich glaube allerdings, daß Suso, der deutsche Mystiker aus dem Mittelalter, dieselbe Art von Erfahrungen gemacht hat.» (*HS*, S. 99)

Dr. Jung: Ja, die analytische Psychologie ist natürlich ein Versuch von ähnlicher Art. Wir wußten nicht, daß sie dem Tantra-Yoga so nahe steht, als wir ihre Anfänge ausarbeiteten. Die tantrischen Texte waren noch nicht übersetzt, und selbst die Experten auf diesem Gebiet wußten sehr wenig über Tantra-Yoga. Er ist erst seit kurzer Zeit durch Sir John Woodroffes Übersetzung bekannt. Unser Versuch ist ein wirklich unbefangener Versuch auf demselben Gebiet, mit unterschiedlichen Mitteln natürlich, da wir in Temperament und Einstellung anders sind.

Prof. Hauer: Wir müssen die vorbereitende Arbeit, die die analytische Psychologie geleistet hat, mit den Stufen des Yoga vier- oder fünfhundert Jahre vor seiner Systematisierung vergleichen. Er wurde erstmals zur Zeit Buddhas zu einem System, oder nicht lange davor. Was die analytische Psychologie entwickelt hat, wurde etwa fünfhundert Jahre vor Buddha von den Brahmanen erdacht. Ihre Namen sind verlorengegangen. Wir sehen sozusagen erst kleine Erkenntnisblitze aufleuchten. Vielleicht wurde zum Verständnis der Sache das eine oder andere hinzugefügt, bis ein großer Denker erschien, der ein System daraus schuf, das Ordnung in den Geist oder die Seelen dieses Zeitalters bringen sollte – doch nur für eine gewisse Zeit, sagen wir für ein paar Jahrhunderte. Das ist der Verlauf der psychischen Anpassung, der sich durch die ganze Menschheitsgeschichte zieht. Das Christentum zum Beispiel ist nicht mehr für uns alle gültig, und deshalb wirkt es nicht mehr. In einigen hundert Jahren wird es ein neues System geben. Das jetzige wird verschwinden, so wie der Tantra-Yoga verschwunden ist. Alle diese Systeme sind Versuche des Menschen, durch Symbole und Lehren, die nicht nur für uns, sondern für die ganze Gemeinschaft bestimmt sind, mit dem großen Problem des Lebens zurechtzukommen. Der bestimmende Charakter der Symbole, die für eine ganze Gemeinschaft gültig sind, kann nur durch die Arbeit von Jahrhunderten hervorgebracht werden. Dann muß nicht jedes Individuum die ganze Arbeit noch einmal machen; sie ist schon für uns getan worden, und so haben wir nun eine gemeinsame seelische und geistige Kultur bekommen. Doch in wenigen Jahrhunderten ist auch diese Epoche vorbei. Das Symbol ändert sich, oder das Leben der Menschen, und dann besteht die Gefahr, das Symbol auch für die neue Zeit als gültig zu betrachten und zu übernehmen.

Wenn ich mir die analytische Psychologie ansehe, arbeitet sie sich von Grund auf zu einem großen Gebäude hoch. In einigen Jahrhunderten wird sie dann zu einem sehr rigiden Dogma werden, und die Zerstörer werden kommen und alles für falsch erklären. Wir dürfen aber sicher sein, daß jedes System zu Wahrheiten gelangt ist, die überdauern. Wir sehen, daß etwas am Christentum wahr ist; es gibt absolute Wahrheiten, die wir nicht entbehren können. Und doch müssen wir ein neues System von Symbolen und Wahrheiten finden. Dasselbe ist in Indien geschehen. Historisch gesehen ist der Tantra-Yoga nur eine Anpassung des tausend Jahre alten Yoga an eine neue psychische Situation, und diese Situation gibt es in Indien nicht mehr. Wenn die Inder versuchen wollten, ihr Leben nach dem Tantra-Yoga auszurichten, gehen sie vielleicht ebenso in die Irre wie wir. Nehmen wir GANDHI. Neue Symbole müssen für die ganze Gemeinschaft gelten, und GANDHI ist der Mann, der mit einer ganz neuen Methode jene tragenden Symbole aus dem neuen psychischen und spirituellen Zustand geschaffen hat. Wie ich Ihnen sagte, läuft es auf dasselbe hinaus wie ein Chakra, wenn er ans Meer geht und seinem Volk einen Klumpen Salz zeigt. Es braucht kein Chakra. Nehmen wir das Spinnrad. Warum sollen sich die Leute auf ein Chakra konzentrieren, wenn sie GANDHI mit einem Spinnrad sehen? Sie betrachten es und werden auf eine höhere Gedankenebene getragen – zur Idee des Opfers usw. Das ist, wenn Sie wollen, ein neuer «Tantra-Yoga». Doch gibt es wie im Christentum auch im Tantra-Yoga Elemente, die nicht verlorengehen können – symbolisierte Wahrheiten, die ewig und universell sind. Und die studieren wir, weil sie uns wertvoll sind. Darin besteht der pädagogische Wert der Chakren. Daneben werden immer und überall ähnliche Erfahrungen gemacht. Ich habe absichtlich nicht über die psychologischen Parallelen zwischen Tantra-Yoga und analytischer Psychologie gesprochen, weil ich damit vermutlich die Dinge durcheinander bringen würde. Ich habe Ihnen einfach den Yoga vor Augen geführt, und Sie können selbst vergleichen.

FRAU CROWLEY: Der Vergleich wurde gestern abend mit den in westlicher Weise gestalteten Mandalas gemacht, die Dr. Jung zeigte.[244] Für mich war es, als sähe ich die Entstehung der Chakren, den ersten Anfang dieser Dinge, verglichen mit den schon entwickelten indischen Mandalas.

PROF. HAUER: Die indischen Mandalas sind vollkommen. Die gestern Gezeigten sind nur Rohmaterial, aus dem vielleicht ein Chakra erwächst. Die Illustrationen zeigen auch, daß die menschliche Seele trotz aller Unterschiede immer und überall zu einem guten Teil einheitlich ist.

244 «Westliche Parallelen zu den Tantrischen Symbolen», in *Tantra Yoga*. JUNG hat in seinem «Kommentar zum ‹Geheimnis der Goldenen Blüte›» (*GW* 13) viele dieser Mandalas verwendet.

Dr. Jung: Gut, das sind die Chakren.

Prof. Hauer: Ich meine ein Chakra, das für eine ganze Gemeinschaft gültig ist.

Dr. Jung: Ja, all das braucht Zusammenarbeit, die Verfeinerung durch Tausende von Menschen und durch unzählige Jahrhunderte hindurch.

Frau Crowley: Das Überraschende daran war aber, daß die Entsprechung in den von Dr. Jung nacheinander entfalteten Chakren so vollständig war.

Dr. Jung: Gerade hier ist der Tantra-Yoga wirklich ein unschätzbares Instrument, um uns bei der Klassifikation und der Terminologie der psychischen Prozesse zu helfen und neue Konzepte darüber zu ermöglichen. Deshalb ist die Erforschung des Tantra-Yoga so faszinierend.

Herr Baumann: Professor Hauer sagte, der Yogin müsse das *Ājñā*-Chakra erreichen, um die Kundalini zu erwecken.

Prof. Hauer: Sagen wir im subtilen, spirituellen Sinne.

Herr Baumann: In der Analyse gibt es ein Vorbereitungsstadium, in dem man seine persönlichen Hindernisse usw. loswerden muß, und dann kommen Sie in den Bereich des Unpersönlichen. Ich denke aber, es ist möglich – und geschieht auch tatsächlich, daß Patienten unpersönliche symbolische Bilder malen, während sie noch auf dieser ersten Stufe sind.

Dr. Jung: O ja, Sie können die schönsten Bilder machen und sind überhaupt noch nirgends. Das gilt besonders für Künstler. Jeder kann malen, sogar kleine Kinder, aber das heißt noch nichts. Sehen Sie, das Bild muß Ausdruck einer psychischen Tatsache oder Erfahrung sein, und Sie müssen wissen, daß es ein solcher Ausdruck ist, Sie müssen sich dessen bewußt sein. Sonst könnten Sie genausogut ein Fisch im Wasser oder ein Baum im Wald sein. Denn jede Pflanze bringt wunderbare Mandalas hervor. Die Blüte der Korbblütler ist ein Mandala, sie ist ein Abbild der Sonne, aber die Pflanze weiß nichts davon. Das menschliche Auge ist ein Mandala, aber wir sind uns dessen nicht bewußt. In der Analyse ist also lange und mühevolle Arbeit erforderlich, um die Leute dahin zu bringen, daß sie sich des unpersönlichen Charakters des Problems bewußt werden. Und dieses Unpersönliche ist tatsächlich die westliche Analogie zum östlichen Geist (mind). Die Kundalini ist eine unpersönliche Angelegenheit, und für unser westliches Denken ist es sehr schwierig, das Unpersönliche in unserem Geist als ein objektives Geschehen zu begreifen.

Ich will Ihnen ein Beispiel geben. Ich habe einmal einen Schriftsteller behandelt, einen sehr klugen Mann. Er war intelligent und sehr rational und fand für alles und jedes eine vernünftige Erklärung oder natürliche Ursachen. Er war schon bei Vertretern der verschiedensten Schulen in Analyse gewesen und pflegte seine Träume nach den Prinzipien der kausalen Reduktion zu deuten. Man kann natürlich von praktisch jeder Figur oder Tatsache oder Emotion sagen, daß sie von einer bestimmten Erfahrung kommt, und Ihnen wird kaum je etwas über den Weg laufen, das Sie nicht schon einmal erlebt haben. Und natürlich wird man, solange es geht, bei dieser Denkweise bleiben. Ich dachte, daß schließlich die Träume etwas bringen würden, das nicht auf frühere Erfahrungen oder Ursachen zurückgeführt werden konnte, und nach langer Zeit, in der wir zusammenarbeiteten, hatte er Träume, in denen Figuren auftauchten, deren Ursprung er nicht ausfindig machen konnte. Er träumte zum Beispiel häufig von Frauen, die in seinem Leben eine wichtige Rolle gespielt haben. Vorher konnte er sie in seinen Erinnerungen aufspüren und sagen: «Sie sieht aus wie Frau Soundso», und dann konnten wir uns das Ganze zusammenreimen. Aber dann erschien eine Frau, die wir nirgends unterbringen konnten. Er gab sich die größte Mühe, Erinnerungsbilder zu finden, mußte aber schließlich aufgeben; er fand einfach keine Assoziation und mußte zugeben, daß er mir keine vernünftige Herkunft dieser Figur nennen konnte. Also sagte ich ihm, daß wir nun mit seinem Prinzip der kausalen Reduktion am Ende wären. «Ich schlage Ihnen eine ganz andere Deutung vor, nämlich daß die Figur nicht Ihrer eigenen Erfahrung entspringt, sondern ganz von sich aus gekommen ist, so als würde jemand dieses Zimmer betreten, den wir nicht eingeladen haben – oder als trete diese Frau aus der Wand; sie kommt und redet – sie muß ein Gespenst sein.» Er hatte natürlich Widerstände gegen diesen Vorschlag. Er meinte, es könne ihm nichts in den Sinn kommen, das nicht schon vorher da war. Er hatte diese Geringschätzung der psychischen Welt, die unsere westliche Einstellung kennzeichnet. Aber er mußte zugeben, daß etwas ganz Bestimmtes in seinem Geist aufgetaucht ist, das er nicht selbst erfunden hat und das in seinen Träumen bei ihm eine starke Emotion auslöste. Damit begann für ihn die Anerkennung des objektiven autonomen Faktors, und das war der Anfang des psychischen Prozesses. Es war, als wäre eine reale Frau in sein Leben getreten – er wußte nicht, warum es sie gab, aber er mußte sich mit ihrer Existenz befassen. Um solche Figuren zu bezeichnen, die es nach unserem westlichen Vorurteil nicht geben dürfte, habe ich den Begriff *Anima* erfunden.

Und hier beginnt nun die Analogie mit der Entwicklung des Kundalini-Prozesses: wenn sich etwas in der Psyche regt und sich von selbst weiterentwickelt. Verfolgt man diesen Prozeß, kommt man zu Ergebnissen, die in der Begrifflichkeit des Tantra-Yoga ausgedrückt werden können. Wir sind dem Tantra-Yoga dankbar, weil er uns die differenziertesten Formen und Konzepte liefert, um die chaotischen Erfahrungen auszudrücken, die wir tatsächlich durchmachen. Wie Professor HAUER sehr richtig sagt, stehen wir am Anfang von etwas, und am Anfang sind die Dinge oft ausgesprochen individuell und chaotisch. Erst nach Hunderten von Jahren setzen sie sich und verdichten sich zu bestimmten Aspekten; und dann folgt natürlich unvermeidlich das Dogma.

HERR BAUMANN: Dr. Jung erwähnte gestern, eine Patientin habe ihm ein Mandala geschickt, um dessen Mitte herum Fische gezeichnet waren. Es hat mich sehr beeindruckt, daß sie dazu schrieb: «Ich hoffe, ich erlebe eines Tages, wie ich zu diesem Zentrum werde und die Fische um mich herum wirbeln.»[245]

DR. JUNG: Nein, es ging darum, daß sie ein Zentrum zu finden hoffte, um das herum sie sich wie jene Fische in harmonischer Ordnung bewegen würde. Sie selbst wollte nicht das Zentrum sein. Das ist unsere westliche Vorstellung. Es ist ein Fehler zu meinen, wir seien das Zentrum. Wir glauben, wir seien die Götter unserer Welt, und deshalb ist die Vorstellung des Tantra-Yoga, daß wir ein Gott werden, für uns gefährlich. Wir haben diese vorgefaßte Meinung von uns, doch in Wirklichkeit sind wir gräßliche Teufel; wir können uns einfach nicht von außen sehen. Wir denken, daß wir wunderbare Menschen sind, hoch ehrbar und moralisch usw., aber in Wirklichkeit sind wir blutrünstige Piraten. Was die Europäer über sich selbst denken, ist eine Lüge. Ich habe meine Lektion bei den Indianern und den Schwarzen gelernt. Sehen Sie sich unsere Welt an, dann wissen Sie, was wir sind. Aber aufgrund unserer Meinung, wir seien Götter, setzt sich jeder instinktiv und seelenruhig selbst ins Zentrum, wenn er davon träumt. Bestimmt erinnern Sie sich an das

245 Es ist wahrscheinlich, daß JUNG das Mandala einer Frau gezeigt hat, auf dem Fische dargestellt sind, die sich strahlenförmig von einem Kreis in der Mitte ausbreiten. Es wurde in der englischen Ausgabe (*CW* vol. 13, figure A2) als Illustration zu «Commentary on ‹The Secret of the Golden Flower›» wiedergegeben, fehlt jedoch in *GW* 13. Zur Aussage der betr. Patientin paßt jedoch die Darstellung eines Mandalas in Band 9/1 («Über Mandalasymbolik», Bild 19). Die Bemerkung, die BAUMANN zitiert, ist nicht im Bericht über JUNGS Seminar in *Tantra Yoga* enthalten.

Bild mit dem Stein in der Mitte und den Juwelen drum herum, das ich Ihnen gestern abend gezeigt habe. Vielleicht ist es für Sie interessant, wenn ich den dazugehörigen Traum erzähle. Ich hatte dieses Mandala gemalt, als ich noch keine Ahnung hatte, was ein Mandala überhaupt ist, und in meiner übergroßen Bescheidenheit meinte ich, *ich* wäre der große Juwel in der Mitte, und jene kleinen Lichter drum herum wären die netten Leute, die glauben, daß sie ebenfalls Juwelen seien, wenn auch kleiner als ich. Das ist das, was wir immer tun – wir folgen stets dem Beispiel von ANATOLE FRANCE, das er uns in seinem Roman *Die Insel der Pinguine*[246] gibt. Der HL. MAËL hatte auf seiner wundersamen Reise in die Antarktis aus Versehen die Pinguine getauft, die er in seiner Kurzsichtigkeit für Heiden hielt. Nach einer langen Diskussion im himmlischen Konzil wird beschlossen, die Pinguine in Menschen zu verwandeln. Auf die Frage, was nun mit ihren Seelen geschehen sollte, sagte die HL. KATHARINA: «Gebt ihnen eine Seele, aber eine kleine.» Das ist unser Prinzip. Ich gab den kleinen Leuten eine kleine Seele – soviel gestand ich ihnen zu. Ich war allen Ernstes der Meinung, ich könnte mich auf diese Art ausdrücken: mein wunderbares Zentrum und ich in der Mitte meines Herzens.

Aber dann hatte ich einen Traum.[247] Ich war in Liverpool, wo ich in Wirklichkeit noch nie gewesen bin. Es war sehr dunkel und schmutzig; es regnete Schmutz, und ich ging mit anderen Schweizern in Regenmänteln eine Straße entlang. Wir sprachen miteinander, aber es war alles sehr unangenehm, und ich dachte daran, einen Ort zu suchen, wo wir vor Regen und Kälte geschützt wären.[248] Wir kamen zu einer Art Plateau, einem erhöhten Stadtteil mit einem riesigen, schönen Park. Ich konnte es erst nicht erkennen, aber es war das Mandala, das ich Ihnen gestern gezeigt habe. Ich konnte ein Wegenetz sehen, und in der Mitte einen kleinen See, in dessen Mitte wiederum eine Insel mit einem wunderschönen rosafarbenen Magnolienbaum war. Der Baum stand in vollem Sonnenschein – in dieser dunklen Regennacht bot der voll erblühte Baum einen herrlichen Anblick; ich war fasziniert. Da merkte ich plötzlich, daß meine Begleiter ihn nicht sahen; sie

246 ANATOLE FRANCE, *Die Insel der Pinguine*, Fischer TB 10393, Frankfurt/Main 1991.

247 JUNG erzählt diesen Traum, den er 1927 hatte, in *ETG*, S. 201. Weitere Einzelheiten dieses Berichtes siehe in den folgenden Anmerkungen.

248 «Ich hatte das Gefühl, wir kämen vom Meere her, vom Hafen, und die eigentliche Stadt stünde oben, auf den Cliffs. Dort hinauf gingen wir. Es erinnerte mich an Basel: der Markt liegt unten, und dann geht's durch das Totengäßchen hinauf zu einem oberen Plateau, zum Petersplatz und der großen Peterskirche.» (*ETG*, S. 201)

gingen einfach weiter und fingen an, über einen anderen Schweizer zu reden, der an der linken Seite des Parks an einer Straßenecke wohnte. Ich sah den Platz vor mir: es gab an dieser Ecke nur eine einzige Straßenlaterne, und er lebte dort in einer Etagenwohnung. Meine Begleiter sagten: «Er muß ein Narr sein, an einem so schmutzigen Ort in Liverpool zu wohnen.» Aber ich dachte bei mir, er muß ein sehr kluger Kerl sein, denn ich wußte, warum er dort wohnte – er kannte das Geheimnis dieser Insel; er hatte den richtigen Platz gefunden.[249] Nun, Liverpool ist die Mitte des Lebens – Liver, auf deutsch die Leber, steht für das Leben, für das Zentrum des Lebens – und ich bin nicht das Zentrum, ich bin der Narr, der an irgendeinem dunklen Ort wohnt; ich bin eins von diesen kleinen Nebenlichtern. Auf diese Weise wurde mein westliches Vorurteil, ich sei das Zentrum des Mandalas – ich sei alles, das ganze Schauspiel, der König, der Gott – korrigiert. Wir sind inzwischen von dieser Vorstellung abgekommen. Der einfache Hindu hat keine solchen Ideen. Erstens würde er niemals denken, daß er kein Mensch sei; deshalb kann er auch am Ende kein Gott werden. Wir aber haben die Göttlichkeit vorweggenommen und müssen nun vom hohen Roß herunterkommen.

PROF. HAUER: Ich möchte noch ein paar Worte über die Form und die Symbolik der Chakren sagen und dabei auf bestimmte Punkte zurückkommen, die wir schon besprochen haben. All die mathematischen Figuren in den Chakren zeigen meiner Meinung nach an, daß das Leben des Kosmos und das Seelenleben eine gesetzmäßige Ordnung haben. Die Lotusblume symbolisiert sodann, daß das ganze psychische Leben in ein organisches Zentrum eingebettet ist. Jedes Blütenblatt ist, wie Sie wissen, ein Buchstabe. Die Buchstaben werden während der Meditation gesummt, und beim Summen soll man sich ihre jeweilige Bedeutung vergegenwärtigen, die ihnen nur der Guru mitteilt. Die Buchstaben symbolisieren den zunehmenden organischen Aspekt, der in bestimmten Bereichen verborgen ist. Dieser ist nicht bewußt. In jedem Blütenblatt verbirgt sich eine Kraft, die wahrgenommen und mit dem Zentrum verbunden werden soll. Diese metaphysische und

249 «Zu einer Einzelheit des Traumes muß ich nachträglich noch eine Bemerkung beifügen: die einzelnen Quartiere der Stadt waren ihrerseits wieder radiär um einen Mittelpunkt angeordnet. Dieser bildete einen kleinen offenen Platz, von einer größeren Laterne erhellt, und stellte dergestalt eine kleinere Nachbildung der Insel dar. Ich wußte, daß der ‹andere Schweizer› in der Nähe eines solchen sekundären Zentrums wohnte.» (*ETG*, S. 202)

metapsychische Vorstellung[250] besagt, daß ganz im Zentrum des psychischen Organismus, der das Zentrum des kosmischen Organismus ist, unterschwellig eine Klangkraft wirkt, die das Leben unmerklich durchdringt und ordnet; in der Meditation soll man sich die Bedeutung dieses Klangs bewußt machen. Sie soll ins Bewußtsein aufsteigen, wenn man sie im Bewußtsein wirken läßt, verstärkt sich diese Kraft.

Bīja[251] soll auch in der Meditation realisiert werden. Die innere Wirkkraft in dieser *Bīja* ist keine klar definierte Person, sie hat keinen Namen bekommen. *Bīja* symbolisiert eine unbewußte Macht in dem Element, für das sie als Symbol steht – nämlich ihr Wirken in den psychischen Fundamenten –, aber sie kann erst mit voller Kraft arbeiten, wenn sie in der Meditation bewußt gemacht wird. Wie Sie wissen, nenne ich diese Kraft die *Bīja-Deva.*[252] Aus ihr erwächst die *Bindu-Deva,* die dieselbe Kraft ist, jedoch aus dem Unbewußten ins klare Bewußtsein projiziert wird. Sie kommt aber nicht so deutlich ins Bewußtsein wie die Shakti, die weibliche Kraft. Ich denke, es besteht kein Zweifel darüber – für mich ist das offenkundig –, daß dies die Anima ist. Die verborgene männliche Kraft verbindete sich mit der weiblichen Kraft und soll nach der Lehre des Tantra-Yoga in uns wirken; wir nehmen das in verschiedenen Lebensabschnitten bewußt wahr. Ich nenne diese Symbolik, die eine große Wahrheit darstellt, ein *führendes* Symbol, ein Symbol, das einen wegweisenden Charakter hat und erst im Laufe von Jahrhunderten gefunden wird.

Es gibt in den Chakren natürlich auch eine Farbensymbolik. Rot bedeutet Blut, die Macht, die tief unten in der Erde wohnt. Weiß bedeutet die höhere Intuition. Und wo immer Gold auftaucht, steht dahinter die Vorstellung der klaren Einsicht, was nicht gleichbedeutend ist mit der höchsten Einsicht. Wir haben in *Mūlādhāra* ja auch das Gold, das sich ebenfalls in den Buchstaben auf den Blütenblättern des Lotus zeigt; das heißt in diesem

250 «Metapsychique» war der Ausdruck, den CHARLES RICHET für die Forschungsrichtung vorschlug, die heute als Parapsychologie bekannt ist. Siehe seinen *Traité de Metapsychique,* Paris 1922.

251 HAUER definiert die *Bīja* so: «Die *Bīja* ist der Keim eines Chakra; das Wort *Bīja* heißt Keim.» (*HS,* S. 80)

252 HAUER hatte erklärt: «Ich unterscheide die *Bīja-Deva* von der *Bindu-Deva.* (Diese Ausdrücke habe ich selbst geprägt auf der Grundlage der Chakren, wie ich sie verstehe.) Die *Bindu-Deva* ist immer eine psychische und spirituelle Wirkkraft [...]; die Bindu-Deva ist die herrschende Gottheit dieser Kraft.» (*HS,* S. 81)

Bereich wirkt eine noch unbewußte Kraft der Einsicht. Im erotischen Leben gibt es also Einsichtskraft. Das Erotische scheint ein Weg zur Einsicht in das Wesen der Dinge zu sein und dehnt sich dann ins Spirituelle nach oben aus. Seltsamerweise finden wir in *Manipūra* blaue Buchstaben auf graublauen Blütenblättern, und in *Anāhata* wiederholt sich die rote Farbe des Fruchtgehäuses in den Buchstaben auf den Blättern. Das Rot stellt den Klang dieses Zentrums dar. *Anāhata* symbolisiert meiner Meinung nach das schöpferische Leben – die Blütenblätter des Lotus sind rot, und die Kraft der Einsicht zeigt sich in dem goldenen Dreieck in der Mitte. Der musikalische Unterton ist in diesem Bereich lebendig – das Leben hat hier eine andere Wirklichkeit, indem die Realität des Blutes von außen dazukommt und sich einen Weg hinein bahnt, um das Erotische mit dem Spirituellen zu verbinden.

Ich erkläre Ihnen das alles, um Ihnen eine Anregung zu geben, wie Sie mit diesen Dingen umgehen können. Hier passen vielleicht die Worte von LAOTSE: «Der Sinn, der sich aussprechen läßt, ist nicht der ewige Sinn.»[253]

Betrachten Sie alles, was ich Ihnen sage, in diesem Licht. Vergessen Sie alles und fangen Sie da an, wie *Sie* anfangen müssen. Es gibt zu diesen Dingen verschiedene Annäherungsweisen. Ich habe für meine Erklärungen natürlich bestimmte Gründe, aber Sie müssen sie für sich so ausarbeiten, als ob Sie ein Rätsel zu lösen versuchten. Alles kann Bedeutung haben, so wie es auch zwei richtige Deutungen eines Traumes geben kann, indem Dinge in unserem äußeren und in unserem inneren Leben zusammentreffen. Das äußere Ereignis kann vom psychischen Ereignis ganz verschieden sein, und doch haben beide einen ähnlichen Charakter und können durch denselben Traum dargestellt werden. Man hat vielleicht die Bedeutung eines äußeren Ereignisses gefunden, aber noch nicht diejenige des inneren. So mag es auch bei den Chakren sein: die Bedeutung der einen Symbolik geht in eine andere über und kann nur durch tiefe Einsicht enthüllt werden. Wie ich schon sagte, ist das energetische Leben immer in Bewegung, und nur wenn man in

253 Eine Wiedergabe des Anfangs vom *Tao Te King.* RICHARD WILHELM übersetzt die ersten Zeilen folgendermaßen: «Der Sinn, der sich aussprechen läßt, ist nicht der ewige Sinn. Der Name, der sich nennen läßt, ist nicht der ewige Name.» (LAOTSE, *Tao Te King,* Aus dem Chinesischen übertragen und erläutert von RICHARD WILHELM; München: Diederichs 1996) Vermutlich hatte JUNG neben der englischen Übersetzung von ARTHUR WALEY, *The Way and its Power: A Study of the Tao Te Ching and Its Place in Chinese Thought* (London 1934) auch ein Exemplar der WILHELMschen Übersetzung.

diese Bewegung eintaucht, sieht man ihren Sinn. Wir kommen hier zu Dingen, über die zu sprechen schwierig ist; die Farbensymbolik ist deshalb sehr hilfreich. Man kann sozusagen in einer Farbe versinken und findet dadurch ihre Bedeutung heraus.

Nehmen wir nochmals das *Anāhata*-Chakra. In der Mitte finden wir das Dreieck, und da herum ist die *Bīja* des *Yam.* Dann haben wir das dunkle rauchfarbene Hexagramm, das aus zwei ineinander geschobenen Dreiecken besteht und von der Farbe der aufgehenden Sonne umgeben ist; außen sind zwölf Blütenblätter von noch feinerem Rot. Wie Sie sich erinnern, nimmt die Anzahl der Blütenblätter nach dem *Mūlādhāra* mit jedem folgenden Chakra zu – das Leben entfaltet sich immer mehr. Wir haben also eine lebendige Musik der Farben vor uns. Versuchen Sie nun, die Bedeutung zu *fühlen*; Sie können aber auch Ihren Verstand gebrauchen. Alle Arten von Assoziationen mögen sich einstellen. Diese *Bīja Yam* ist die Luft- oder Sturm-*Bīja,* und aus dem ungeheuer dunklen rauchfarbenen Hexagramm drum herum tritt dieses wunderschöne Rot hervor. Ich erkläre mir das so, daß es ohne Sturm und Chaos keine wirkliche Schöpferkraft gäbe. Deshalb ist dies das Sturmmandala, ganz dunkel und Ausdruck des entsprechenden psychischen Zustandes. Es kann auch ein kosmischer Zustand sein; vermutlich ist es das auch. Dann bricht die Schöpferkraft aus der Mitte durch, und das glühende Rot erscheint.

Frage: Darf ich fragen, was das Fehlen des Symbols für die männliche Kraft in manchen Chakren bedeutet?

Prof. Hauer: Die männliche und die weibliche Kraft sind in *Mūlādhāra, Anāhata,* und *Ājñā* klar definierte Symbole. In *Manipūra, Svādhishthāna* und *Vishuddha* erscheinen sie nicht, obwohl wir wissen, daß diese Kraft immer da ist. Die drei Stufen, auf denen männliche und weibliche Kraft in voller Stärke zusammenwirken, sind die drei Stufen des erotischen Lebens, des schöpferischen Lebens und des intuitiven Lebens; hier haben wir daher *Yoni* und *Lingam.* Es gibt aber auch Zwischenstadien. Ich nehme *Svādhishthāna* als den Bereich oder den psychischen Zustand, wo wir uns im Leben verlieren – wir haben kein bestimmtes Ziel, wir wollen einfach leben. Dann gibt es die verschiedenen Aspekte; jedes Chakra hat drei verschiedene Aspekte. In dem Wasser, das durch unseren Körper kreist, haben wir den *Stūhla*-Aspekt des fließenden Wassers, der in der Natur durch das Meer ausgedrückt wird. Unsere Körper sind nur ein kleines Abbild des Ganzen, ein Mikrokosmos im Makrokosmos. Die *Stūhla* des psychischen

Zustandes wäre die Erfahrung, sich einfach an das Leben zu verlieren, und daran hat die weibliche Kraft ihren Anteil, denn insgeheim ist sie keine ordnende Macht. *Manipūra* fasse ich als das Leben auf, auf dem das Funktionieren unserer gesamten körperlichen Struktur beruht. Hier ist das Feuer der Verdauung. Dieses Chakra sieht wie eine riesige Maschine aus. Es drückt den Haushalt unseres Körpers und unseres ganzen Wesens aus. Auch hierbei spielt das Weibliche keine sichtbare Rolle; es bleibt verborgen. Oben dann, in *Vishuddha,* erreichen Sie die Stufe des Alten Weisen, der über dem schöpferischen Tun steht und im reinen Licht des Wissens lebt. (Denken Sie an den wunderschönen blauen Kreis um die weiße *Bīja Ham* herum, der von dunklen Lotus-Blütenblättern eingefaßt ist.) Doch um zu der letzten Stufe der intuitiven Schau zu gelangen, kommt das Weibliche wieder dazu, so wie ich es Ihnen beim Aufsteigen der Kundalini beschrieben habe.

Nun zu den verschiedenen Tieren: Der Elefant ist in Indien immer die tragende Kraft. Aus diesem Grunde tritt er in *Vishuddha* wieder auf. In *Svādhishthāna* haben wir das Meeresungeheuer, dessen Symbolik ich zu erklären versuchte. Und wir finden im Lotus des Herzens die Gazelle. Aus einem Text in der *Hathayogapradīpikā* wissen wir, daß sie den unbeständigen, unruhigen Geist symbolisiert. In diesem schöpferischen Bereich hat der Verstand immer die Neigung wegzulaufen; die Gefahr besteht darin, einfach in irgendeine Richtung zu springen, und deshalb müssen wir die Gazelle des Herzlotus zügeln.

Das sind meine Vorschläge, wie man der Symbolik sowohl durch intellektuelles Begreifen als auch durch das Gefühl näherkommt. Aber ich denke, Dr. Jung wird noch etwas zu ihrer Bedeutung hinzufügen wollen.

Dr. Jung: Ich kann nur sagen, daß ich Ihnen sehr herzlich dafür danken möchte, daß Sie uns diese Symbolik so wunderbar klar vermittelt haben. Wenn diese Dinge für mich etwas anderes bedeuten, dann natürlich nur, weil meine Art, die Frage der Chakren zu betrachten, sich von der Ihrigen unterscheidet. Wie Sie wissen, habe ich meine ersten Erfahrungen auf diesem Gebiet zu einer Zeit gemacht, als es noch keine Gelegenheit gab, an die Lehre von den Chakren heranzukommen. Als ich zuerst mit diesem Gegenstand in Berührung kam, schien mir ein wirkliches Verstehen hoffnungslos zu sein. Ich hatte das Gefühl, es handle sich um die Symbolik eines vollkommen exotischen Volkes, die uns nichts zu sagen habe. Doch dann hatte ich einen außerordentlich schwierigen Fall in meiner Praxis, der mir große Sorgen machte.[254] Die Patientin, ein junges Mädchen, war als Tochter von europäischen Eltern in Indien geboren und hatte dort die ersten sechs Lebensjahre verbracht. Sie war kein Mischling, sondern so europäisch wie Sie. Sie hatte ein recht ungebildetes malaiisches Kindermädchen, so daß ihr kein Wissen über diese Symbole beigebracht wurde; all diese Dinge waren ihr völlig unbekannt. Doch irgendwie gerieten die östlichen Vorstellungen in ihr Unbewußtes. Sie konnte sich nicht an die europäischen Verhältnisse anpassen, weil ihre Instinkte sich auf der ganzen Linie dagegen wehrten. Sie wollte nicht heiraten, interessierte sich nicht für die üblichen Dinge und wollte unsere Konventionen nicht übernehmen. Sie war einfach gegen alles und wurde natürlich sehr neurotisch.[255] Nachdem sie zwei Analytiker zur Verzweiflung getrieben hatte, kam sie zu mir; es gelang ihr fast, auch mich fertig zu machen, als ich ihr sagen mußte, daß ich ihre Träume überhaupt nicht verstehen konnte, weil sie für mich wegen der darin enthaltenen östlichen Psychologie zu zwei Dritteln vollkommen dunkel waren. Sie arbeitete tapfer weiter, und ich auch, obwohl ich nichts verstand – doch hier und da bekamen wir winzige Lichtpunkte zu fassen. Sie entwickelte eine Reihe völlig neuer

254 JUNG liefert einen ausführlichen Kommentar zu diesem Fall in einem Vortrag mit dem Titel «Die Wirklichkeit der psychotherapeutischen Praxis», den er am 2. Kongreß für Psychotherapie am 28. Mai 1937 in Bern gehalten hat (Typoskript ETH-Archiv; dieser Vortrag ist mit dem Titel «The Realities of Modern Psychology» nur in der englischen Ausgabe *CW* vol. 16 als Anhang in der zweiten Auflage publiziert worden); in seinem Aufsatz «Über Mandalasymbolik» (Ges. Werke, Bd. 9/1), den JUNG 1950 schrieb, zeigt und kommentiert er verschiedene Zeichnungen von ihr (Bild 7–9, §§ 656–659). Einige wichtige Kommentare dazu siehe in den folgenden Anmerkungen.

255 In «Die Wirklichkeit der psychotherapeutischen Praxis» sagt JUNG: «Die Patientin ist zwar eine Vollbluteuropäerin, aber in Java geboren. [...] In ihren Träumen kamen oft Anspielungen auf indische Motive vor [...]» (S. 9). In «Über Mandalasymbolik» erklärt er, daß «die Patientin in Niederländisch-Indien geboren ist, wo sie durch ihre eingeborene Aja die eigentümliche lokale Dämonologie mit der Muttermilch eingesogen hat. [...] In Indien bis zum sechsten Jahr aufgewachsen, kam sie später in ein konventionelles europäisches Milieu, das auf die Blumenhaftigkeit ihres östlichen Geistes schlechterdings verheerend wirkte und ein lange nachwirkendes psychisches Trauma setzte.» (§ 656 f.) In «Die Wirklichkeit der psychotherapeutischen Praxis» bemerkt JUNG, daß sie im Alter von fünfundzwanzig Jahren zu ihm kam, und listet die folgenden Symptome auf: sie litt «an gesteigerter Emotivität, Empfindlichkeit und an hysterischem Fieber. [...] Sie war sehr musikalisch; wenn sie Klavier spielte, so geriet sie in starke Emotion und nach wenigen Minuten schon stieg die Körpertemperatur, um nach etwa zehn Minuten achtunddreißig Grad Celsius und darüber zu erreichen. Außerdem litt sie an zwanghafter Debattierlust und an einer unerträglichen philosophischen Haarspalterei, trotz einer bedeutenden Intelligenz.» (S. 5)

Symptome[256], die mit einem Traum begannen, der sie sehr beeindruckte: ein weißer Elefant kam aus ihrem Genitale. Ich war komplett verwirrt, solchen Unsinn hatte ich noch nie gehört – doch sie war so beeindruckt, daß sie anfing, den Elefanten aus Elfenbein zu schnitzen. Danach kam es zu organischen Symptomen: sie hatte plötzlich ein Geschwür im Unterleib, und ich mußte sie zu einem Gynäkologen schicken. Monatelang wollte es nicht heilen; die Ärzte versuchten alles Erdenkliche, aber immer, wenn sie einen irgendwie eigenwilligen Traum hatte, wurde ihr Zustand schlimmer. Mindestens fünf Monate lang blieb das so; dann tauchte eine Reihe neuer Symptome auf. Sie entwickelte eine Polyurie, eine Unmenge von Flüssigkeit; sie konnte den Urin kaum halten.[257] Dann trat diese immense Flüssigkeit auch in ihren Därmen auf und verursachte ein solches Rumpeln, daß ich es draußen bei geöffneter Zimmertür hören konnte. Es klang, als plätscherte ein Bach die Treppe hinunter, und das dauerte etwa zehn Minuten. Damit gingen akute Durchfälle einher – wiederum Wasserfluten ohne offensichtlichen Anlaß, es geschah einfach.

Zu dieser Zeit war sie in einen Mann verliebt, konnte sich jedoch nicht vorstellen, ihn zu heiraten. Da kam ihr der Gedanke, daß ich oder die Umstände sie doch überzeugen könnten, zu heiraten und ein Kind zu bekommen, aber es war nicht möglich. Ein ganzes Jahr lang kämpfte sie gegen diesen Gedanken, bis sie wieder ein ganz neues Symptom entwickelte. Es kam ihr so vor, als würde ihr Schädel oben ganz weich, wie wenn die Fontanelle sich öffnete – wie bei einem Kind mit offenem Schädel – und als käme etwas wie ein Vogel mit einem langen Schnabel von oben herab und ginge durch ihren Kopf hindurch, um etwas zu treffen, das von unten heraufkam. Als das geschehen war, klärte sich ihr ganzer Zustand; sie heiratete und bekam Kinder. Das war die Symptomatik dieses Falles, und sie zwang mich dazu, die Dinge näher anzuschauen; ich hatte die Idee, daß es etwas von dieser Art im Osten geben

256 In «Die Wirklichkeit der psychotherapeutischen Praxis» berichtet JUNG: «Die Sache begann mit einer nicht näher zu definierenden Erregtheit der Perinealregion.» (S. 8)

257 In «Die Wirklichkeit der psychotherapeutischen Praxis» erklärt JUNG: «Psychologisch bedeutet dieses Symptom, daß etwas ‹auszudrücken› wäre. Ich stellte ihr nun die Aufgabe, zeichnerisch das auszudrücken, was ihre Hand suggerierte. Sie hatte nie zuvor gezeichnet, deshalb ging sie mit Zweifel und Zögern an die Arbeit. Es formten sich nun unter ihren Händen symmetrische Blumen von starkem Ausdruck, in lebhaften Farben und von symbolhafter Linienführung. Sie machte diese Bilder mit höchster Sorgfalt und mit einer Concentration, die ich nur als andachtsvoll bezeichnen kann.» (S. 8)

könnte. Kurz zuvor war AVALONS Buch *The Serpent Power*[258] veröffentlicht worden, und hier fand ich die Parallelen. Zuerst trat ja der Elefant in *Mūlādhāra* auf, danach kam das zweite Chakra, der Wasserbereich von *Svādhishthāna*, und dann das emotionale Zentrum *Manipūra*. Aber danach ging es nicht kontinuierlich weiter – etwas kam von oben, das dann die Lösung brachte. Das Ganze war für mich zunächst völlig dunkel; ich konnte nicht verstehen, was da geschehen war. Doch später begriff ich, daß es sich um eine Erweckung von oben handelte und sie sich dadurch aus dem Irrgarten des exotischen Dschungels befreien konnte. Sie konnte die indische Psychologie, die sie mit der Milch ihrer Aja aufgenommen hatte und durch den Einfluß ihrer Umgebung aufgepfropft bekam, objektivieren und wurde frei davon, so daß sie das europäische Leben endlich annehmen konnte. Und ganz natürlich stellte sie ihre ganze Entwicklung in den schönsten Mandalas dar. Mandalas sind ja wirklich Chakren, wenn es auch in unserer Erfahrung nicht nur sechs, sondern unzählige davon gibt. Doch sollten sie eigentlich wie die Chakren angeordnet sein, eines über dem anderen. Die ersten sind normalerweise mit *Mūlādhāra* verbunden und steigen allmählich auf, indem sie sich entsprechend bis zum *Ājñā*-Zentrum oder sogar zum *Sahasrāra*, dem siebenten und höchsten Zentrum, hinaufwinden – die Mandalas sind tatsächlich in gewisser Weise ein Äquivalent zu den Chakren.

Seither hatte ich eine Reihe ähnlicher Erlebnisse und entdeckte in ihnen eine Art Regelmäßigkeit: es war ganz deutlich, daß eine bestimmte Gruppe von Mandalas oder psychischen Zuständen zur Psychologie des *Mūlādhāra*-Bereiches gehörten, nämlich zu einer Art völliger Unbewußtheit, in der man rein instinktiv lebt. Als nächstes kommt der Bereich des Zwerchfells, und der dritte Bereich ist dann das Herz. Als ich bei den Pueblo-Indianern

258 *The Serpent Power (Die Schlangenkraft)* wurde 1919 publiziert. Das Exemplar in JUNGS Bibliothek war die erste Auflage. In «Die Wirklichkeit der psychotherapeutischen Praxis» stellt JUNG fest: «Wie Sie sehen, ist es ganz ausgeschlossen, daß die Patientin das Buch vorher gekannt hätte. Aber sie könnte wohl etwas durch die Aja aufgeschnappt haben? Ich halte auch dies für unwahrscheinlich, indem der Tantrismus und insbesondere der Kundalinyoga ein local beschrankter philosophischer Cult in Sudindien ist und relativ wenig Anhanger zahlt. Überdies handelt es sich um ein überaus compliciertes symbolistisches System, das Niemand kennt und versteht, der nicht eingeweiht ist oder wenigstens specielle Studien auf diesem Gebiete gemacht hat» (S. 10). JUNG überschätzte die Verborgenheit des Kundalini-Yoga – zum Beispiel hatte SWĀMI VIVEKĀNANDA in seinem Werk *Yoga Philosophy: Lectures delivered in New York, Winter of 1895–1896* (5. Aufl. New York 1899), einen Bericht über die Chakren und die Methoden, um die Kundalini zu erwecken, eingefügt, ohne jedoch näher auf ihre Ikonographie einzutreten.

in New Mexico war, freundete ich mich mit einem interessanten Mann, dem Leiter der religiösen Zeremonien, an, der mir gestand, daß sie die Amerikaner für verrückt hielten, weil sie immer behaupteten, sie würden mit dem Kopf und nicht mit dem Herzen denken, wie es die Indianer normalerweise tun. Ich starrte ihn an, aber dann fiel mir ein, daß der Kopf erst in einer relativ späten Phase der Zivilisation als Sitz des Geistes (mind) entdeckt worden ist. Und die Pueblos sind schon zivilisiert – sie sind tatsächlich Nachkommen der Azteken und haben eine Kultur. Der Grieche der homerischen Zeit verlegte sein Denken ein wenig unterhalb des Herzens ins Zwerchfell. Ein anderer Ausdruck für das Zwerchfell (griechisch Diaphragma) ist das griechische Wort *phren*, das auch «Geist» oder «Verstand» heißt; wir finden es in der Krankheitsbezeichnung Schizophrenie wieder, was auf deutsch «Spaltung des Geistes» bedeutet. Zu Homers Zeit befand sich der physische Sitz des Geistes also im Bereich des Zwerchfells. Die Griechen waren schon soweit bewußt, daß sie psychische Inhalte an ihrem Einfluß auf die Atmung wahrnehmen konnten. Einige afrikanische Stämme halten den Bauch für den Sitz ihrer Emotionen und Gedanken. Ihr Bewußtsein reicht so weit, daß sie die Wirkung von bestimmten psychischen Reaktionen auf die Eingeweide bemerken. Wenn wir unangenehme Gefühle oder Gedanken haben, revoltiert unser Magen. Wir bekommen immer noch Gelbsucht, wenn wir heftigen Ärger unterdrücken, und jeder Fall von Hysterie geht mit Störungen der Verdauungsorgane einher, weil die tiefsten und wesentlichsten Gedanken sich ursprünglich hier unten befanden. So gibt es denn diese drei Lokalisationen des Bewußtseins, die sozusagen historisch zurückverfolgt werden können.

Die dazwischenliegenden Chakren, die durch das Fehlen der Vereinigung von *Lingam* und *Yoni* gekennzeichnet sind, können ebenfalls zurückverfolgt werden, etwa *Vishuddha*, wie ich kürzlich beobachten konnte. Das *Anāhata*-Chakra ist natürlich das Luft-Zentrum, was offenkundig damit zu tun hat, daß die Lungen hier liegen. Und da es sich oberhalb des Zwerchfells befindet, bedeutet es einen höheren Bewußtseinszustand. Das Herz ist immer mit Gefühl und Geist verbunden. Deshalb wäre *Anāhata*, wie ich aus praktischer Erfahrung weiß, ein Zentrum von Bewußtsein, Gefühlen und Gedanken, die mit dem Atem ausgeblasen werden können. Denn Gefühle kommen auch mit dem Atem heraus, werden beim Ausatmen ausgedrückt: wir pressen, und das Gefühl tritt als Klang heraus. Das war die ursprüngliche Methode, um die Götter anzurufen. In der Mithrasliturgie wird das folgendermaßen beschrieben: «Haltet eure beiden Seiten und drückt sie mit aller Macht und brüllt wie ein Stier, damit die Götter euch hören.»[259] Dies ist eine Art des bewußten Ausdrucks von Gefühlen und Gedanken. Das ist zwar sehr primitiv, aber die meisten von uns sind tatsächlich noch auf dieser Stufe. Wir drücken Gefühle und Gedanken aus, als ob wir sie einfach ausspucken würden, ohne uns im geringsten darüber klar zu sein, was wir tun. Sehen Sie, viele Leute haben nicht die leiseste Ahnung, was sie eigentlich sagen oder was sie anderen Leuten antun, wenn sie auf diese Weise ihre Gedanken und Gefühle ausatmen. Ich sehe das überall. Das Gefühlsleben und das Denken sind auf dieser Stufe noch längst nicht so bewußt, daß es Bewußtsein genannt werden könnte, was wahrscheinlich damit zu tun hat, daß das Selbst erst von *Anāhata* an allmählich sichtbar wird.

Die nächste Stufe ist der gereinigte Zustand. Die Luft gehört ja noch zur Erde. Wir wandern hier im luftigen Bereich herum, doch darüber befindet sich der Äther, den wir nicht erreichen; er ist der abstrakte Gedanke, der in der menschlichen Sprache ausgedrückt wird. Der Kehlkopf steht für diesen ätherischen Bereich: die Sprache kommt ganz offenkundig aus der Kehle, und Sprache ist das Leben des Wortes. Das Wort, das aus uns heraustritt, ist Träger von Sinn und Bedeutung; es bewirkt etwas. Wir sind oft höchst erstaunt, wenn die Leute sich über etwas, das wir gesagt haben, aufregen; sie haben uns offensichtlich mißverstanden – ein Wort ergibt dann das andere, und dabei fühlen wir uns doch völlig unschuldig; wir hatten einfach einen Gedanken und begreifen nicht, warum er solche Reaktionen auslösen konnte. Der Mensch lernte allmählich, daß Worte ein Eigenleben haben; sie sind wie geflügelte Wesen, die sich in die Luft erheben und magische Auswirkungen haben – abstrakte Wesenheiten, die vollkommen von den Beimischungen der unteren Regionen gereinigt sind.

Das Seltsame ist aber, daß ich Darstellungen des *Ājñā*-Chakras gesehen habe, das Höchste, was wir uns denken können, sogar noch jenseits der geflügelten Worte. Man kann sich vorstellen, sich selbst in ein Wort hineinzubegeben und wie Jesus, der der Logos wurde, zu einem Wort zu werden. Er löste sich vom Schöpfergott und flog in die Welt wie ein Lichtstrahl. Man könnte zu etwas so Losgelöstem werden, daß man die Erde nicht mehr berührt. Dann wäre man so schöpferisch wie ein Wesen mit goldenen Flügeln in einer Kugel oder einem Ei, wie wir es aus der Mythologie

259 Vgl. Abrecht Dietrich, *Eine Mithrasliturgie*, Leipzig 1903.

kennen – völlig losgelöst von allem. Ich habe solche Darstellungen tatsächlich gesehen. Sie erinnern sich, daß das *Ājñā*-Chakra das Mandala mit den zwei Blütenblättern ist und wie der geflügelte Same von bestimmten Bäumen aussieht. Es ist ganz gereinigt von jeglicher irdischen Beimischung; es hat fast keine Substanz und ist reines weißes Licht. Man bekommt den Eindruck, als habe es wirklich Flügel angenommen. Ich glaube, daß die Vorstellung eines geflügelten Eis oder des Homunculus in Faust II, dieses kleinen künstlichen Menschen, der in seiner Retorte herumfliegt, die Vorwegnahme einer solchen Möglichkeit ist – ein Mensch, der sich selbst in einer neuen Form erschuf, so wie der Alchemist in der Retorte einen kleinen Mann produziert hat. Auch das halte ich für ein Symbol des *Ājñā*-Zentrums.

Das ist natürlich eine ganz empirische Sichtweise. In unserer westlichen Symbolik klingt das banal oder grotesk und weit weg von der Vollkommenheit des Ostens mit seinem besonderen Stil und der besonderen Schönheit der Darstellung. Wir stehen auf der Stufe der groben Erfahrung und der rohen materiellen Normalität; wir sind weit entfernt von jeglicher Differenzierung – wir beginnen erst langsam zu sehen, daß auch wir gewisse Erfahrungen machen, die dieser Art von Symbolik nahekommen. Wir wissen ebenfalls etwas über Farbensymbolik, zum Beispiel, daß die verschiedenen Stufen immer durch verschiedene Farben symbolisiert werden. Wir wissen, daß alles Rote zu einem Bereich unterhalb des Zwerchfells gehört, wo keine Luft ist, und daß das Rot über dem Zwerchfell heller wird; und wenn es verschwindet und Blau vorherrscht, nähern wir uns den eisigen Regionen des abgehobenen Bewußtseins. Wir wissen auch, daß dunkle Farben Dunkelheit oder das Böse, oder Furcht oder schwere Materie bedeuten. Helle Farben vermitteln immer den Eindruck von Differenziertheit, von Leichtigkeit, manchmal sogar von Minderwertigkeit, und von Losgelöstheit. Wir haben also ebenfalls eine ganze Reihe von Farben mit einer fast typischen Bedeutung.

All die übrigen Eigenheiten der östlichen Chakren – die Buchstaben, die Klänge, die Mantras, die unterschiedlichen Götter – fehlen natürlich in unserem Erleben gänzlich. Es ist aber absolut normal, daß jedes Mandala ein Zentrum hat, in dem etwas ist, das man nicht greifen kann; man versucht es, aber es ist schwer zu fassen. Sehen Sie, der Mensch hat schon immer etwas erahnt, das sich seinem Zugriff entzieht und weit von seinem Bewußtsein entfernt ist; und was nicht normal ist, wird stets als dämonisch betrachtet. Wenn beispielsweise ein bestimmtes Tier dem Menschen immer ausweicht, wenn es ihm nie gelingt, es zu fangen, sagen die Indianer: «Das ist kein gutes Tier; es ist ein Doktortier und darf überhaupt nicht gefangen werden.» Ein Doktortier ist wie ein Werwolf – entweder göttlich oder dämonisch. In unserer Psychologie geben wir Dingen, die wir nicht fassen können, für gewöhnlich göttliche Eigenschaften. Daher ist das Zentrum des Mandalas, um dessentwillen überhaupt ein Mandala gemalt wird, genau das, was sich uns entzieht, was nicht festgehalten werden kann; man täuscht sich dabei immer. Denn im Zentrum ist der unsichtbare Gott.

Zudem findet man in jedem Mandala stets klare Anzeichen des weiblichen und des männlichen Elementes, wie hier in der *Devī* oder Shakti. Wie Sie vielleicht wissen, wird zum Beispiel Kundrie in der Parzifal-Erzählung wie Shakti ebenfalls mit Fangzähnen dargestellt[260]; in den unteren Bereichen unserer Psyche gibt es ein gräßliches blutrünstiges Wesen. Auf dieser Ebene können Emotionen nicht durch Vernunft besänftigt werden; hier haben alle Menschen Emotionen und reißen alles in Stücke, weil sie selbst von ihnen zerrissen werden, die Frau von ihrem Animus und der Mann von seiner Anima. Wir müssen daher eine neue Art von Chakren in Betracht ziehen. Im Falle der Frau sollten wir den Animus hineinsetzen. Der Animus hat ebenfalls Fangzähne. Auch hier haben wir Parallelen insofern, als diese Figuren nie im Zentrum stehen und dort auch nie sein werden, weil sie uns schon bekannt sind – sie sind die Illusionen oder die *Māyā* von Göttern. In der Psychologie eines westlichen Mandalas ist der Gott die höchst exzentrische Macht des Ego: «meine» Macht, und steht wie die *Bindu-Deva* und die Shakti gewöhnlich an einer Seite, jedenfalls nicht im Zentrum. Das Ich ist zwar «meine» Macht, aber es wird von der unsichtbaren göttlichen Kraft im Zentrum gesteuert; im Zentrum steht die große Kraft, das Ich ist die kleinere. Oder wie Faust sagt, ist der Mensch der kleine Gott der Welt. Ich bin nur die - *Bindu;* die *Bīja* ist das wahre Selbst, und alles, was ich tue, wird von der *Bīja-Deva* gesteuert oder verursacht. Diesen Teil der östlichen Symbolik kann man also leicht nachvollziehen, obwohl er in unseren Mandalas in dieser Form nie vorkommt, weil wir nicht wissen, was die Götter sind. Wir haben nicht die leiseste Idee von Gott, wir kennen nur den philosophischen Begriff des *summum bonum* als christlichen Gott im Himmel, den wir uns nicht recht vorstellen können, und deshalb können wir ihn nicht in unsere Manda-

260 Zur Bedeutung der Parzifal-Legende für JUNG siehe JOHN HAULE, «Jung's Amfortas Wound», *Spring: A Journal of Archetype and Culture* 53 (1992), S. 95–112.

las setzen. Nun, das ist im wesentlichen das, was ich sagen wollte. Man könnte natürlich noch ein paar hundert Jahre lang darüber diskutieren, aber das sollen andere tun – ich werde nicht so lange leben.

PROF. HAUER: Das war für mich höchst interessant, es war sehr erhellend – ich denke, wenn wir nur schon die psychischen Elemente nehmen, können diese Erfahrungen uns sehr dabei unterstützen, neue Mandalas zu schaffen. Ich kann vielleicht nicht jeder Erklärung zustimmen, bin aber in hohem Grade damit einverstanden, daß zuerst die physischen Zentren, dann die psychischen usw. da waren. Ich glaube, für indische Yogins wäre es eine großartige Sache, Dr. Jung zu hören; es würde ihnen helfen, jene Chakren wieder in Bewegung zu bringen, die sie metaphysisch verdichtet haben und nur noch schwach sehen oder fühlen können; für sie wäre es wichtig, gerade die psychischen Aspekte zu beachten, es ist sehr wichtig, diese Seite zu haben. Die Entwicklung verlief in Indien in die Richtung der Metaphysik. Für die Schaffung des Herz-Mandalas gibt es, denke ich, zwei Gründe. Erstens durch bestimmte Erfahrungen im Herzen, denn die großen Erkenntnisse kommen nicht durch das Denken, wie in den *Upanishaden* tausendmal betont wird. Die Inder fühlten, daß das tiefste Wissen – das in Indien immer für die Schöpferkraft steht – aus dem Herzen kommt. Dann bin ich sicher, daß physiologisch gesehen der Atem einigen Einfluß auf die Anordnung hatte; und dann gingen die Inder weiter zu den metaphysischen und den metapsychischen Aspekten. Ich glaube, daß das Studium der Symbolik des Tantra-Yoga uns dazu bringt, in Richtung Metapsychologie und Metaphysiologie zu gehen. Denn meiner Ansicht nach hat jedes Zentrum eine psychische und eine physische Seite neben der metapsychischen und der metaphysischen. Das wird mit den Buchstaben usw. angedeutet, aber auch mit den *Bījas.* Außerdem sind die Götter sowohl psychisch als auch metapsychisch und metaphysisch. Ich würde also sagen, wenn wir von verschiedenen Seiten her zusammenarbeiten und der Yogin sozusagen von oben dazukommt...

DR. JUNG: Und ich von unten!

PROF. HAUER: Dann kann das große Ereignis eintreten wie bei diesem jungen Mädchen, Ihrer Patientin. Wenn beides zusammentrifft, wird das Kind geboren. Darum hoffe ich, daß etwas aus unserer gemeinsamen Arbeit hier herauskommen wird.

4. SAT-CHAKRA-NIRŪPANA

(Übersetzung der von Sir John Woodroffe erstellten englischen Fassung ins Deutsche durch Gerhard Laqua.
Alle Texte aus: Arthur Avalon [Sir John Woodroffe], *Die Schlangenkraft.*

Einleitungsvers

Ich spreche jetzt über den ersten aufkeimenden Schößling (der Yogapflanze), über das Aufkommen der vollständigen Brahmanverwirklichung, wie man es tantragemäß vermittels der sechs Chakras usw. nach der ihnen eigengesetzlichen Reihenfolge herbeiführen kann.

Vers 1

Räumlich außerhalb der Meru liegen, rechts- und linksläufig angeordnet, die beiden Shirās: Shashī und Mihira. Die substanzialiter aus der dreifältigen Guṇa bestehende Nāḍī Sushumṇā verläuft in der Mitte. Dem Ausdruck nach ist sie Mond, Sonne und Feuer; ihr System – einer Reihe aufblühender Dhūstūrablüten vergleichbar – erstreckt sich von der Kanda-Mitte bis zum Kopf, und die in ihrem Innern verlaufende leuchtende Vajrā reicht vom Medhra bis zum Kopf.

Vers 2

In ihrem Innern läuft die Chitriṇī, sie erstrahlt vom Glanz des Praṇava und ist für Yogīs durch Yoga erreichbar. Sie (chitriṇī) ist fein wie ein Spinnenfaden, sie durchdringt alle im Rückgrat untergebrachten Lotosse und ist reine Erkenntnis. Sie (chitriṇī) ist schön wegen dieser an ihr aufgereihten (Lotosse). Im Innern (der Chitriṇī) läuft die Brahma-Nāḍī, sie erstreckt sich von der Mundöffnung Haras bis jenseits der Stätte, wo der Ādideva herrscht.

Vers 3

Sie ist schön wie eine Blitzkette, zart wie eine (Lotos-) Faser, und strahlt im Geiste der Weisen. Sie ist äußerst subtil; ist die Erweckerin der Reinen Erkenntnis; ist die Verkörperung aller Wonnen, deren wahre Naturbeschaffenheit reine Bewußtheit ist. Die Brahma-Dvāra leuchtet an ihrer Mündung. Diese Stelle ist der Zugang zu der mit Ambrosia übersprühten Sphäre, und man nennt sie den Knoten oder auch den Mund der Sushumṇā.

Vers 4

Nun kommen wir zum Ādhāra Lotos. Am Sushumṇā-Eingang befestigt, liegt er unterhalb der Genitalien und oberhalb des Anus. Er hat vier karminrote Blätter. Sein Blütenkopf (seine Mündung) hängt nach unten. Auf den Blütenblättern trägt er die vier goldschimmernden Buchstaben Va bis Sa.

Vers 5

In diesem (Lotos) liegt die quadratische Sphäre (chakra) für Prithivī, sie ist von acht glänzenden Speeren umgeben. Leuchtend gelb ist sie und wie ein Blitz so schön; das gleiche gilt auch für das in ihr befindliche Dharā-Bīja.

Vers 6

Mit vier Armen geschmückt und auf dem Königlichen Elephanten, aufgesessen, trägt Er im Schoß, strahlend wie die Morgenröte, das Schöpferkind; es hat vier leuchtende Arme und sein Reichtum ist ein viergesichtiges Lotosantlitz.

Vers 7

Hier weilt die mit dem Namen Ḍākinī bezeichnete Devī; ihre vier Arme erstrahlen in Schönheit und ihre Augen funkeln rot. Sie leuchtet wie die Pracht vieler gleichzeitig aufgehender Sonnen. Sie gilt als die Überbringerin der Offenbarung von der ewig reinen Einsicht.

Vers 8

Dicht bei der Öffnung der Nāḍī mit Namen Vajrā und in der Fruchthülle (des Ādhāra Lotos) leuchtet unaufhörlich das prächtig lichtvolle und blitzähnliche Dreieck, die liebliche Kāmarūpa, man kennt es auch unter der Bezeichnung Traipura. Dort gibt es immer und überall den Kandarpa genannten Vāyu; er ist von einem dunkleren Rot als die Bandhujīvablüte, er ist der Gebieter der Kreaturen und strahlt wie zehnmillionen Sonnen.

Vers 9

Im Innern (des Dreiecks) befindet sich der Svayambhu in seiner Lingaform; er ist schön wie geschmolzenes Gold und hat den Kopf nach unten hängen. Durch Erkenntnis und Meditation wird er enthüllt, er hat Form und Farbe eines frischen Blattes. Seine Schönheit wirkt bezaubernd wie die kühlen Blitzstrahlen, wie die Strahlen des kalten Vollmondlichts. Der hier so glücklich wie in Kāshī herrschende Deva nimmt strudelförmige Beschaffenheit an.

Verse 10 und 11

Über ihm leuchtet die schlafende Kuṇḍālinī, sie ist fein wie eine Lotosstengelfaser. Sie gilt als die Weltverwirrerin, friedlich zahm bedeckt sie mit ihrem Maul die Brahma-Dvāra-Mündung. Wie die Spirale einer Muschelschale windet sich ihr leuchtender schlangeförmiger Leib dreieinhalbmal um den Shiva, und ihr Glanz ist so heftig wie das grelle Aufzucken eines frischen gewaltigen Blitzes. Ihr lieblich raunendes Geflüster klingt wie das unbestimmbare Summen eines liebestrunkenen Bienenschwarmes. In Sanskrit, Prakrit und den übrigen Sprachen erzeugt sie wohlklingende Poesie, Bandha und alle anderen Werke in Prosa oder Versform, in Stufenfolge oder sonstwie. Sie erhält am Leben alle Wesen der Welt vermittels des Ein- und Aushauchs und leuchtet in der Höhe des Wurzel-(mūla-)Lotos wie eine Kette funkelnder Lichter.

Vers 12

In seinem Innern regiert die vorherrschende Parā, die Shrī Parameshvarī, die Erweckerin der Ewigen Weisheit. Sie gilt als die Allmächtige Kalā, sie zeigt in schöpferischer Hinsicht ein erstaunliches Geschick und ist subtiler noch als das Subtilste. Sie repräsentiert das Behältnis für den aus der Ewigen Wonne ununterbrochen ausfließenden Ambrosiastrom. Ihr Strahlenglanz erhellt dieses ganze Universum und diesen Riesenkessel.

Vers 13

Wenn ein Mensch über die im Innern des Mūla Chakra mit zehnmillionenfachem Sonnenglanz Leuchtende in dieser Weise seine Betrachtungen anstellt, wird er zum Sprachbeherrscher, zum königlichen Menschen und Adepten in allen Wissenschaften. Er befreit sich für immer von allem krankheitlichen Übel, und seine innerste Geistseele frohlockt in übergroßer Freude. Fleckenlos im Gemüt steht er den höchsten Devas mit seinen tiefsinnigen und wohlklingenden Worten zu Diensten.

Vers 14
Es gibt noch einen im Innern der Suṣhumnā untergebrachten weiteren Lotos an der Genitalwurzel von schöner scharlachroter Farbe. Auf den sechs Blütenblättern finden wir die blitzartig leuchtenden Buchstaben Ba bis Purandara mit dem darübergetüpfelten Bindu.

Vers 15
In seinem Innern liegt die halbmondförmige weiß leuchtende Wasserregion Varuṇa, und in dieser wieder finden wir, auf einem Makara reitend, das Bīja Vam, makellos und bleich wie der Herbstmond.

Vers 16
Möge der in seinem Innern befindliche und der Vollkraft erster Jugendfrische sich erfreuende Hari, dessen Körper man in strahlendem und vollendet schönem Blau erkennen kann, möge der gelbgewandete, die Shrī-Vatsa und den Kaustubha tragende vierarmige Hari uns beschützen!

Vers 17
Hier wohnt immer die Rākiṇī. Sie hat die Farbe des blauen Lotos. Ihre Körperschönheit wird noch gesteigert durch die emporgehobenen Arme, in denen sie verschiedene Waffen trägt. Sie ist in himmlische Gewänder gekleidet und mit Ornamenten verziert, und ihr Gemüt ist vom Ambrosiatrinken in verzückter Stimmung.

Vers 18
Wer über diesen fleckenlosen Lotos mit Namen Svādhishthāna seine Betrachtungen anstellt, wird von all seinen Feinden, beispielsweise vom Charakterfehler Ahaṃkāra usw., augenblicklich befreit. Er wird zum Herrn unter den Yogīs, und wie die erleuchtende Sonne vertreibt er die undurchdringliche Finsternis der Unwissenheit. In wohldurchdachtem Redestrom fließen seine nektargleichen Worte in Prosa und Vers.

Vers 19

Über diesem und an der Nabelwurzel befindet sich der strahlende zehnblättrige Lotos von der Farbe schwerbeladener Regenwolken. In seinem Innern sind die Buchstaben Ḍa bis Pha mit dem Nāda und Bindu darüber, sie haben das Kolorit des blauen Lotos. Dort meditiere über die dreieckig geformte und wie die aufgehende Sonne leuchtende Feuerregion. An ihrem Außenrand sind drei Svastika-Zeichen angebracht, und im Innern liegt das Vahni Bīja selbst.

Vers 20

Meditiere über Ihn, den auf einem Widder reitenden und wie die aufgehende Sonne leuchtenden vierarmigen Feuergott. In seinem Schoß wohnt stets und immerdar der ganze zinnoberrote Rudra. Er (Rudra) ist weiß von der Asche, mit der er sich eingerieben hat; er ist dreiäugig, von ehrwürdigem Aussehen, und mit den Händen macht er die gnadenschenkende und die Fürchte-dich-nicht-Geste. Er gilt als der Zerstörer der Schöpfung.

Vers 21

Hier wohnt Lākinī, die Wohltäterin für alles. Vierarmig ist sie, hat einen strahlenden Körper, ist tiefdunkel (an Körperfarbe), gelbgewandet, mit den verschiedensten Ornamenten verziert und vom Trinken des Ambrosia in gehobener Stimmung. Wenn man über diesen Nabellotos seine Betrachtungen anstellt, erwirbt man die Fähigkeit (die Welt) zu zerstören und zu erschaffen. Vāṇī weilt stets mit allem Erkenntnisreichtum in seinem Antlitzlotos.

Vers 22

Darüber, im Herzen, in der leuchtenden Farbe der Bandhūka Blüte, liegt der bezaubernde Lotos mit den zwölf zinnoberroten Buchstaben, angefangen mit dem Ka. Bekannt unter dem Namen Anāhata, ist er wie der himmlische Wunschbaum, er gewährt sogar mehr als (der Flehende) begehrt. Hier ist die vollendet schöne sechseckige Vāyu-Region, sie erinnert in etwa an farbigen Rauch.

Vers 23

Meditiere in seinem Innern über das liebliche und vortreffliche Pavana Bīja, es ist grau wie eine Rauchwolke, es hat vier Arme und reitet auf einer schwarzen Antilope. Und (meditiere) weiter in seinem Innern über die «Wohnstätte der Göttlichen Barmherzigkeit», über den hell wie die Sonne leuchtenden makellosen Gebieter, der mit beiden Händen den gnadenschenkenden Gestus macht und die Furcht aus den drei Welten vertreibt.

Vers 24

Hier wohnt Kākinī, in ihrer grellgelben Farbe gleicht sie in etwa einem frischen Blitz, erheitert ist sie und Gutes verheißend; sie hat drei Augen und ist die Wohltäterin aller. Schmuck jeglicher Art trägt sie, und mit den vier Händen hält sie Schlinge und Trinkschale und macht das Zeichen der Gnadenausteilung und den furchtvertreibenden Gestus. Ihr Gemüt ist vom Nektartrinken besänftigt.

Vers 25

Die Shakti, deren zarter Körper gleichsam wie zehnmillionen Blitze leuchtet, repräsentiert sich in der Fruchthülle dieses Lotos in Gestalt eines Dreiecks (trikoṇa). Im Dreiecksinnern finden wir den unter dem Namen Vāna bekannten Shivalinga. Dieser Linga leuchtet wie Gold und trägt an seiner Spitze eine winzige Öffnung wie eine Gemme. Er gilt als die schimmernde Wohnstatt Lakshmīs.

Vers 26

Wer über diesen Herzlotos seine Betrachtungen anstellt, wird (gleichsam) zum Sprachgott, und (wie) Īshvara ist er imstande, die Welten zu beschirmen und zu zerstören. Dieser Lotos gleicht dem himmlischen Wunschbaum, der Wohnstatt und dem Throne Sharvas. Er wird verschönert durch den Hamsa, den man gewissermaßen mit dem unbewegt brennenden Flammenkegel einer an einem windstillen Ort aufgestellten Lampe vergleichen kann. Bezaubernd schön sind die von der Sonnenregion beleuchteten, die Fruchthülle umgebenden und verzierenden Staubfäden.

Vers 27

Als Rangerster unter den Yogīs ist er immer wieder zärtlicher als der Liebste den Frauen gegenüber, er ist in höchstem Maße weise und von edlem Tatendrang erfüllt. Die Sinne hat er vollständig in seiner Gewalt. In äußerster Konzentration ist seine Geistseele mit Betrachtungen über das Brahman ganz in Anspruch genommen. Seine inspirierte Sprache fließt wie ein Strom (klaren)

Wassers. Er gleicht dem Devatā, dem Geliebten der Lakṣhmī, und durch einen Willensakt kann er in den Körper eines andern übertreten.

Verse 28 und 29

An der Kehle finden wir das sogenannte Vishuddha, einen rauchig-purpurfarbenen reinen Lotos. Alle auf seinen (sechzehn) Blütenblättern karminfarbig erstrahlenden (sechzehn) Vokale werden deutlich sichtbar demjenigen, der im Geiste (buddhi) innerlich erleuchtet ist. In der Fruchthülle dieses Lotos finden wir die kreisförmige und dem Vollmond ähnelnde weiße Äther-Region. Auf einem schneeweißen Elephanten reitet das weiße Bīja Ambara.

Vor seinen vier Armen halten zwei die Schlinge und den Stachelstock, und mit den restlichen zwei macht er den gnadengewährenden und den furchtvertreibenden Gestus. Sie ergänzen seine Schönheit. In seinem Schoß weilt stets der dreiäugige, fünfgesichtige, mit zehn schönen Armen versehene und mit einem Tigerfell bekleidete, große schneeweiße Deva. Sein Körper ist verschmolzen mit dem Körper der Girijā, und man kennt ihn unter den Namen Sadā-Shiva.

Vers 30

Reiner als der Nektar-Ozean ist die in diesem Lotos weilende Shakti Shākinī. Sie ist gelbgewandet und trägt in den vier Lotoshänden Bogen, Pfeil, Fangschlinge und Stachelstock. Die ganze Mondsphäre, ohne die Hasenspur, erfüllt die Fruchthülle dieses Lotos. Diese (Region) ist der Zugang zur endgültigen Erlösung für denjenigen, der den Yogareichtum begehrt, der seine Sinne geläutert und beherrschen gelernt hat.

Vers 31

Wer das vollständige Wissen um den Ātmā (das Brahman) erlangt hat, wird kraft seiner ständigen Geistes-(chitta-)Konzentration auf diesen Lotos ein berühmter Weiser, wird beredsam und klug und erfreut sich eines ununterbrochenen Geistesfriedens. Er sieht die drei Zeitperioden, wird zum Wohltäter aller, wird von Krankheit und Sorge frei, wird langlebig und wie der Hamsa zum Zerstörer endloser Gefahren.

Vers 31a

Ein Yogī, der seinen Geist ununterbrochen auf diesen Lotos fixiert und seinen Atem durch Kumbhaka bezwungen hat, wäre in seinem Zorn imstande, alle drei Welten in Bewegung zu setzen. Weder Brahmā noch Viṣhṇu, weder Hari-Hara noch Sūrya noch Gaṇapa könnte seine Macht bezähmen (könnte ihm widerstehen).

Vers 32

Der Lotos mit Namen Ājñā ähnelt dem Mond (so vollendet weiß ist er). Auf seinen zwei Blütenblättern stehen die Buchstaben Ha und Ksha, auch sie sind weiß und steigern seine Pracht. Er leuchtet in der Glorie der Dhyāna. In seinem Innern befindet sich die Shakti Hākinī, ihre sechs Antlitze ähneln sechs Monden. Sie hat sechs Arme, in dem einen hält sie ein Buch, zwei weitere hat sie erhoben und macht den Fürchte-dich-nicht- und den gnadengewährenden Gestus, und mit den übrigen hält sie einen Menschenschädel, eine kleine Handtrommel und einen Rosenkranz. Ihr Geist ist unbefleckt (shuddha-chittā).

Vers 33

Im Innern dieses Lotos weilt der subtile Geist (manas). Er ist gut bekannt. In der in der Fruchthülle gelegenen Yoni steckt der Shiva in seiner Phallusform, der sogenannte Itara. Er leuchtet hier wie eine Kettenfolge aufflammender Blitze. Auch das erste Bīja der Veden, die Wohnung der überaus vortrefflichen Shakti, ist hier, durch seinen Glanz läßt es die Brahma-Sūtra sichtbar werden. Der Sādhaka soll der (vorgeschriebenen) Anordnung gemäß mit beharrlichem Geist über diese Dinge nachsinnen.

Vers 34

Der vortreffliche Sādhaka, dessen Ātmā aus nichts anderem als aus einer Meditation über diesen Lotos besteht, ist imstande, nach Belieben den Körper eines andern unverzüglich zu betreten, er wird zum Vortrefflichsten unter den Munis, er wird allwissend und allsehend. Er wird zum Wohltäter aller und ist in allen Shāstras bewandert. Er verwirklicht die Einswerdung mit dem Brahman und erwirbt sich außergewöhnliche und unbekannte Kräfte. Reich an Ruhm und langlebig wird er immer wieder zum Schöpfer, Zerstörer und Erhalter der drei Welten.

Vers 35

Im Innern des in diesem Chakra vorhandenen Dreiecks ist die das Praṇava bildende Buchstabenkombination stets vorhanden. Es ist der als der innere

Ātmā bezeichnete reine Geist (buddhi), in seinem Strahlenglanz ähnelt er einer Flamme. Darüber liegt der (zunehmende) Halbmond, und über diesem finden wir das in seiner Binduform erstrahlende Ma-kāra. Über diesem liegt der Nāda, er ist so rein weiß wie Balarāma und verbreitet diffuses Mondlicht.

Vers 36

Wenn der Yogī das ohne Stütze schwebende Haus verschließt, das zu wissen der Parama-Guru ihn durch Unterweisung gelehrt hat, und wenn er durch wiederholtes Üben die Chetas in diesen Ort, in diese Wohnung ununterbrochener Wonne, hat aufgehen lassen, erkennt er in der Mitte (des Dreiecks) und im Raume darüber deutlich leuchtende Feuerfunken.

Vers 37

Er sieht dann auch das Licht, das in Gestalt einer lodernden Flamme erscheint. Es strahlt wie die klar leuchtende Morgensonne und erglüht zwi schen Himmel und Erde. Denn hier offenbart sich der Bhagavān in der Fülle seiner Macht. Er kennt keinen Verfall, er ist Augenzeuge für alles und ist hier so wie er in der Feuer-, Mond- und Sonnenregion auftritt.

Vers 38

Hier ist die unvergleichliche und ergötzliche Wohnstatt Viṣhṇus. Freudig plaziert der vortreffliche Yogī in der Todesstunde den Lebensatem (prāṇa) an diese Stelle und versenkt sich (nach dem Tode) in den Allerhöchsten, Ewigen, Ungeborenen, Uranfänglichen Deva, in den Purusha, der vor den drei Welten schon war und durch das Vedānta bekannt ist.

Vers 39

Wenn die zu den Lotosfüßen seines Guru verrichteten Taten des Yogī in jeder Hinsicht gut sind, wird er über ihm (i. e. Ājñā Chakra) die Erscheinungsform des Mahānāda erblicken und wird in seinem Handlotos die Sprach-Siddhi für immer innehaben. Mahānāda, der Ort der Vāyu–Auflösung ist der halbe Shiva, und seine Form ähnelt einem Pflug, er ist still, gewährt Gnaden, verbannt Furcht und macht den reinen Intellekt (buddhi, das höhere Erkenntnisvermögen) offenbar.

Vers 40

Über allen diesen, im leeren Raum, in welchem die Shankhinī Nāḍī verläuft, und unter der Visarga, liegt der Tausendblättrige Lotos. Dieser Lotos, strahlend und heller als der Vollmond, hat den Blütenkopf nach unten hängen. Er wirkt zauberhaft. Seine Staubfädenbüschel sind mit der Farbe der aufgehenden Sonne getüncht. Sein Blütenleib erstrahlt in den mit A beginnenden Buchstaben, er gilt als die absolute Wonne.

Vers 41
Im (Sahasrāra) Innern ist der Vollmond ohne die Hasenspur, strahlend wie am klaren Himmel. In verschwenderischer Fülle verbreitet er sein Strahlenlicht und ist feucht und kühl wie Nektar. Im Innern (des Chandra-Mandala) befindet sich das unaufhörlich blitzartig leuchtende Dreieck, und in diesem wieder strahlt die Große Leere, die insgeheim von allen Suras verehrt wird.

Vers 42
Gut verborgen und nur mit großer Anstrengung zu erreichen ist der subtile Bindu (shūnya), er gilt als die Hauptwurzel der endgültigen Erlösung, er manifestiert die reine Nirvāṇa-Kalā mit der Amā-Kalā. Hier herrscht der Deva, den alle als Parama-Shiva kennen. Er ist das Brahman und der Ātmā aller Lebewesen. In Ihm sind verschmolzen Rasa und auch Virasa, und Er ist die Sonne, die das Dunkel der Unwissenheit und des Irrtums vernichtet.

Vers 43
Einen unaufhörlichen und verschwenderischen Strom nektarähnlicher Substanz ausgießend, belehrt der Bhagavān den Yati reinen Gemüts in dem Wissen, wie man die Gleichheit von Jivātmā und Paramātmā verwirklicht. Er durchdringt alle Dinge als ihr Herr, er ist immer der fließende und sich ausbreitende Wonnestrom aller Art, und man kennt ihn unter dem Namen Hamsaḥ Parama (parama-hamsaḥ).

Vers 44
Die Shaivas nennen ihn die Wohnung Shivas: die Vaiṣhṇavas nennen ihn Parama Puruṣha, andere wieder bezeichnen ihn als den Ort des Hari-Hara. Diejenigen, die mit leidenschaftlichem Eifer nach den Lotosfüßen der Devī trachten, nennen ihn den vorzüglichen Aufenthalt der Devī und andere große Weise (munis) bezeichnen ihn als die reine Stätte des Prakriti-Purusha.

Vers 45
Jener höchst vortreffliche Mann, der sein Gemüt beherrscht und diesen Ort erfahren hat, wird in die Wandelwelt nicht mehr wiedergeboren, weil es in den drei Welten nichts mehr gibt, was ihn fesseln könnte. Da er sein Chitta unterworfen und sein Ziel erreicht hat, besitzt er die vollkommene Gewalt, alles zu tun, was er will und alles das zu verhindern, was sich seinem Willen widersetzt. Er bewegt sich nur auf den Brahman zu. Seine Rede, sei sie in Prosa, sei sie in Vers, ist immer rein und wohlklingend.

Vers 46
Hier herrscht die vortreffliche (höchste) sechzehnte Mond-Kalā. Sie ist rein, und (ihre Farbe) erinnert an die frühe Morgensonne. Sie ist so fein wie der hundertste Teil einer Lotosstengelfaser. Sie strahlt wie zehnmillionen aufleuchtender Blitze und ist dennoch mild, sie ist nach unten gerichtet. Der Brahman ist ihre Quelle, und in verschwenderischer Fülle ergießt sie den ununterbrochenen Nektarstrom (oder: sie ist das Behältnis für den Strom des köstlichen Nektars, der bei der beseligenden Vereinigung von Para und Parā ausfließt).

Vers 47
Im Innern (der Amā-Kalā) befindet sich die Nirvāṇa-Kalā, sie ist noch vortrefflicher als die Vortreffliche. Sie ist so subtil wie der tausendste Teil einer Haarspitze und hat die Form des zunehmenden Mondes. Sie ist die immer bestehende Bhagavatī, sie ist die Devatā, die alle Wesen durchdringt. Sie gewährt göttliche Erkenntnis und strahlt so hell wie das Licht aller gleichzeitig leuchtenden Sonnen.

Vers 48
In ihrem Mittelraum (d. h. in der Mitte der Nirvāṇa-Kalā) leuchtet die Höchste und Uranfänglichste Nirvāṇa Shakti, sie leuchtet wie zehnmillionen Sonnen und gilt als die Mutter der drei Welten. Sie ist äußerst subtil, gleichsam wie der zehnmillionste Teil einer Haarspitze. Sie enthält in ihrem Innern den ununterbrochen fließenden Freudenstrom und ist das Leben aller Wesen. Das Wissen um die Wahrheit (tattva) gießt sie huldvoll in die Herzen der Weisen.

Vers 49
In ihrem Innern liegt die immerwährende Stätte, genannt die Wohnung Shi-

vas, von Māyā unberührt, ist sie nur für Yogīs erreichbar, und man kennt sie unter dem Namen Nityānanda. Angefüllt von Wonne jeder Form, ist sie das Reinee Wissen als solches. Einige nennen das das Brahman; andere nennen das den Hamsa. Weise Männer schildern sie als die Wohnstatt Vịshṇus, und Rechtschaffene verherrlichen sie als die unaussprechliche Stätte des Wissens um den Ātmā oder als den Ort der Endgültigen Erlösung.

Vers 50

Wer seine physische Natur durch Yama-, Niyamapraxis usw. geläutert hat, lernt aus dem Munde seines Guru das Verfahren, das ihm den Pfad zur Enthüllung der endgültigen Erlösung zugänglich macht. Wenn er dann sein ganzes Sein in das Brahman versenkt hat, erweckt er durch Hūm-Kāra die Devī, durchdringt das Lingazentrum, dessen Mündung geschlossen und deshalb unsichtbar ist, und bringt sie vermittels der (in ihm inwendigen) Luft und des Feuers in das Innere des Brahmadvāra.

Vers 51

Die im Shuddha-Sattvā-Zustand sich befindende Devī durchdringt die drei Lingas, und wenn sie alle unter dem Namen Brahma-Nāḍī-Lotosse bekannten Lotosse erreicht hat, erstrahlt sie darin in ihrer ganzen Lichtfülle. Danach geht sie, strahlend wie ein Blitz und fein wie eine Lotosfaser, in ihrem Subtilzustand zum flammenähnlich schimmernden Shiva, zur Höchsten Wonne, und bewirkt urplötzlich die beseligende Wonne endgültiger Erlösung.

Vers 52

Zu den Lotosfüßen seines Guru der Andacht gänzlich hingegeben, soll der in Ekstase vertiefte, weise und vortreffliche Yogī die Kula-Kuṇḍalī mit dem Jīva zusammen in die Erlösungsstätte im Innern des reinen Lotos zum Parashiva, ihrem Gebieter, einführen und soll darüber nachsinnen, wie sie als die Chaitanyarūpā-Bhagavatī alle Wünsche erfüllt. Wenn er die Kula-Kuṇḍalinī in dieser Weise entlangführt, soll er alle Dinge in sie aufgehen lassen.

Vers 53

Die schöne Kuṇḍalī trinkt den aus dem Para Shiva ausfließenden köstlichen roten Nektar, begibt sich dann von da, wo die Ewige und Transzendente Wonne in all ihrer Herrlichkeit leuchtet, auf den Heimweg, den Kula-Pfad entlang, und betritt wieder das Mūlādhāra. Wenn der Yogī die Gleichförmigkeit im Gemüt erreicht hat, verrichtet er mit diesem im Brahmāṇḍa-Gefäß befindlichen Strom himmlischen Nektars Opfergaben (tarpaṇa) an den Ishta-Devatā und an die Devatās in den sechs Zentren (chakra), an die Ḍākinī und die übrigen, gemäß der Kenntnis, die er aus der Tradition der Gurus übernommen hat.

Vers 54

Wenn der Yogī nach der Yama-, Niyamapraxis usw. diese vortreffliche Methode von den beiden Lotosfüßen des glückverheißenden Dīkshā-Guru, die ihm eine Quelle ununterbrochener Freude werden, erlernt hat, und wenn er sein Gemüt (manas) beherrscht hat, wird er in diese Welt (samsāra) nicht mehr wiedergeboren. Für ihn gibt es keinen Tod, auch nicht beim Zeitpunkt der Endauflösung. Erfreut durch die ständige Vergegenwärtigung dessen, das die Quelle der Ewigen Seligkeit ist, ist er von Frieden ganz erfüllt und wird einer der ersten unter allen Yogīs.

Vers 55

Wenn der zu den Lotosfüßen seines Guru in andachtsvoller Hingabe (sitzende) Yogī dieses Werk, das die höchste Quelle für das Wissen um die endgültige Erlösung, das fehlerlos, rein und äußerst geheim ist, ungestörten Gemüts und mit konzentriertem Geist liest, tanzt sein Geist (chitta) ganz gewiß zu den Füßen seines Ishta-Devatā.

BILDNACHWEIS

Alle Abbildungen aus:
Arthur Avalon (Sir John Woodroffe), *Die Schlangenkraft.* Mit freundlicher Genehmigung des O. W. Barth Verlags, München.

REGISTER